指向核心素养的

劳动课程

实施关键问题解析

主 编　管光海

副主编　汪豪浩　管文川

中国教育出版传媒集团

高等教育出版社 · 北京

内容提要

本书依据《义务教育劳动课程标准（2022 年版）》，紧密围绕学生核心素养培养编写。全书共分五章，梳理了 26 个劳动课程实施中的关键问题，并对这些问题进行分析，结合丰富的案例提出可操作性的解决途径。本书配有丰富的数字资源，读者可以扫描二维码观看。本书及配套的数字资源全方位地呈现了指向核心素养的劳动课程实施关键问题的实践指导，有助于教师提升教学能力，发展教师专业素养，从而促进学生核心素养的培养。

本书为义务教育劳动课程教师的培训教材，供劳动课程教师研修使用，也可供劳动教育研究者参考使用，还可作为高等院校相关专业师范生的学习参考书。

图书在版编目（ＣＩＰ）数据

指向核心素养的劳动课程实施关键问题解析 / 管光海主编． -- 北京：高等教育出版社，2024.7． --ISBN 978-7-04-062333-8

Ⅰ. G633.933

中国国家版本馆 CIP 数据核字第 2024QK5303 号

Zhixiang Hexin Suyang de Laodong Kecheng Shishi Guanjian Wenti Jiexi

策划编辑	王文颖	责任编辑 王文颖	封面设计 赵 阳	版式设计 徐艳妮
责任绘图	易斯翔	责任校对 张 然	责任印制 刁 毅	

出版发行 高等教育出版社	网 址 http://www.hep.edu.cn
社 址 北京市西城区德外大街 4 号	http://www.hep.com.cn
邮政编码 100120	网上订购 http://www.hepmall.com.cn
印 刷 天津嘉恒印务有限公司	http://www.hepmall.com
开 本 787 mm×1092 mm 1/16	http://www.hepmall.cn
印 张 18	
字 数 370千字	版 次 2024 年 7 月第 1 版
购书热线 010-58581118	印 次 2024 年 7 月第 1 次印刷
咨询电话 400-810-0598	定 价 49.00 元

本书如有缺页、倒页、脱页等质量问题，请到所购图书销售部门联系调换

版权所有 侵权必究

物 料 号 62333-00

前言

· · · · · · · · · · · · · ·

2020 年 3 月，中共中央、国务院印发《关于全面加强新时代大中小学劳动教育的意见》。同年 7 月，教育部印发《大中小学劳动教育指导纲要（试行）》。随后，教育部于 2022 年 4 月印发《义务教育劳动课程标准（2022 年版）》。劳动教育与劳动课程受到前所未有的重视，全国各地积极推进劳动课程的实施。

—

调研发现，义务教育劳动课程的实施存在许多亟待解决的问题。

一是课程把握不到位。 主要体现为：没有很好把握劳动课程与劳动教育其他路径的关系；从学校与家庭、社会的角度来整体把握劳动课程的实施还很欠缺，劳动必修课程与劳动清单、劳动周的联系不够；尚未很好地建立劳动课程与其他课程的关系。

二是标准意识未建立。 主要体现为：窄化劳动课程目标，缺乏从劳动素养角度来整体把握；注重特色打造，劳动课程的基础性落实还不够，尚未从整体上把握三大类劳动及其十大任务群的落实。

三是项目规划不系统。 主要体现为：项目分散，未充分体现劳动课程标准所要求的"整体规划、纵向推进、因地制宜、各有侧重"的原则；在项目设计方面，项目要素的系统性还不够，以关注内容为主，缺乏劳动实践情境创设，内容与目标之间缺乏一致性。

四是活动组织较局限。 主要体现为：家校社合作不够密切，尚未针对不同类型的劳动使学生在不同的场域中具身实践；反思、交流等活动的组织不够，不能使学生经历完整的、持续的劳动实践过程。

五是实践指导较缺乏。 主要体现为：以关注结果为主，重视工具使用和操作指导，而如何通过指导促进学生劳动素养发展还有待研究，围绕任务群的特点开展有针对性的指导还有待加强。

六是评价引导未发挥。 主要体现为：评价目标与内容单一，重结果轻过程，重物化轻体悟，重技能轻素养；评价有待深入，如何以量规引导劳动学习与实践，以工具支持过程数据的积累，从而发挥劳动课程评价的导向作用，还有待研究。

七是实施保障未建立。 主要体现为：劳动资源、场所、设施和材料有限；未统筹规划和有效利用劳动场域，未根据实际条件因地制宜地实施劳动课程，未建立有效的劳动安全制度等。

八是劳动周和劳动清单未落实。 体现为劳动周形式化，缺乏主题，内容不够系统；

重劳动清单设计，轻有效实施，缺乏有力指导，忽视劳动清单的评价和实施后的反思、交流；劳动周、劳动清单尚未与劳动必修课程建立较好的关联。

二

在调研的基础上，我们进一步研读课程标准，并结合文献检索，最终提炼了 26 个关键问题。这些问题分为五章。第一章为课程理解，主要包括课程定位与价值、课程目标和课程结构；第二章为劳动项目的开发，包括项目整体规划、情境创设、目标和任务设计、场域确定以及安全保障建设；第三章为劳动实践的组织与指导，主要围绕十大劳动任务群展开；第四章为劳动课程的评价，包括评价的作用、表现性评价和阶段综合评价；第五章为劳动周与劳动清单，包括劳动周的方案与实施、劳动清单的制订与落实。

每一个关键问题都从问题提出、问题分析、问题解决、教学建议四部分来解析。

"问题提出"部分结合课程标准和教学实践简要阐明为什么提出这个问题。

"问题分析"部分围绕问题的关键词展开分析，包括关键词的界定、重要性和价值等。

"问题解决"部分提出问题解决路径或解决策略，通过案例与理论相结合的形式来呈现。问题解决路径或解决策略在逻辑上是并列或递进关系。用简明扼要的标题呈现，正文对具体的理论依据或者具体操作步骤进行阐述。

"教学建议"部分与要解决的教学关键问题相呼应，进一步聚焦和小结，提出教学实践要点。

三

本书是团队合作的结果，经过多次打磨。本书作者团队由来自浙江、上海、河南、黑龙江、广东等省市的劳动教研员和骨干教师组成。各关键问题的执笔者如下：

序号	关键问题	执笔者
1-1	如何理解劳动课程的定位与育人价值？	汪豪浩
1-2	如何整体把握劳动课程要培养的核心素养？	帅飞飞
1-3	如何理解以劳动任务群为基本单位的课程结构？	管文川
2-1	学校如何整体规划劳动项目？	张赛儿
2-2	如何创设真实的劳动情境？	方利利
2-3	如何设计素养导向的劳动项目目标？	林雅珍
2-4	如何设计体现劳动实践特点的项目任务？	汪湖瑛
2-5	如何依据劳动任务确定劳动场域？	应丽芳

序号	关键问题	执笔者
2-6	如何加强劳动项目实施的安全保障？	康伟平
3-1	如何开展"清洁与卫生"任务群活动？	石意志
3-2	如何开展"整理与收纳"任务群活动？	魏咏
3-3	如何开展"烹饪与营养"任务群活动？	许建华
3-4	如何开展"家用器具使用与维护"任务群活动？	郭蕊　单双红
3-5	如何开展"农业生产劳动"任务群活动？	陈义春　虞烨桦
3-6	如何开展"传统工艺制作"任务群活动？	金怀德
3-7	如何开展"工业生产劳动"任务群活动？	蒋雄超
3-8	如何开展"新技术体验与应用"任务群活动？	严海平
3-9	如何开展"现代服务业劳动"任务群活动？	杨丽丽　陈小萍
3-10	如何开展"公益劳动与志愿服务"任务群活动？	祁艳霞
4-1	如何发挥劳动课程评价的作用？	冯娉婷
4-2	如何开展劳动课程表现性评价？	蒋芬幸
4-3	如何组织劳动课程阶段综合评价？	费顺国
5-1	如何设计符合学校实际的劳动周方案？	虞烨桦
5-2	如何组织实施劳动周？	杨燚
5-3	如何设计促进学生素养发展的劳动清单？	俞国凤　单双红
5-4	如何做到家校协同落实劳动清单？	高佳薇

金怀德、方利利、张赛儿、汪湖瑛等老师参与每一轮审稿工作，杭州市萧山区中小学劳动特级教师工作站全体成员阅读了稿件并提出宝贵意见，高等教育出版社编辑王文颖为本书的出版贡献了智慧。在此向他们表示衷心感谢。

劳动课程的实施刚刚起步，我们的实践也才开始。限于时间和水平，本书难免有不足之处，恳请广大读者批评指正。

管光海

2024 年 1 月

目录

目录

第一章

课程理解

问题提出

【现状点击】

如何理解义务教育阶段的劳动课程?

一些学校认为,劳动课程是以劳动为主要内容,以发展学生的劳动能力、职业技能、生存技能和实践能力为目标,培养新时代的劳动者和创新人才。

一些学校认为,劳动不在考试范围之内,提升效果不够显著,劳动课可有可无。

一些学校将 3~4 个简单的劳动项目组合在一起,如清洁卫生区、整理教室、培植室内绿植等,就视为开展劳动课程了。

一些学校认为,劳动课程内容应贴近生活、贴近实际,以学生的兴趣为导向,秉承实践教学的原则,注重培养学生的实践能力。具体而言,生产实践就是让学生了解生产中涉及的技术和工具,如面包制作、木工制作、金属制作等,掌握基本的生产技能和生产工具的使用方法。家政实践就是让学生了解家政服务中涉及的技巧和知识,如食物烹饪、家居清洁、衣物保养等,掌握基本的家政技能。社区实践就是让学生了解社区服务中的基本知识和技能,如社区文化、社区卫生、环保知识等,在实践中提升自己的实践能力和服务意识。

2020 年 3 月,中共中央、国务院印发的《关于全面加强新时代大中小学劳动教育的意见》(以下简称《意见》)明确指出:要整体优化学校课程设置,将劳动教育纳入国家课程方案,形成具有综合性、实践性、开放性、针对性的劳动教育课程体系。2020 年 7 月,教育部印发的《大中小学劳动教育指导纲要(试行)》(以下简称《纲要》)明确要求要在大中小学设立劳动教育必修课程,平均每周不少于 1 课时。

2022 年 4 月,教育部印发的《义务教育劳动课程标准(2022 年版)》(以下简称《劳动课程标准》)明确提出:义务教育劳动课程以培养学生的核心素养为导向,围绕日常生活劳动、生产劳动和服务性劳动,以任务群为基本单元,构建内容结构。

但在实践中,劳动课程的系统性不够,劳动教育碎片化的现象比较普遍,不少地方对劳动课程的功能、定位、建构和实践等方面还存在认识不深、定位不准、品质不高、规范不够等问题,主要表现在以下几个方面:

一是对劳动课程的功能定位认识不深。 更多人看到的是劳动教育对个体在劳动精神面貌、劳动价值取向和劳动技能水平发展方面的功能和意义,忽视了劳动教育在整体上对产业发展和国家强盛的支撑价值,特别是在第三产业已逐渐成为我国国内生产总值(GDP)重要支柱的背景下。另外,对于劳动教育"树德、增智、健体、育美"的功能认识上,许多人仅仅停留在表面认知上,缺乏深入思考,尤其是对于"以劳增智"缺乏深度挖掘和价值阐释。另外，劳动教育在"以劳润心"方面的作用、机制也有待进一步放大和宣扬。

二是对劳动课程的内涵定位把握不准。《意见》《纲要》《劳动课程标准》印发后，各地、各校因地制宜构建劳动教育课程体系，学校劳动教育课程逐步铺开，学生劳动素养逐步提升。但是对新时代劳动教育"教什么""怎么教""怎么育""怎么评"等深层次问题缺乏深入系统思考，存在"劳动教育就是一个筐，什么都往里面装"的糅杂倾向。一些学校仍旧认为劳动课程就是让学生做一些简单的劳动项目，劳动课程的内容不够丰富、缺乏层次，也体现不出时代性。

三是对劳动课程的建设定位品质不高。目前，一些学校和地区试图通过挖掘劳动教育元素，整合劳动课程资源来编制劳动教育课程，但课程的开发与设计缺乏系统性、科学性和开放性。一些地方在教材建设上明显缺乏课程标准指引，各自为政，甚至脱节、缺项，学段和学龄链条没有形成，或内在知识逻辑紊乱，缺乏统筹规划和大中小学系统推进，对阶段性、连贯性和进阶性体现得不够充分。学校没有构建起完整的劳动教育课程体系，存在"中学劳动小学化，大中小学混同化"的"补课"现象，使学生未能真正接受系统的劳动教育。一些学校形式主义比较明显，课程开发的初衷仅仅是为了初步解决"有没有"的问题，开发出的所谓"劳动课程"仅仅是将3~4个简单的劳动项目堆叠在一起，项目之间缺乏关联，"散点式分布"的特征比较明显[①]。

四是对劳动课程的实施定位规范不够。部分学校尤其是中学，由于升学考试的压力，存在劳动教育课程缺位问题。一些学校的劳动课只是零散的、单向度的技能培训，忽视对学生在劳动过程中心理、身体和社会适应能力的价值引领和人文关怀，缺乏对学生劳动兴趣的激发。另外，课堂"讲"劳动、课上"听"劳动、校园"喊"劳动、基地"看"劳动、家中"演"劳动、表单"评"劳动等有形无质、"空心化"的现象也层出不穷。

这些问题或现象折射出一些区域或学校对劳动课程的目标窄化、矮化、异化的单一走向，亟须通过"升级"对劳动课程的价值认识，建立规范科学的劳动课程实施形态来匹配新劳动教育的时代需求。

🔑 问题分析

一、劳动教育的内涵

《劳动课程标准》指出："劳动是创造物质财富和精神财富的过程，是人类特有的基本社会实践活动。劳动教育是发挥劳动的育人功能，对学生进行热爱劳动、热爱劳动人民的教育活动。"

什么是劳动教育？我们可以从三个视角理解：其一，内容视角。劳动教育是关于

---

① 汪豪浩.省域视野下中小学劳动教育的现实困境与突破路径［J］.中小学管理，2022（4）：14–17.

劳动的教育，可以涵盖劳动史观、劳动教育史观、劳动哲学论、劳动课程体系建设、劳动项目设计与实施、劳动教师队伍建设等内容。其二，方式视角。劳动教育是基于劳动的教育，包括劳动主题的选择、实践方式的选取、实践项目的实施、实践活动的保障等方面。其三，目的视角。劳动教育是为了劳动的教育，可以理解为"为劳动、为劳动者（尤其是普通劳动者）、为劳动成果正名"的教育。

二、义务教育劳动课程性质的理解

义务教育劳动课程的性质是什么？《劳动课程标准》对此作出了明确回答。劳动课程是实施劳动教育的重要途径，具有鲜明的思想性、突出的社会性和显著的实践性，在劳动教育中发挥主导作用。义务教育劳动课程以丰富开放的劳动项目为载体，重点是有目的、有计划地组织学生参加日常生活劳动、生产劳动和服务性劳动，让学生动手实践、出力流汗，接受锻炼、磨炼意志，培养学生正确的劳动价值观和良好的劳动品质。

这就要求劳动课程从小学低段、中段、高段再到初中学段，在目标上一致，在内容上一体化，在要求上递进，以"强化劳动观念，弘扬劳动精神""强调身心参与，注重手脑并用""继承优良传统，彰显时代特征""发挥主体作用，激发创新创造"作为基本理念，面向学生开展教育活动。其中既要求传承中华优秀传统文化，兼顾使用新知识、新技术、新工艺、新方法的劳动，还要求注重结合产业新业态、劳动新形态，选择现代农业、工业、服务业项目，提升创造性劳动能力。

三、义务教育劳动课程的目标

随着《意见》《纲要》《劳动课程标准》的先后印发，劳动教育正从基于主观经验的粗放式开展阶段逐渐迈进基于课程标准的标准化建设阶段。劳动课程也在从"技术时代"逐步迈进"素养时代"。《劳动课程标准》指出："劳动课程要培养的核心素养，即劳动素养，主要是指学生在学习与劳动实践过程中逐步形成的适应个人终身发展和社会发展需要的正确价值观、必备品格和关键能力，是劳动课程育人价值的集中体现，主要包括劳动观念、劳动能力、劳动习惯和品质、劳动精神。"

《劳动课程标准》明确了劳动课程总目标：形成基本的劳动意识，树立正确的劳动观念；发展初步的筹划思维，形成必备的劳动能力；养成良好的劳动习惯，塑造基本的劳动品质；培育积极的劳动精神，弘扬劳模精神和工匠精神。这就意味着劳动教育具有了课程化主阵地。

四、义务教育劳动课程的内容

义务教育劳动课程以培养学生的核心素养为导向，围绕日常生活劳动、生产劳动和服务性劳动，以任务群为基本单元，构建内容结构。日常生活劳动立足学生个人生活事务处理，涉及衣、食、住、行、用等方面，注重培养学生的生活能力和良好卫生习惯，树立自理、自立、自强意识。生产劳动让学生在工农业生产过程中直接经历物质财富的创造过程，体验从简单劳动向复杂劳动、创造性劳动的发展过程，淬炼生产劳动技能，体会物质产品的来之不易，认识劳动与自然界的基本关系。服务性劳动让学生利用知识、技能等为他人和社会提供服务，在现代服务业劳动、公益劳动与志愿服务中认识社会，树立服务意识，体悟劳动中人与人、人与自然、人与社会的关系，强化社会责任感。

义务教育劳动课程在内容上共设置十个任务群，每个任务群由若干项目组成。其中，日常生活劳动包括清洁与卫生、整理与收纳、烹饪与营养、家用器具使用与维护四个任务群，生产劳动包括农业生产劳动、传统工艺制作、工业生产劳动、新技术体验与应用四个任务群，服务性劳动包括现代服务业劳动、公益劳动与志愿服务两个任务群。

因此，对于中小学劳动课程"教什么"，《劳动课程标准》给出了明确的指向，各地各校需要以此为依据，建构内容丰富、进阶有序、全面立体的劳动课程。

🖥 问题解决

目前，国家层面不断修订完善劳动课程目标、内容和标准，将"光荣、崇高、伟大、美丽"以及"劳动创造美好未来"的理念贯穿其中，注重让学生体验生产生活中的劳动实践，体悟劳动智慧，强化劳动素养。对比我国劳动教育的政策要求及具体内容可以发现，国家对构建德智体美劳全面培养的教育体系，把劳动教育纳入培养社会主义建设者和接班人的总体要求非常明确，也非常迫切。同时，我们也需要清晰地认识到，在劳动教育课程化的进程中还存在一些现实问题和发展瓶颈。

基于问题导向，我们需要考虑如何大面积有效落实劳动教育。结合我国中小学劳动教育的历史积淀和发展特征，总览新时代劳动教育的整体部署，未来我国劳动教育将呈现出更强的方向性、实践性、系统性、时代性和科学性。在这种情况下，需要借助系统思维，建构全链条一体化劳动教育课程体系，并努力在课程的认识、结构、内容等方面"提档升级"。

一、明确定位，提高认识，理解劳动课程的重要性

由于劳动教育本身的公共属性比较突出，学科边界比较模糊，劳动外延比较宽泛，因此在现实中，劳动教育虽然人尽皆知，但多数人知之不深，践而不实。另外，从"德智体美劳"的排序来看，多数人认为劳动教育在组织中的价值地位不高，更多时候处于"可有可无"的状态。事实上，劳动教育（包括劳动课程）绝不是想象的那么简单，它甚至比不少学科更加复杂，需要在思想上有准确定位和深刻认识。

1. 明确劳动课程在社会发展中的定位

劳动创造生活，劳动改变世界。对劳动课程的认识，不能脱离社会，不能脱离时代，也不能就劳动教育谈劳动教育。劳动课程的开发既要立足传统，又要面向未来；

既要服务教育发展，又要服务社会发展。

劳动教育的课程形态及内容主体总是与国家的所处时代和建设要求密切关联。近代劳动课程的社会定位可以追溯到工业化时代的兴起。在这个时期，由于科技进步和生产力提高，人们开始注重职业技能的培养，特别是工业生产中所需要的技能。劳动课程的出现正是为了满足这个需求，使学生能够掌握一些实用的劳动技能，进而迎合社会发展需要。

但随着时代的变迁和社会环境的变化，一些青少年在劳动观念、劳动态度、劳动能力和劳动习惯等方面出现了一些消极表现，如一些学生存在不爱劳动、慵懒散漫甚至好逸恶劳的表现；一些学生在思想上带有"一夜暴富""一夜成名"的虚假幻想；一些学生抱着"当一天和尚撞一天钟""游戏人生"的消极态度；一些学生以"避免内卷"为借口，自我标榜为"佛系"，存在"躺平""啃老""宅家"的不良倾向。另外，新技术不断涌现，为各行各业提供了新的工具，加速了新的生产方式的产生，推动了工业化、数字化、智能化的深入发展。在传统观念中，劳动往往被视为一种朴素的工作方式，而随着现代生产技术的进步和劳动过程的升级，更加强调了劳动的创造性、智能化和高度专业化。

因此，新时代劳动课程的社会定位也应随之调整。在这样的时代要求下，劳动课程需要将重心从工业化时代的技能培养调整到现代社会的素养培养。除了传授基本的劳动技能，劳动课程还要注重学生的人文素质、情感素质、社会担当和创新创业能力的培养，帮助学生树立正确的劳动观念和职业追求，促进学生个性化、全面化发展，努力将劳动课程与国家需求、行业需求相结合，为培养数以亿计的社会主义建设者提供有力支撑。

2. 明晰劳动课程在劳动教育中的定位

劳动教育是中华民族自古就有的传统，也是中国特色社会主义教育的重要内容，它长久存在于历史血脉的深处。在我国，劳动教育作为教育方针（教育宗旨），历经百年发展与流变。百年来，我国劳动教育虽经历过挫折和阻碍，但通过探索与实践逐渐建立起中国特色的劳动教育体系，摸索出了适应我国国情，具有明确的方向性、鲜明的时代性的劳动教育形态。中小学劳动课程在劳动教育中的定位，既要立足于时代发展的需求，又要根植于我国劳动教育的历史积淀和文化传统。

学者夏惠贤认为，纵观百年的发展历程，劳动教育改革主要围绕着三个核心议题来展开：摒除偏见，不断夯实中小学劳动教育的思想基础；五育融合，持续调整劳动与德智体美的整体布局；同频共振，潜心探索劳动教育实践中的要素耦合。基于历史积淀和发展特征，总览新时代劳动教育发展，未来我国劳动教育将呈现出三个主要趋势：以学理研究为根基，撑起劳动教育的科学性；以系统建构为核心，把握劳动教育的全面性；以空间联动为合力，促成劳动教育的协同性。[①]

现阶段，基于《纲要》和《劳动课程标准》，进行高品质中小学劳动课程开发，是对我国劳动教育百年核心议题的接续，是对我国劳动教育传统的守正创新，也是对近十年中小学劳动教育浪潮的持续加强，还是对目前劳动教育存在问题的课程化解决方

---

① 夏惠贤，杨伊.我国中小学劳动教育的百年探索、核心议题与基本走向［J］.教育发展研究，2020，40（24）：13-20.

案。它在时间之维连接了历史与未来，兼顾了劳动教育课程的传承性和时代性；在空间之维兼具了劳动教育课程的本土性与国际性。它的开发、应用和普及是对中小学劳动教育的课程化部署，也将从课程性质、课程理念、课程目标、课程内容、劳动素养要求、课程实施等方面作出系统化、一体化、标准化的课程安排。

3. 明晰劳动课程在个人发展中的定位

在个体的生命周期中，每个阶段的身心发展基础不同，发展速度不同，发展的方向和目标也会有所差别。劳动在其中发挥着重要作用，劳动课程的定位也与个体的生命周期密切相关。

在个体的生命周期中，从人出生后劳动就开始影响其成长。初学走路时，孩子通过与物体互动，慢慢地培养起自己的平衡能力和协调能力。在随后的学习生活中，孩子通过学习技能和知识，更好地适应社会和发展自己的潜能。成年后，个体以物质财富生产为主要目的的劳动生涯开始，这往往是个体经济和事业逐渐壮大的阶段，通过劳动创造财富，实现对家庭的支持，并为自己的事业发展提供资金基础。无论是在成长过程中还是事业发展的不同阶段，个体都需要根据自己的特点和职业目标，设计符合自己成长和发展的职业生涯规划和劳动课程。

以劳动课程为重要实施途径的劳动教育为学生成长、成才提供了重要平台。它不仅教育学生掌握各种劳动技能，更重要的是向学生传递人生价值，引导学生磨炼意志品质，陶铸健康体魄，培育实践能力，培养责任感、协作精神和创新思维，增强社会责任感和成就感，使学生在实践中提高综合素质，为未来职业道路建设夯实基础。

二、挖掘功效，放大亮点，把握劳动课程的育人价值

《意见》指出："劳动教育是国民教育体系的重要内容，是学生成长的必要途径，具有树德、增智、强体、育美的综合育人价值。"其实，从学理性上分析，劳动教育的功能和价值还具有较大的挖掘空间。

1. "以劳增智"具有内生基础

"以劳增智"并非直观感受，它具有生理、机制和驱动方面的基础。首先，劳动教育可以通过"手脑协同""左右配合"等方式促进青少年学生尤其是儿童的全脑发育，在生理上可以"增智"。其次，劳动教育多以"项目"的方式开展实践，往往涉及生物学、化学、物理、数学、地理等各门学科的知识，尤其注重数学和科学常识的运用，强调对各学科知识加以整合，并进行综合化应用，在此过程中还可以培养学生初步的筹划思维，在机制上可以"增智"。最后，在现代社会，科技的高速发展和生产方式的变革对劳动教育提出了新要求。劳动教育可以通过劳动实践和创新创造，提高人的思维能力、创造能力和问题解决能力，在驱动上可以"增智"。

2. 劳动教育具有"以劳润心"的功能

大量案例证明，劳动教育在心理润泽方面也具有独特作用。一是消解压力。劳动教育可以通过内容、场景、方式、对象、色泽等方面的变换，消解因学习、工作、生

活带来的压力和消极情绪，从而实现心灵愉悦和精神放松。二是自我认知。劳动教育可以通过实践的方式，帮助学生建立正确的自我认知。在劳动过程中，学生会有更多的机会去体验自己的优点和不足，并逐步建立对自我能力的认知。三是毅力强化。劳动教育可以培养学生的耐心和毅力。劳动往往需要耐心，一个小小的失误就有可能导致整个工程失败。学生通过团队协作和持之以恒的劳动，可以培养顽强的毅力和耐心。四是社会适应。劳动教育可以增强学生的社交能力。在劳动过程中，学生之间相互支持、互帮互助，人际关系会变得更加稳固、和谐。

3. 劳动教育具有促进"五育"融合的功能

长期以来，我国的教育体制都比较重视"文化课"，而忽视完成劳动任务和发展学生动手能力。这导致学生的理论知识和实践技能不平衡，学生缺乏实践经验和操作技巧，难以掌握具体实践的基本技能。"五育"之间存在一些领域壁垒，难以真正"融合"以至"合一"。如果"五育并举"或"五育融合"是一扇门，那么在"五育"中，劳动教育最有可能推开这扇门。因为劳动教育是对德育、智育、体育、美育的教育要素的综合把握和综合呈现，可以促进德育、智育、体育、美育有机结合。劳动教育对生产实践过程的强调就是一种德育活动，它可以以产品质量为基础，提升学生的责任感、时效观念和吃苦耐劳精神。而身体锻炼是体育教育的内容之一，劳动锻炼可以对人的身体机能进行全面调节和提高。此外，在劳动教育中也可以加入美育教育元素，通过美学和艺术的引导，让学生在劳动实践中体验美的感受，感悟生命的真谛，开阔心灵的视野，从而达到德智体美全面发展的目的。因此，劳动教育可以在内容、实践、学习等方面把"五育"很好地黏合起来。

4. 劳动教育具有一些独特的育人价值

劳动教育是根据学生年龄、经验、性别和能力等特点，创造性地设计与组织各类劳动活动，通过劳动过程产生的实际体验，提高学生的动手实践能力和协作能力，培养学生的劳动观念和劳动习惯，促进学生全面发展的一种教育活动。一方面，劳动教育是关于人类生存和生活本能的教育。劳动教育不仅可以培养和提高学生的劳动技能、实践能力和应用能力，而且会在实践活动中"慢慢"地、真切地、有效地影响学生心智发展，使其受到耳濡目染的影响后，自觉守法守纪，自觉尊重他人，自觉维护和保护自然和社会环境。通过劳动实践活动，学生可以体会到做事专注、认真、细致、耐心、细心的重要性，懂得不屈不挠地追求自己的目标，并淬炼出吃苦耐劳的毅力和品质，从而锤炼品格和修养。另一方面，劳动教育可以培养学生的团队意识和合作精神。现代社会普遍采用团队合作的方式完成任务，团队意识和合作精神成为现代人必备的素质。通过协同劳动实践，学生可以更好地认识团队的分工和自己的角色，了解团队成员之间的协同和配合，培养团队合作能力，获得更好的职业发展机会。另外，劳动教育是职业启蒙教育，连通"工作世界"或"劳动世界"，可以使学生了解劳动的价值是如何产生和交换的，为职业开端奠定良好基础。所以劳动教育是一种独特的育人方式，它在促进学生身心健康、开发学生动手能力和创新精神、培养学生团队意识和合作精神，以及塑造学生世界观、人生观和价值观方面有着不可替代的作用。

三、守正创新，升级结构，把握劳动课程的精彩内容

《劳动课程标准》强调以劳动项目为载体，以劳动任务群为基本单元，以学生经历体验劳动过程为基本要求，构建覆盖三类劳动，学段进阶安排、有所侧重的课程结构，并以"劳动类别"和"任务群"为关键词来建构课程内容结构，体现了劳动教育的生活化和情境化，也基本实现了劳动教育内容的全覆盖。

劳动课程的内容安排既要有与劳动素养对应的同向性和匹配度，又要有科学性、系统性和连贯性。从中我们发现两条规律：一是从低学段到高学段，每个任务群的"始""终"有先后，但学段之间贯通、无断裂；从低年段开始，劳动内容难度按照"简单—复杂—综合"的顺序逐渐提高，方便义务教育阶段学校自主选择。二是每个学段任务群的大类基本一致，数量逐渐递增，符合学生的认知规律。

关于课程内容，《劳动课程标准》在强调规范的同时给出了一定程度的弹性选择。例如针对十个任务群，鼓励但不强制"全覆盖"，学校可结合实际自主选择各年级任务群的学习数量。《劳动课程标准》在一定规范内的弹性要求给予地方和学校自由发挥的空间，各校可以结合校情，自主确定开展适宜的劳动项目。这些要求将青少年在校期间的劳动实践性学习贯穿起来，既体现了新课程改革的夙愿，也向人们提供了全学段系统和丰富的劳动课程建设方案。

1. 不断丰富劳动课程的类型

根据《纲要》提出的劳动教育路径：独立开设劳动教育必修课，在学科专业中有机渗透劳动教育，在课外校外活动中安排劳动实践，在校园文化建设中强化劳动文化，学校层面劳动课程应该是内容丰富、富有层次的，基本上可以概括为四类。

一是立体化劳动必修课程。此类课程是劳动教育的主阵地，应该每周不少于1课时。其以《劳动课程标准》为依据，内容涵盖三类劳动和十个任务群，各学段进阶有序，属于立体化、普及型劳动课程。

二是专题性劳动拓展课程。此类课程是在必修课程的基础上，在某方面进行深入探索，力图形成学校特色。例如，有的学校以木工为特色，开设了木艺课程；有的学校利用周边的土地资源，开设了果树种植课程，供有兴趣的学生选择。

三是点滴式劳动渗透课程。此类课程强调在学校的协调下，组织各学科整合劳动教育有关资源和内容，挖掘教学中的劳动教育元素，汇聚各学科在劳动素养方面的育人合力。

四是跨学科劳动融合课程。此类课程往往需要多个学科知识和技能的综合应用，强调以"跨"促"融"，如"智慧农场"项目不仅关注劳动教育，还关注信息技术、科学、数学等学科。例如，杭州市富阳区富春第七小学结合国家课程内容，挖掘社会资源，以勤俭节约、爱惜劳动成果、尊重劳动人民、学会劳动为重点，立足学生全面发展需要，设计了由专门化、融合化、项目化和综合化课程组成的"新劳动教育课程体系"[①]，其框架如图1-1-1所示。

---

① 章振乐，戴君，夏建筹，等.从小热爱劳动：小学生新劳动教育的实践探索［J］.全球教育展望，2022，51（7）：76-92.

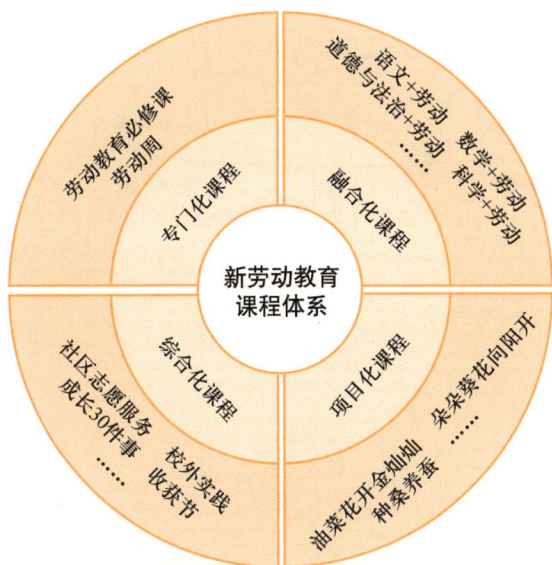

图 1-1-1 杭州市富阳区富春第七小学"新劳动教育课程体系"框架

2. 不断充实劳动课程的内容

劳动教育就是让孩子打扫卫生、种花、锄草，学会插花、剪纸、洗衣服、煮饭吗？

《劳动课程标准》提出：义务教育劳动课程在内容安排上，十个任务群涵盖每个学段，按照学生已有知识、技术能力的进阶发展设置劳动任务。这就需要学校在安排劳动课程的内容时，不仅要充分考虑三类劳动的功能定位和内容完整，还要考虑劳动课程内容的结构进阶性和各个具体劳动项目的位置安排合理性。例如，郑州市高新区艾瑞德学校开发的"田园劳动递进课程"[①]，其课程框架如图 1-1-2 所示。

3. 不断提高劳动课程的要求

专门的劳动课程更具优势的功能主要在于：劳动价值观念的辨析、劳动精神的体悟、劳动技能的学习、劳动体验的分享等方面。但在现实中，中小学劳动课程的课堂形态与新时代劳动教育的要求不匹配。例如，有些课呈现出"劳动与技术课"重技术教育的倾向，有些课呈现出"综合实践活动课"重问题探究的倾向，有些课呈现出"科学课"重知识传授的倾向，有些课呈现出"美术课"重绘画技能的倾向，有些课呈现出"学科融合课"内容杂糅的倾向。这些"四不像"课堂形态反映出之前劳动课程教学失范的现象，也折射出一些区域或学校对劳动教育界定不清、要求不明、理解不透的走向，亟须通过对"明晰课程关键理念、明确教学基本要求"等环节的强化建立规范科学的课堂形态，来匹配新时代对劳动教育的需求。例如，河南省已于2022年10月出台了《河南省中小学劳动课程教学基本要求（试行）》，其基本框架如图1-1-3 所示。

---

① 李建华."四园联动"让劳动教育真实发生［J］.中小学管理，2022（4）：5-9.

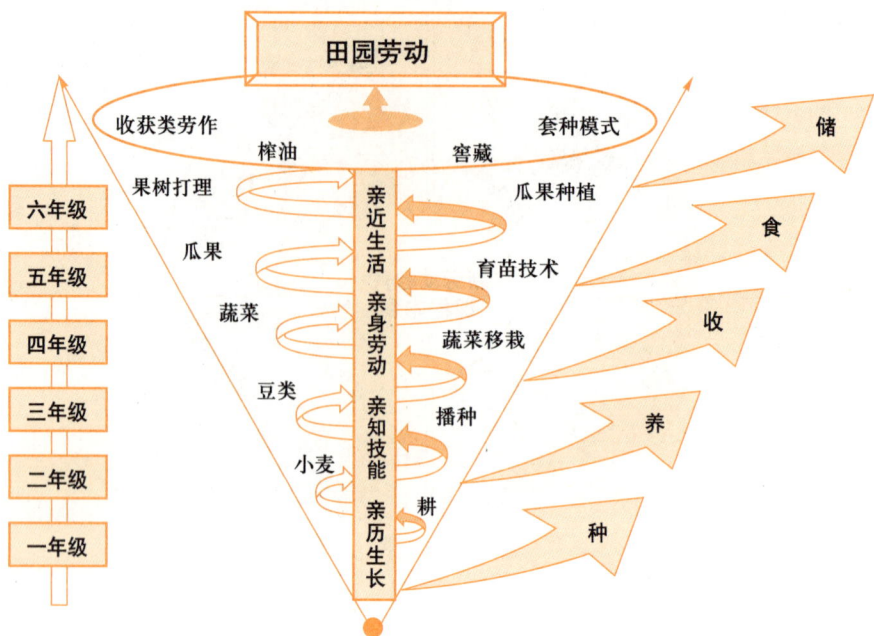

图 1-1-2 郑州市高新区艾瑞德学校"田园劳动递进课程"框架

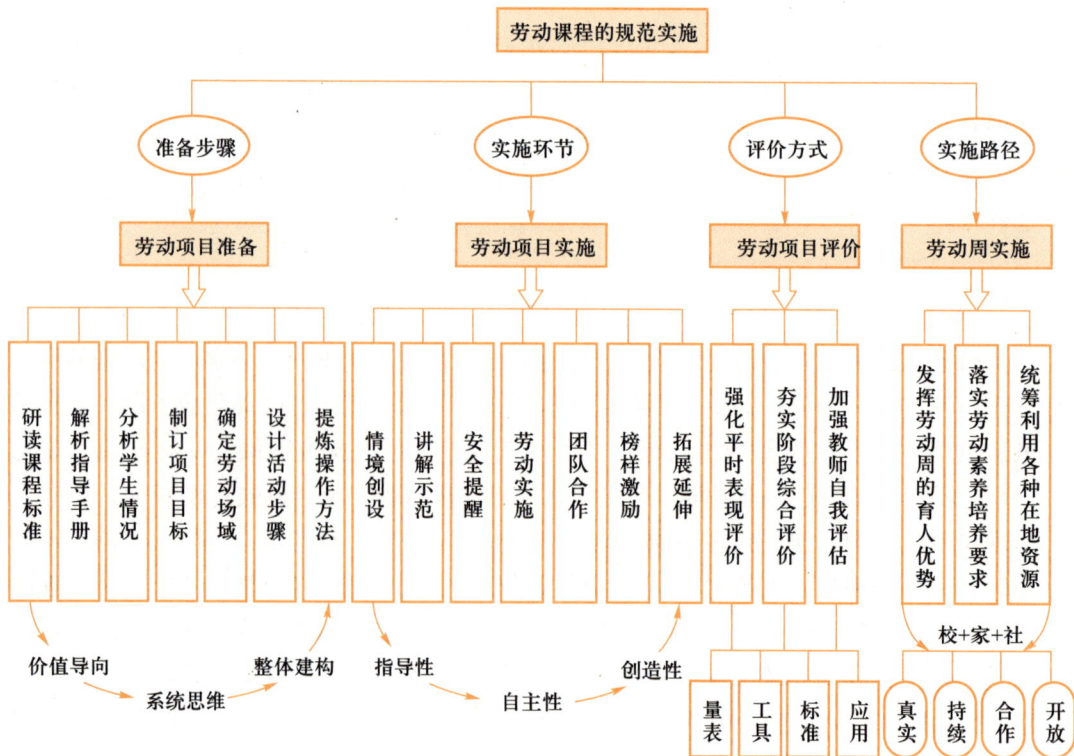

图 1-1-3 《河南省中小学劳动课程教学基本要求（试行）》基本框架

教学建议

整体而言，中小学劳动课程需要三大类劳动全覆盖，全劳动素养贯穿课程全要素和实施全过程，在全部学生的直接体验和亲身参与中，体现劳动教育的全功能。为确保劳动教育的方向不移、目标不变、味道不减，需要特别关注以下几个方面。

第一，提高思想站位，让劳动教育真正归位。从全面贯彻党的教育方针的高度，提高思想站位，让劳动教育真正归位，至少需要从八个方面让劳动教育"站"起来：课表上体现起来，课程上开设起来，活动上开展起来，队伍上建设起来，基地上利用起来，制度上完善起来，机制上保障起来，人气上烘托起来。各地各校因地制宜开展劳动活动，劳动特色逐渐凸显，劳动教育进入特色发展阶段。稳定的劳动教育课时安排、专业的劳动教育师资队伍、系统的特色劳动教育课程、丰富的劳动教育实践活动、完善的劳动教育评价机制，成为五个重要的特色发展指标。

第二，注重价值引领，让劳动实践不断升华。苏霍姆林斯基认为，要培养热爱劳动的品质，就得善于指导学生的精神生活和劳动生活。要发现、形成和巩固学生的劳动爱好，并不是单纯地让学生在某些劳动中完成一连串的练习。一方面，单靠谈论劳动的词句无法培养学生热爱劳动的思想；另一方面，没有严肃的、明智的言辞也是行不通的。[①] 这就启示劳动教师要注意及时对学生进行价值引领。一方面，要在实践活动之前做价值预设；另一方面，要在实践活动中留意稍纵即逝的细节。学者管光海认为，指导可以分为有效的指导和有价值的指导。有效的指导强调工具性，采用有益于结果达成的方法，而有价值的指导既强调工具性，又强调目的性，关注的是本身就有益的方法。[②] 因此，在学生进行劳动实践的过程中，教师不仅是组织者，还是示范者、指导者。不仅要注意目标引导，还要注意过程指导，同时也不能忽视反思指导，可以通过随机提点、榜样激励、交流展示、评价升华等方式，指导学生从中领悟劳动精神，养成优良品质。

1-1

省域视野下中小学劳动教育
的现实困境与突破路径

① 熊彬霖，刘钊.苏霍姆林斯基劳动教育思想对新时代劳动教育的启示 [J].湖南第一师范学院学报，2021，21（4）：41-45.

② 管光海.科技创新为劳动教育赋能 [N].中国教育报，2022-11-25（9）.

问题提出

【现状点击】

　　下面是某教师设计的"水色霓裳，蓝染天成——我与扎染的奇妙重逢"一课的教学目标。

　　1. 知识与技能：学习扎染知识，认识我国传统工艺技术，体验传统扎染工艺的美感。

　　2. 过程与方法：了解扎染工艺的特点，掌握一般的扎染制作方法。

　　3. 情感态度与价值观：培养学生的审美能力和动手制作能力，激发学生对民间传统工艺和非遗手工技艺的热爱。

　　党的二十大报告强调，要尊重劳动、尊重知识、尊重人才、尊重创造；在全社会弘扬劳动精神。《劳动课程标准》的出台，标志着劳动课程以独立的课程形态出现在我国基础教育改革的舞台上。

　　劳动课程具有培养学生劳动素养的本体育人价值，需要围绕核心素养，体现课程性质，反映课程理念，确立课程目标。劳动课程要培养的核心素养即劳动素养，主要是指学生在学习与劳动实践过程中逐步形成的适应个人终身发展和社会发展需要的正确价值观、必备品格和关键能力，是劳动课程育人价值的集中体现，主要包括劳动观念、劳动能力、劳动习惯和品质、劳动精神。劳动课程还具有培育学生综合素养的综合育人价值，教师应充分发挥劳动课程在树德、增智、强体、育美等方面的育人价值。但一些教师对课程标准的学习不够，对课程标准的精神把握不准，导致在实践中整体把握劳动课程要培养的核心素养方面出现诸多问题与偏差。

　　一是目标方向不准。不少教师还是用知识与技能、过程与方法、情感态度与价值观来表述劳动教育教学目标，使得劳动课程实施不规范、不专业。劳动课程要培养的核心素养，主要包括劳动观念、劳动能力、劳动习惯和品质、劳动精神。

　　二是目标内容不全。部分教师过分强调培养学生的劳动能力，对劳动观念、劳动习惯和品质、劳动精神三个方面的劳动素养目标重视不够，忽视对学生正确的劳动观念、良好的劳动习惯和品质、积极的劳动精神的培育，使得劳动课程的培养目标被窄化。如上述案例的教学目标，对学生劳动习惯和品质、劳动精神的重视就不够。

　　三是目标结构不良。目标的表述尽管对劳动素养的四个方面都有所体现，但没有厘清这四个方面之间的逻辑关系，在目标撰写过程中出现思维混乱、结构不良、措辞不准等诸多问题，相关表述的专业性、规范性、科学性有待提升。

四是目标定位不高。 目标的设计仅关注劳动教育提高学生劳动素养的本体育人价值，忽略其在树德、增智、强体、育美等方面的综合育人价值，"五育"融合学习欠缺，[①] 使得劳动教育在"五育"中的作用被削弱。

五是目标落实不力。 目标仅停留在设计层面，尽管在劳动项目、劳动周、劳动日或课堂教学设计中能够体现劳动课程要培养的核心素养，但没有真正落实到劳动课程实施的实践活动中，设计与实践之间存在"两张皮"现象。

值得一提的是，目标撰写是一项复杂工作，多数教师撰写的教学目标或项目目标常常优点和不足并存，优点是多维度的，不足之处也表现在多个方面。

【案例 1-2-1】"柚"滋有味（课堂教学目标）

这节课的劳动任务是制作柚子糖。课堂教学目标如下：

1. 树立正确的劳动观念（形成劳动质量意识、热爱劳动的积极情感）
2. 具有必备的劳动能力（通过动手实践，掌握劳动技巧）
3. 培养积极的劳动精神（通过安全规范劳动，体悟劳动成果来之不易）
4. 养成良好的劳动习惯和品质（通过劳动过程，体悟工匠精神，增强家庭责任意识和公共服务意识）

【案例分析】 教师引导学生掌握柚子糖制作方法，体验柚子糖制作过程，制作出柚子糖劳动产品，并在此过程中提升学生在劳动观念、劳动能力、劳动习惯和品质、劳动精神等方面的劳动素养。教师在设计课堂教学目标时，能兼顾劳动素养的四个方面，但还存在两个方面的主要问题。

第一，逻辑关系较为混乱。首先，劳动素养四个方面的顺序安排不合理，劳动精神是最难培养的，放在最后更为合适。其次，具体内容的归类较乱，有的内容归属的维度不合理。例如，将劳动质量意识归入"精益求精、追求卓越的工匠精神"的劳动精神，而没有归到劳动观念；将安全规范劳动归入"学生具有安全劳动、规范劳动、有始有终等习惯"的劳动习惯和品质，而不是劳动精神的内容；将"体悟劳动成果来之不易"归入"了解不同职业劳动者的辛苦与快乐"的劳动观念更合适；"体悟工匠精神"显然属于劳动精神的内容。

第二，目标和内容相互脱节。四个方面的核心素养目标没有和本节课具体的劳动内容相结合，存在明显的生搬硬套现象。教师在撰写教学目标时没有将目标有机融入教学内容与教学过程中，很难想象在实际上课过程中能够做到有机融入。教学目标需要结合本节课的具体任务来落实，将总的课堂教学目标合理分解，有机融入一系列课堂教学子任务中，随着教学过程的逐渐展开自然而然地完成各项任务，达成各项目标，促进劳动课程课堂教学的实践改进。

【案例 1-2-2】动物养殖我在行（劳动项目目标）

劳动项目目标：认知目标、能力目标、习惯和品质目标、精神目标。

---

① 赵兴祥，卢庆广，刘冠锋．阜南县基于综合实践活动课程的劳动教育［J］.基础教育研究，2022（12）：56–58.

1. 观念与知识：认识劳动光荣，尊重劳动，尊重劳动者。学习桑蚕、兔子、鸽子养殖知识；掌握养殖技巧。

2. 技能与创造：学会使用刷子等劳动工具；能运用拍照、记录表、观察报告、劳动感悟记录劳动过程；通过实践活动，培养学生的劳动实践能力和团队合作能力。对比不同动物的养殖方法，学会主动思考、积极实践，促进劳动成果产生。

3. 韧性与价值：能坚持记录桑蚕、兔子、鸽子的生长情况，掌握科学养殖规律；在实践中不怕困难、不怕吃苦，磨砺劳动意志和品质，形成坚忍不拔的劳动精神。通过劳模进课堂活动，对学生进行榜样激励，培育学生树立正确的劳动价值观念；在劳动体验和实践中领会和内化"幸福是奋斗出来的"价值观念和精神内涵。

4. 意识、行为与兴趣：初步具有劳动观念和劳动习惯，增强服务他人和社会的意识。能主动参与家务劳动、校内外劳动，能处理生活中的事务，具有生活自理能力。积极主动地参与动物养殖实践、完成劳动任务，养成良好的劳动习惯。在颁奖中激发学生的劳动热情，树立榜样；在感兴趣的动物养殖领域产生持续养殖的热情，并勇于学习、探究。

【案例分析】上述案例中，教师较为准确地把握了劳动项目的目标。首先提到了劳动项目的目标分为认知目标、能力目标、习惯和品质目标、精神目标，除了第一个"认知目标"需要换为"观念目标"之外，这种分类大致上是按照课程标准的培养目标划分的。但在表述时应使用"劳动观念、劳动能力、劳动习惯和品质、劳动精神"等与课程标准说法一致的专业词汇。在描述这四个方面时可以不出现这几个专业术语，使目标的表述更为自然。

但是，上述案例在进一步阐释目标的具体内容时，摒弃了"劳动观念、劳动能力、劳动习惯和品质、劳动精神"分类框架，代之以"观念与知识""技能与创造""韧性与价值""意识、行为与兴趣"等。这些术语的分类与框架来源不明，逻辑框架缺少明确的理论依据和清晰的解释说明。

上述案例能够结合劳动项目的具体内容，在每一个维度上对具体目标进行细致描述，这些描述依据课程标准精神，紧扣劳动素养，同时关注学生综合素质，反映出教师比较扎实的专业能力和实践经验。如果进一步按照"劳动观念、劳动能力、劳动习惯和品质、劳动精神"对这些具体描述进行仔细梳理和合理归类，可以形成较为完善的"动物养殖我在行"劳动项目的目标体系。

🔑 问题分析

课程体现教育目标，决定人才培养的规格、质量和结构，是贯彻党的教育方针和教育思想的重要载体，在落实立德树人根本任务中发挥基础作用，彰显课程育人功能。劳动课程具有鲜明的思想性、突出的社会性和显著的实践性，需要发挥劳动教育提升学生劳动素养的本体育人价值和树德、增智、强体、育美的综合育人价值，促进学生德智体美劳全面发展。

一、理解劳动素养的内涵，发挥本体育人价值

并不是所有劳动都具有教育意义，具有教育价值的劳动是一种磨炼意志、手脑并用、全身心参与的劳作。学校劳动教育是具有一定意义建构和价值体认的实践活动，教师要在准确把握学生身心特点的基础上开展提升学生劳动素养和综合素质的各种劳动教育活动，防止肤浅的、表面的、碎片的、形式的、浅层体验的劳动技能教育。劳动教育不仅要提升学生的劳动技能水平，更要注重提高学生的劳动素养，强调劳动观念的培养、劳动能力的提升、劳动习惯和品质的养成、劳动精神的培育，并随着学生年级和学段的递进不断促进这四个方面的相互联系和深度融合，整体提升学生的劳动素养，发挥劳动课程的本体育人价值。

第一，形成正确的劳动观念。使学生具有积极的劳动态度和劳动情感，尊重劳动和普通劳动者，理解"三百六十行，行行出状元"的基本道理，正确理解劳动与生活、社会、个人的关系，形成劳动最光荣、劳动最崇高、劳动最伟大、劳动最美丽的观念。

第二，具备一定的劳动能力。学生不仅要具有基本的劳动知识与技能以及专业的劳动工具使用能力，还要在劳动中增强体力、提高智力和创造力，具备完成一定劳动任务所需要的筹划思维和设计能力、操作能力和团队合作能力。

第三，养成良好的劳动习惯和品质。学生不仅要在劳动中养成安全规范、有始有终的良好习惯，而且要逐步养成自觉自愿、认真负责、诚实劳动、吃苦耐劳、团结合作、珍惜劳动成果等优秀品质。

第四，发展积极向上的劳动精神。使学生深刻领会"劳动是一切幸福的源泉""幸福是奋斗出来的"的内涵和意义，形成勤俭、奋斗、创新、奉献的劳动精神，具有继承中华民族勤俭节约、敬业奉献优良传统的积极意愿；能主动弘扬开拓创新、砥砺奋进的时代精神，真切感知爱岗敬业、甘于奉献的劳模精神，培育百折不挠、艰苦奋斗的革命精神，以及精益求精、追求卓越的工匠精神。

二、把握综合素养的内涵，发挥综合育人价值

新时代劳动教育具有鲜明的思想性、突出的社会性和显著的实践性，教师要紧跟科技发展和产业变革，创新劳动教育内容、途径、方式，增强劳动教育的时代性。劳动课程要让学生面对真实的个人生活、生产和社会性服务情境，亲历实际的劳动过程，尝试新方法，探索新技术，打破僵化思维方式，推陈出新。既要有大汗淋漓、磨炼意志的劳动，又要有身心参与、手脑并用、知行合一、学创融通的劳动，注重运用所学知识解决实际问题，在劳动过程中整体培育学生的综合素养，充分发挥劳动课程的综合育人价值。

第一，以劳树德。要发挥劳动在政治、思想、品德等方面的教育作用，对学生的德性塑造和健康人格特质养成发挥正向的积极影响，要让学生在出力流汗的过程中磨炼意志，培养尊重劳动、尊重普通劳动者的劳动观念和情感，养成自觉劳动、会劳动、爱劳动的习惯和品质，培育传承中华优秀传统文化和红色革命文化的精神，精益求精，

感受劳动最光荣、劳动最高尚、劳动最伟大、劳动最美丽。

第二，以劳增智。要发挥劳动对学生智力发育和成长的促进作用。不仅强调出力流汗、艰苦劳动，更要强调手脑并用、创造性劳动，在培养学生劳动技能和动手能力的过程中，通过统筹策划、创新设计和问题解决等方式提升学生的思维能力、问题解决能力和创造能力，同时通过集体劳动和小组合作的方式共同劳动，提高学生的人际沟通能力和团队合作能力，实现以劳增智的育人功能。

第三，以劳强体。要发挥劳动增进学生体能和提升身体健康水平的作用。一方面，劳动需要学生出力流汗、付出体力，能起到锻炼身体的作用；另一方面，劳动需要学生专注投入、忘记学业压力，能起到放松身心的作用。学生参加各种形式的劳动实践，能够在一定程度上增强体格，提升心理品质，使身心得到和谐发展。

第四，以劳育美。要发挥劳动增进学生对美的感受力和创造力。劳动的对象、过程及其成果中都存在诸多美的因素，学生参加各种劳动实践活动，可以增进对美的认识和感知，并通过个体和集体劳动设计和创造美的事物，开展审美评价，形成美的劳动文化，感受到劳动和劳动者的美丽，形成"劳动最美丽"的观念。

📇 问题解决

一、传承创新，树立全新的素养意识

课程改革要在继承的基础上实现创新，课程目标也不例外。很多教师在撰写劳动项目目标和教学目标时，依然沿用原来的"三维目标"。《劳动课程标准》的出台不仅标志着劳动课程以独立的课程形态出现在基础教育课程改革的历史舞台上，还明确提出了劳动观念、劳动能力、劳动习惯和品质、劳动精神四个方面的劳动素养。因而，教师在撰写劳动项目目标和教学目标时，不能简单套用知识与技能、过程与方法、情感态度与价值观等传统的三维目标，而是要依据《劳动课程标准》，从劳动观念、劳动能力、劳动习惯和品质、劳动精神四个方面，结合劳动项目和课堂教学的具体内容，拟写劳动项目目标和教学目标。

二、理顺逻辑，生成严谨的目标结构

劳动教育目标具有整体性与结构性。[①] 教师在撰写劳动项目目标和教学目标时，不仅要涵盖劳动素养的四个方面，还要理顺四者之间的逻辑关系，生成严谨的目标结构。首先，要注意四者之间的逻辑顺序。一般来讲，按照课程标准提出的劳动观念、劳动能力、劳动习惯和品质、劳动精神的逻辑顺序来撰写劳动项目目标或劳动课程教学目

---

① 管光海.新时代中小学劳动教育实施应把握的四个关键［N］.浙江教育报，2020–5–13（3）.

标比较符合学术界研究者和实践领域广大一线教师的思维习惯。其次，要将目标的具体内容合理归入相应的素养维度中。尽管劳动观念、劳动能力、劳动习惯和品质、劳动精神四个方面的划分不是绝对的，但是仍需要教师认真研读课程标准，深刻领会劳动素养四个方面的具体内容，在撰写劳动项目目标或劳动课程教学目标时，结合项目或教学的具体任务，将不同类别的目标内容归入其应该归属的维度中。

三、五育并举，指向学生的全面发展

劳动课程是一门思想性、社会性、实践性很强的课程，不仅需要开设专门的必修课，还需要在其他学科课程中有机渗透，同时在地方课程和校本课程实施、学校文化建设、主题教育活动、课外校外活动中整合实施劳动课程，整体提升学生劳动素养和综合素质，强调劳动之于个体的存在性价值，以赋予个体在劳动教育中获得自我存在的价值感和意义感。[1] 劳动课程以培养劳动素养为主要目标，注重挖掘综合育人价值。[2] 不仅要关注劳动课程提升学生劳动素养的本体育人价值，也要发挥劳动课程树德、增智、强体、育美的综合育人价值，实现五育并举，还要找到劳动素养和其他相关学科要培养的核心素养的交叉点，形成统整的劳动项目目标或劳动课程教学目标，引领跨学科视域下项目式劳动课程实施活动的深入开展，整体提升学生综合素质和核心素养，最终指向学生的全面发展。

四、深度融入，推动实践的真正改进

劳动课程要培养的核心素养的真正落地，需要在设计和撰写劳动项目或劳动课程教学目标时体现劳动观念、劳动能力、劳动习惯和品质、劳动精神四个方面的劳动素养，以及劳动课程树德、增智、强体、育美的综合育人价值。更为重要的是，要结合劳动项目或劳动课程教学的具体任务，科学分解劳动课程的本体育人目标和综合育人目标，并将分解后的具体目标融入劳动课程实施过程的每一环节中，真正发挥目标对内容选择、过程实施和结果评价的正确引领和积极导向作用，克服目标设计和实践探索"两张皮"的脱节现象，形成目标设计和实践探索的双向良性互动。这种良性互动的实现，一方面需要在设计和撰写目标时，将劳动项目或劳动课程课堂教学的相关内容有机融入目标设计中；另一方面，需要将设计和撰写好的目标合理分解并有机融入实践探索的每一环节中，并根据实践探索的具体情况，适当调整预设目标，从而实现目标设计和实践探索的相互促进，预设和生成的和谐共振，真正推动劳动课程实施的实践改进。

【案例1-2-3】"艾"此青绿（劳动项目目标）

"艾"此青绿为六年级劳动项目，整体项目包括：种植艾草、制作艾草美食、制作艾草工艺品、爱心节卖青团。劳动项目目标设计如下：

---

① 班建武."新"劳动教育的内涵特征与实践路径［J］.教育研究，2019（1）：21-26.
② 管光海.基于课程标准的学校劳动课程体系建设［J］.教学月刊小学版（综合），2022（5）：21-26.

1. 树立正确的劳动观念

明白劳动创造美好生活，在基本的植物养护、烹饪、工艺制作等劳动过程中，初步形成热爱劳动、积极参与劳动的态度，理解普通劳动者的光荣和伟大，形成主动服务、关心社会、热心公益、热爱自然的意识。

2. 具有必备的劳动能力

初步认识艾草的特点和生长习性，掌握艾草的种植和养护技能，会用不同方法做艾草美食，互相交流烹饪过程的要点和难点，学会制作艾草香包的技能和方法，能读懂基本的示意图，创造性地设计有特点的香包。

3. 养成良好的劳动习惯和品质

在劳动实践中，养成自愿自觉、有始有终、不怕困难的劳动习惯和品质。

4. 培养积极的劳动精神

在劳动过程中不怕脏，不怕累，正确面对烹饪和工艺制作过程中可能出现的失败，形成不畏艰辛、精益求精的劳动精神。

（案例提供：田宇燕，广东省深圳市光明区光明小学）

【案例分析】上述案例中，教师按照《劳动课程标准》精神，依托区域"从田园到餐桌"劳动与综合实践活动统整项目，因地制宜，从时令特点和区域产业特色出发，立足学校微农场和厨艺基地，选择适合广东地区种植的艾草，整体设计和实施劳动项目——"艾"此青绿。该劳动项目目标内容全面、定位合理、逻辑清晰、结构完整、措辞准确。教师能从学生学习的角度设计和撰写劳动项目目标，全面考虑了劳动观念、劳动能力、劳动习惯和品质、劳动精神四个方面的劳动素养，并有机结合小学六年级学生的身心特点和发展需求，合理定位该劳动项目所要培养的学生核心素养。四个方面的目标排列顺序合理，逻辑结构清晰，语言表达简洁准确。

💡 教学建议

泰勒指出，制订任何课程及教学计划都必须回答四个问题：学校应力求达到何种教育目标？要为学生提供怎样的教育经验才能达到这些教育目标？如何有效地组织好这些教育经验？如何确定这些教育目标正在得以实现？[①]

那么，劳动课程实施过程中如何落实核心素养？对于这个问题，我们可以围绕以下四个方面展开思考，寻找答案。

第一，突出育人目标的全面性。劳动创造了人本身，劳动是一切幸福和快乐的源泉，对于个人、家庭、社会的发展起着非同寻常的积极作用。劳动教育对于学生健康成长也有着重要的价值和意义，尤其是在不少中小学生中还存在劳动实践少、劳动时间短、劳动能力差、劳动意愿弱，甚至不尊重劳动、不尊重普通劳动者、不珍惜劳动成果等诸多不良现象的情况下，在中小学开展劳动教育，需要整体设计劳动课程全面

---

① 泰勒.课程与教学的基本原理：英汉对照版［M］.罗康，张阅，译.北京：中国轻工业出版社，2008：1.

的育人目标。首先，要确立提高学生劳动素养的独特育人目标。劳动教育不等同于劳动技能教育。劳动教育当然包括具体的劳动教育形式，学习某些劳动技能也应该成为劳动教育的具体目标之一。但是，劳动教育的本质目标在于确立劳动价值观，让青少年充分认识到劳动对于社会发展和人生进步的重要意义。[①]教师要根据具体的劳动任务，在劳动任务的实施过程中提升学生的劳动能力，逐步培养学生精益求精的工匠精神，在劳动实践中逐步形成对劳动、劳动者、劳动成果等方面积极的认知和整体看法，通过经常性劳动实践形成良好的劳动习惯和品质，在劳动观念、劳动能力、劳动习惯和品质的培养过程中形成和发展积极的劳动精神，充分发挥劳动教育独特的育人价值。[②]其次，要确立提高学生核心素养的综合育人目标。通过与其他课程的整合实施、学科渗透、主题活动、社团活动、学校文化建设、课外校外活动等各种形式开展劳动教育，在劳动观念、劳动能力、劳动习惯和品质、劳动精神等劳动素养提升过程中发挥劳动课程树德、增智、强体、育美的综合育人价值，以劳为纲，融合五育与学科素养，[③]实现五育并举，整体提升学生核心素养。

第二，彰显课程内容的整合性。全面的育人目标需要以整合的课程内容为载体才能得以实现。单一形态的劳动教育实践难以承载新时期劳动教育功能的实现，当代劳动教育必须走向整合性的实践路径，以实现劳动教育在课程、活动等方面资源的有机整合[④]，要深挖资源和内容所能承载的素养，打破劳动课"僵化""窄化""异化"的现实困境。首先，依据课程标准精神，以培养学生的核心素养为导向，兼顾日常生活劳动、生产劳动、服务性劳动，整体规划学校劳动课程内容，形成校本化劳动清单。其次，根据区域特色资源和学校实际情况，因地制宜，选择具有区域和学校特色的典型内容，建设校本化特色劳动课程体系。最后，注重传统与现代的结合。不仅体现传统农业生产和工艺制作，也体现新技术体验与应用，注重新技术、新业态、新工艺，尤其是要顺应科技发展和智能劳动的时代趋势，将先进的科学技术、人工智能、"互联网＋"等科技元素融入劳动教育，凸显创造性劳动。新时代的劳动课程内容应该涵盖手工劳动、机器劳动和智能劳动，并实现三者的有机融合，使学生具有时代需要的核心素养。例如，用人机协同的方式开展传统农业种植活动和传统手工艺制作活动。

第三，推动实施过程的项目化。整体的育人目标和整合的课程内容需要有统整的实施方式与之相匹配，需要能促进核心素养发展的劳动实践。劳动项目体现劳动课程的实践性特征，能有效落实劳动课程内容及其育人目标。课程标准明确提出，劳动课程以丰富开放的劳动项目为载体，重点是有目的、有计划地组织学生参加日常生活劳动、生产劳动和服务性劳动，让学生动手实践、出力流汗，接受锻炼、磨炼意志，培

---

①　檀传宝．加强和改进劳动教育是当务之急：当前我国劳动教育存在的问题、原因及对策［J］．人民教育，2018（20）：30-31．

②　王观，邵玉姿，游仪．发挥好劳动教育独特的育人价值［N］．人民日报，2022-6-24（18）．

③　庹潇予，冉芮岑．"五育融合"视域下高中综合实践活动课程的开展：以劳动教育为线索的五育融合探索［J］．中国教师，2023（1）：58-61．

④　班建武．"新"劳动教育的内涵特征与实践路径［J］．教育研究，2019（1）：21-26．

养学生正确的劳动价值观和良好的劳动品质。学校可以在综合考虑三大方面十个任务群在各学段分布情况的基础上，整体设计和规划一系列劳动项目，按照"整体规划、纵向推进、因地制宜、各有侧重"的原则总体推进，整合必修课、学科渗透、课外校外活动和校园文化建设等劳动课程实施的主要途径，充分利用学校、家庭、社区的物质资源和文化资源，所有教育利益相关者分工协同，组织学生开展基于真实劳动场域和身心发展需求的劳动实践，实现劳动课程教学与其他学科教学以及各种教育活动的深度融合、校内资源和校外资源的有效整合、个体劳动和集体劳动的有机结合，共同促进学生劳动素养和综合素质的整体提升。

第四，注重劳动评价的综合性。 综合性的劳动教育评价对劳动素养目标的落实起着非常重要的作用，需要以终为始，"逆向设计"。[①] 通过评价的导向和监测作用，劳动素养目标才不会停留在口头或者纸面上，而是真正落实到行动中，最终促进学生核心素养的整体提升。在开展劳动教育评价时，要注重评价的综合性。首先，评价内容要全覆盖，建立以劳为线索、串联德智体美劳全要素的评价内容体系。[②] 其次，评价主体要多元化，包括学生本人、同学、教师以及其他相关人士。再次，评价方法要多样性，包括过程性评价和终结性评价，除了必要的纸笔测评等常规学习评价之外，要注重素养评价和实操性的表现性评价和任务性评价。最后，评价工具要丰富，要综合运用观察记录表、星级评价单、问卷、核查单、档案袋、信息技术平台等多种手段开展劳动评价，关注学生在劳动实践中的深度学习和默会知识的习得，引导学生学会设计与筹划、反思与迁移。[③] 不同主体运用不同方法和不同工具对劳动的不同维度进行质性和量化评价，评融入教与学过程之中，实现"教—学—评"一致性，并将评价结果和学生的综合素质评价挂钩。其中，比较有特色的评价活动是劳动技能大赛，不仅有助于提升学生的劳动素养，还有助于营造尊重劳动、热爱劳动的良好氛围，对劳动教育质量提升有着重要的推动作用。

1-2
动物养殖我在行（劳动项目
教学目标设计）

① 格兰特·威金斯，杰伊·麦克泰格.追求理解的教学设计［M］.闫寒冰，宋雪莲，赖平，译.上海：华东师范大学，2016：14.
② 陈爱芳.基于综合实践活动课程开展劳动教育的路径探究［J］.中国教育学刊，2023（2）：106.
③ 翁飞霞，张亚伟.综合实践视域下的劳动教育课程化构建［J］.中国德育，2019（15）：59-61.

问题提出

【现状点击】

校长：以前我们学校使用的教材是《劳动技术》，教师对纸艺、布艺、木工等技术劳动较为熟悉，我们是不是仍然可以将这些项目作为新的劳动课程的主要内容来实施？

劳动教育专家：劳动课程标准要求根据学生的年龄特征在不同的阶段安排不同的劳动任务群。虽然纸艺、布艺等传统工艺制作这一任务群贯穿1~9年级，但是不同年级对传统工艺制作学习有不同的要求，并且不能将传统工艺制作作为劳动课程内容的全部，它只是十个任务群之一，因此要在不同年级选择合适的项目，覆盖课程标准涉及的任务群。

义务教育劳动课程以培养学生的核心素养为导向，围绕日常生活劳动、生产劳动和服务性劳动，以劳动任务群为基本单元，构建内容结构。以劳动任务群为单位架构劳动课程结构是劳动课程实施的关键环节。

在以劳动任务群为基本单位进行劳动课程架构的过程中，我们常常会面临一些问题与困惑。

一是任务群的年级安排不适切。 有些学校设置劳动课程项目年级安排不适切，从低年级到高年级没有体现劳动技能要求逐步递增，安排的学期段的劳动项目不符合季节特征需求等，没有科学合理地安排任务群，不能够结合学校、学情合理地设计劳动课程的整体架构。

二是任务群的覆盖面不广。 有些学校设置劳动课程项目只涉及个别任务群，如九年级劳动课程安排中缺少现代服务业劳动和公益劳动与志愿服务任务群，没有依据课程标准在不同年级覆盖对应的任务群。

三是任务群未能体现开放性和选择性。 有些学校设置劳动课程项目一刀切，学生没有自主选择的权力，教师没有自主变通的弹性空间，在设置任务群的过程中没有适当体现一定的开放性和选择性。

问题分析

劳动课程内容共设置十个任务群，每个任务群由若干项目组成。任务群是将知识与技能基本相近、功能相似、性质相同的一组任务归纳在一起。学校要结合实际，自主选择确定各年级任务群的学习数量。

一、设置任务群的目的

劳动课程设置任务群的目的主要有以下几个方面。

1. 建构劳动课程系统化结构

劳动课程以实践为主,涉及的内容在劳动形态等方面差异较大,因此将知识与技能基本相近、功能相似、性质相同的一组任务归纳在一起,有利于建构劳动课程系统化结构,科学设计义务阶段劳动课程的学习内容。

2. 落实劳动课程核心素养的培养

劳动课程的实施要切实落实劳动观念、劳动能力、劳动习惯和品质、劳动精神四个方面的核心素养,某一方面的核心素养可以通过某一任务群的形式集中地表现出来。

3. 形成基于真实场景的跨学科项目化学习

劳动课程的任务来自真实情境,往往涉及复杂的、综合的条件与要素,设置任务群有利于基于某个或某类场景开展劳动实践,适合采用基于真实场景的跨学科项目化学习。

4. 利于区域系统化管理

劳动课程需要在一定范围(市、区)进行标准化教学管理,如教学研讨、劳动测评等。设置任务群不仅有利于区域进行系统化管理,还有利于强化区域层面某些任务群的教学实施。

5. 形成学校劳动课程特色

因地制宜的教学原则是由劳动课程内容的多样性和实际学校教学的需要决定的。不同的学校在自然环境、人文环境、文化环境、社会环境等方面都不相同,因此各学校应该因地制宜,结合学校传统特色,对某些劳动任务群进行适当的强化,形成学校劳动课程特色。

二、准确理解劳动任务群

劳动任务群的划分源自三类劳动形式:日常生活劳动、生产劳动和服务性劳动。日常生活劳动聚焦学生的日常衣食住行,侧重培养学生的自理能力和劳动习惯;生产劳动聚焦学生的未来职业体验,侧重培养学生的劳动技能和劳动品质;服务性劳动聚焦学生的社会实践服务,侧重培养学生的劳动观念和劳动精神。

1. 劳动任务群是三大类劳动的再细分

根据课程标准要求,日常生活劳动包括清洁与卫生、整理与收纳、烹饪与营养、家用器具使用与维护四个任务群;生产劳动包括农业生产劳动、传统工艺制作、工业生产劳动、新技术体验与应用四个任务群;服务性劳动包括现代服务业劳动、公益劳动与志愿服务两个任务群。

2. 读懂劳动课程内容结构示意图中任务群的设置要求

劳动课程内容结构如图 1-3-1 所示。

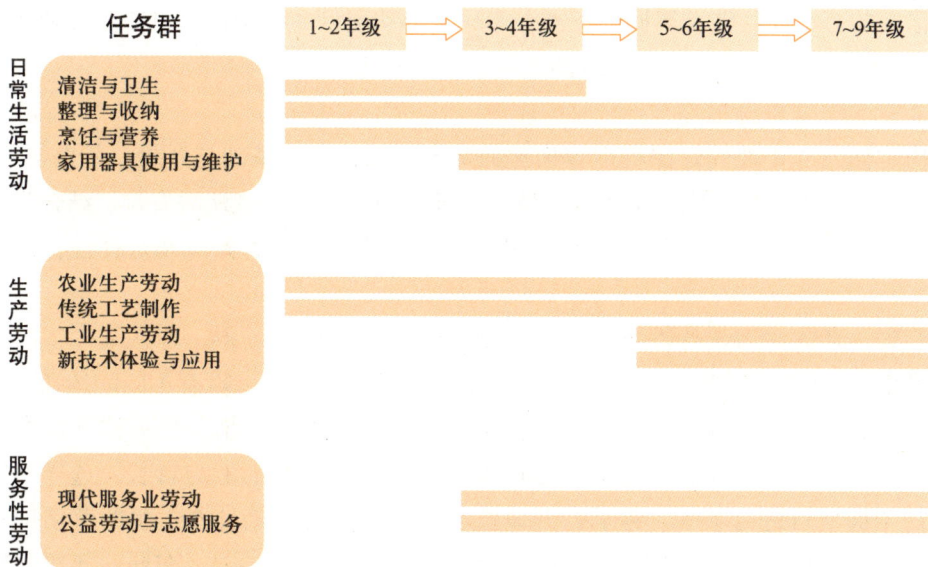

图 1-3-1　劳动课程内容结构示意图

根据《劳动课程标准》要求，1~2 年级侧重在日常生活劳动、生产劳动内容中选择，服务性劳动不做要求，有条件的学校可结合实际情况开展。3~4 年级及以上各学段应涵盖三类劳动内容。5~9 年级的清洁与卫生劳动要求，可与同学段其他任务群融合实施，同时结合日常课外劳动和家庭劳动要求开展。7~9 年级结合相关任务群开展生涯规划教育。

在课程设置中，1~2 年级尽可能覆盖清洁与卫生、整理与收纳、烹饪与营养、农业生产劳动、传统工艺制作五个任务群；3~4 年级尽可能覆盖清洁与卫生、整理与收纳、烹饪与营养、家用器具使用与维护、农业生产劳动、传统工艺制作、现代服务业劳动、公益劳动与志愿服务八个任务群；5~9 年级尽可能覆盖整理与收纳、烹饪与营养、家用器具使用与维护、农业生产劳动、传统工艺制作、工业生产劳动、新技术体验与应用、现代服务业劳动、公益劳动与志愿服务九个任务群。

3. 劳动任务群之间的关联

清洁与卫生、整理与收纳、烹饪与营养、家用器具使用与维护四个任务群围绕人与自我展开，有些劳动项目会将上述任务群形成关联，如"用冰箱制作奶皮"既是对冰箱这一家用电器的具体使用，又涉及烹饪，形成同一劳动形式不同任务群之间的跨越。

农业生产劳动、传统工艺制作、工业生产劳动、新技术体验与应用四个任务群围绕人与自然展开，有些劳动项目会将上述任务群形成关联，如"番茄的种植"涉及农业生产劳动，搭架子涉及传统工艺制作，形成同一劳动形式不同任务群之间的跨越。

现代服务业劳动、公益劳动与志愿服务两个任务群围绕人与社会展开，有些劳动项目会将其他劳动形式的任务群与这一领域关联。例如，"给敬老院的老人制作拐杖"，将生产劳动领域的"工业生产劳动"任务群与服务性劳动领域的"公益劳动与志愿服务"任务群结合。

关键问题 1-3　如何理解以劳动任务群为基本单位的课程结构？

诸多的劳动项目涉及不同任务群，体现了劳动项目的真实性，也需要教师在劳动实践过程中抓住每一个任务群的劳动素养培育侧重点。

4. 劳动任务群开放性与选择性的体现

构建任务群要处理好课程内容构建的基本关系，包括基础与开放、劳力与劳心、劳动与技术、传统与现代、个体与集体。任务群的选用要注重课时安排、结合学校实际和学段要求。同时，生产性劳动与服务性劳动任务群具有开放和选择性，要因地制宜。

首先，开放性与选择性可以是针对项目本身而不是任务群，即在某一年级任务群是确定的，但是具体开设的劳动项目，不同的区域、学校可以有不同的选择。学校可以根据特色传承、地域特点、学生情况、劳动资源等要素结合任务群开设合适的劳动项目。其次，开放性与选择性也可以是教师根据自己的能力特长，选择不同的年级任务群项目进行教学。最后，开放性与选择性还可以是针对学生的劳动项目学习，学生可以根据自己的性别、爱好选择合适的劳动项目学习。在同一年级，有的学生可以选择传统工艺制作的布艺项目，而有的学生可以选择传统工艺制作的纸艺项目。

🖨 问题解决

一、系统架构劳动课程体系，关注任务群设置的适切性

纵向考虑技术衔接，使得学生在劳动过程中有合理的技术准备支撑其劳动，在年级不断升高的过程中，劳动课程的各项技术能力要求科学合理地螺旋上升。横向兼顾内容整合，劳动内容符合季节需求。系统架构劳动课程体系，使得设置任务群的各项目之间形成合理的有机组合。

【案例 1-3-1】某小学纵向和横向设计劳动任务群项目

为了科学合理地设置劳动任务群，某小学对部分任务群进行了纵向设计：

年级	农业生产劳动项目
一年级	水培绿豆
二年级	饲养蚕宝宝
三年级	种植菜用大豆
四年级	种植迷迭香
五年级	种植小番茄
六年级	水仙花的雕刻与养护

该小学对不同年级的劳动任务群项目进行了横向设计，以二年级为例：

年级	任务群/劳动项目			
二年级上	清洁与卫生	整理与收纳	整理与收纳	烹饪与营养
	垃圾清理与分类	整理玩具	整理换季衣物	制作果茶
二年级下	清洁与卫生	传统工艺制作	传统工艺制作	农业生产劳动
	清洁卫生间	剪窗花	纸盒笔筒设计与制作	饲养蚕宝宝

（案例提供：上海市义务教育劳动课程设计与研究课题组）

【案例分析】上述案例在纵向设置上，将"水仙花的雕刻与养护"安排在六年级，其中水仙雕刻技术学习为七年级的"石膏板雕刻"打下基础，"饲养蚕宝宝"在小学段农业生产劳动符合低年级段要求，所以安排在二年级。在横向设置上，"饲养蚕宝宝"安排在二年级下学期，是因为春夏季节适合这个项目的开展。

二、设置劳动短课时项目，覆盖十个任务群

短课时项目有利于聚焦学生的注意力，有针对性地破解任务群覆盖不全面问题。因此可以设置3课时左右的短课时项目，每个项目聚焦一个任务群，使劳动课程覆盖十个任务群。

【案例1-3-2】某小学劳动课程各年级任务群设置

年级	任务群设置			
一年级上	清洁与卫生（养成个人卫生习惯）	整理与收纳（整理书桌）	整理与收纳（整理书包）	烹饪与营养（食物的简单加工方法）
一年级下	清洁与卫生（清洁教室）	传统工艺制作（造纸）	传统工艺制作（染纸）	农业生产劳动（水培绿豆）
二年级上	清洁与卫生（垃圾清理与分类）	整理与收纳（整理玩具）	整理与收纳（整理换季衣物）	烹饪与营养（制作果茶）
二年级下	清洁与卫生（清洁卫生间）	传统工艺制作（剪窗花）	传统工艺制作（设计与制作纸盒笔筒）	农业生产劳动（饲养蚕宝宝）
三年级上	整理与收纳（整理图书角）	家用器具使用与维护（使用电饭煲）	公益劳动与志愿服务（校园最美劳动者）	烹饪与营养（制作饭团）
三年级下	清洁与卫生（清洗个人物品）	传统工艺制作（设计与制作车辆模型）	传统工艺制作（设计与制作简易连杆装置）	农业生产劳动（种植菜用大豆）
四年级上	整理与收纳（整理衣橱）	家用器具使用与维护（使用微波炉）	传统工艺制作（设计与制作便签夹）	烹饪与营养（制作奶糖）

年级	任务群设置			
四年级下	清洁与卫生（清洁校园）	现代服务业劳动（校园小帮厨）	传统工艺制作（橡筋动力小车）	农业生产劳动（种植迷迭香）
五年级上	整理与收纳（整理馆藏图书）	工业生产劳动（设计与制作收纳盒）	传统工艺制作（设计与制作迷宫）	烹饪与营养（制作月饼）
五年级下	家用器具使用与维护（养护地板）	工业生产劳动（设计与制作电动小车）	新技术体验与应用（红绿灯的自动控制）	农业生产劳动（种植小番茄）
六年级上	整理与收纳（处置闲置物品）	传统工艺制作（设计与制作笔袋）	传统工艺制作（草莓布艺）	农业生产劳动（水仙花的雕刻与养护）
六年级下	家用器具使用与维护（使用电烤箱）	传统工艺制作（编织中国结）	工业生产劳动（设计与制作金属丝置物架）	烹饪与营养（烘焙面包）

（案例提供：上海市义务教育劳动课程设计与研究课题组）

【案例分析】上述案例中，任务群案例覆盖了三类劳动和十个任务群。多数劳动项目为真实情境下的真劳动，如"饲养蚕宝宝"；传统工艺制作大多由传统劳动技术课程内容改编而成，其他内容均为新编创作；多数任务群案例在教室完成，个别任务群案例需要在教室外环境劳动，如"种植菜用大豆"；个别任务群案例为团队合作劳动项目，如"红绿灯的自动控制"，体现了个人与团队相结合的劳动育人途径。

三、设置劳动长课时项目，涵盖多个任务群

长课时项目往往综合性较强，更加体现项目的真实性，涉及的任务群也较多。因此可以设置长课时项目，通过长时间的项目深入体验，将不同任务群的素养培育要求融入其中。

【案例 1-3-3】给敬老院老人制作拐杖（长课时项目规划）

序号	主要劳动内容	对应任务群	课时数
1	调查敬老院老人需求	公益劳动与志愿服务	2
2	设计及制作拐杖主件	工业生产劳动	6
3	3D 打印制作拐杖辅件	新技术体验与应用	4
4	拐杖的试用与完善	公益劳动与志愿服务	2

（案例提供：上海市义务教育劳动课程设计与研究课题组）

【案例分析】上述案例为七年级劳动项目，它通过一个长课时项目，将公益劳动与志愿服务、工业生产劳动、新技术体验与应用三个任务群进行有效整合，体现了劳动课程的综合性和跨学科主题学习。学生在这样一个较长周期的劳动体验中能更好地体验技术创造的价值，并形成精益求精的劳动精神。

四、任务群提供开放性，学校、教师、学生可选择

为了充分利用好学校的现有资源，学校可以对任务群的项目进行选择。并且为了充分挖掘教师的专长，以学生的发展为中心，教师可以根据自己的特长平行开设任务群相关劳动项目，学生可以根据自己的爱好选择劳动项目。

【案例 1-3-4】某小学为 1~2 年级学生提供的可选择劳动项目

年级	劳动项目 A	劳动项目 B
一年级上	整理与收纳（整理书桌）	整理与收纳（整理书包）
	教师 A	教师 B
一年级下	传统工艺制作（造纸）	传统工艺制作（染纸）
	教师 A	教师 B
二年级上	整理与收纳（整理玩具）	整理与收纳（整理换季衣物）
	教师 A	教师 B
二年级下	传统工艺制作（剪窗花）	传统工艺制作（设计与制作纸盒笔筒）
	教师 A	教师 B

（案例提供：上海市义务教育劳动课程设计与研究课题组）

【案例分析】上述案例中，教师 A 擅长剪纸，开设了剪窗花项目；教师 B 开设了设计与制作纸盒笔筒项目，都属于传统工艺制作。同一个班级中，有的学生对剪纸感兴趣，有的学生对设计与制作纸盒笔筒感兴趣，可以选择不同的劳动项目。可以对独立的项目进行选择，也可以将上述项目打包后进行选择，方便学校的整体管理。

🔑 教学建议

第一，**依据课程标准设置**。各年段不同的任务群与学生的年龄特点、认知特点相结合，便于劳动教育在实践过程中分层开展，不同年级的不同任务群内容设置遵循夯实基础、提高复现、螺旋上升等特点。在劳动课程设计与实施的过程中，树立标准意识，按照十个任务群分类，形成基于课程标准、具有学校特色的劳动课程清单。

第二，**结合学校实际实施**。不同任务群结合条件实施，如果学校有专用教室，则可以在学校实施，若没有专用教室，则可以选择对加工场地要求不高且比较安全的劳

动项目实施。也可以将任务群中实施难度较大的部分在家庭或劳动教育实践基地实施，学校完成任务布置、技术学习和分享展示，在家庭或劳动教育实践基地完成劳动实践。形成劳动教育家庭、社会与学校有效的互动与整合。

第三，在实践中动态发展。在实践中发现问题，动态调整任务群安排，不断优化。随着社会发展和学生需求的变化，劳动课程的教学内容应该及时更新，增加新的知识和技能，以适应时代的发展。劳动课程的教学资源应该及时更新，购置新的设备、工具和材料等，以适应新的技术和产业发展。劳动课程的教学方法应该不断创新，采用新的技术手段，如虚拟仿真、远程教育等，提高教学效果和实用性。劳动课程应该积极与社会合作，开展实践教学，增加学生的实践经验和实际操作能力，提高劳动课程的实用性和适应性。通过以上动态发展方法，劳动课程可以更好地适应社会和学生的变化，更好地培养学生的劳动素养。

1-3

劳动课程为核心的跨界学习

第二章

劳动项目的开发

关键问题 2-1　学校如何整体规划劳动项目?

问题提出

【现状点击】

　　学校有一片很大的农场，农场里果树、蔬菜、庄稼、花卉一应俱全。为了体现特色，学校的劳动教育全部围绕农场来实施：科学教师带领学生进行对比种植，班主任在班队课上让学生给本班的菜地撒上菜籽，劳动指导教师带领学生进行除草活动，德育处根据上级文件要求，组织学生在农场开展活动……农场成了学校的宝藏，一提到劳动教育大家想到的都是在农场劳动。

　　中共中央、国务院《关于全面加强新时代大中小学劳动教育的意见》指出："学校要发挥在劳动教育中的主导作用。根据学生身体发育情况，科学设计课内外劳动项目，采取灵活多样形式，激发学生劳动的内在需求和动力。"作为劳动教育的实施主体，科学合理地规划劳动项目，安全有序地组织学生开展劳动实践活动，是义务教育阶段学校劳动教育的责任。学校应有目的、有计划地组织学生参加日常生活劳动、生产劳动和服务性劳动，让学生动手实践、出力流汗，接受锻炼、磨炼意志，培养学生正确的劳动价值观和良好的劳动品质。

　　学校在实际规划劳动项目的过程中还存在诸多问题。

　　一是项目规划内容不全。学校只考虑现有资源或办学特色，一味打造特色劳动，造成劳动项目内容规划没有从学生素养要求出发，没有依据《劳动课程标准》内容中的日常生活劳动、生产劳动和服务性劳动所涵盖的十个任务群来规划，使得部分任务群缺失，学生无法接受全面的劳动教育。

　　二是项目规划进阶不够。学校在规划劳动项目时，没有统筹考虑各年段学生劳动素养的提升。主要体现在：同一任务群内各项目内容集中在某个年级，而在其他年段没有安排；同一任务群内各项内容分散在不同年级，但内容与内容之间没有衔接，劳动项目内容呈零散分布状态，项目之间的能力要求没有进阶，无法形成体系。

　　三是师资场域考虑不周。学校在规划劳动项目时，只有行政科室的极少数人员参与整体规划，没有充分挖掘现有师资的力量，尤其是没有动员具有一定专业水平的骨干教师参与项目规划。目前，很多学校的教师都是以兼课的方式承担劳动课程的教学，排课时优先考虑主学科，再均摊兼任学科，造成劳动指导教师涉及面大，学校在规划劳动项目时，无法切实考虑教师的劳动教育指导能力，没有根据师资现状来安排劳动项目。劳动场域是项目实施的基础条件，在学校劳动项目的规划过程中，很多学校没有依据现有的场域资源来规划项目，也没有充分考虑可挖掘的场域资源，为项目实施所用。

一、劳动项目对学生素养形成的重要性

《劳动课程标准》指出："劳动项目是落实劳动课程内容及其教育价值，体现课程实践性特征，推动学生'做中学''学中做'的重要实施载体。"学校通过一个个具体鲜活的劳动项目，让学生在日常生活劳动、生产劳动和服务性劳动中进行具身体验，在实践操作中形成劳动能力，在出力流汗中培养劳动观念，在长期的实践过程中形成劳动习惯和品质，领会劳动的内涵与意义，培养劳动精神。学生只有在学习与劳动实践过程中逐步形成适应个人终身发展和社会发展需要的正确价值观、必备品格和关键能力，才能得到长足的发展。

二、学校劳动项目的规划具有现实意义

劳动课程实施不是空泛的，必须有一定的实施载体，需要有一定的劳动对象、劳动方式、劳动过程、劳动关系、劳动成果等，而劳动项目就是这一实施的载体。学校劳动项目的规划是劳动教育落地的关键，是学生劳动素养形成的载体，是学校劳动教育的在地化呈现，这也是劳动项目规划的现实意义所在。学校在规划劳动项目的过程中，要充分考虑劳动与教育的统一，劳动不等于单一的体力劳动，劳动项目的规划是在体现一定体力劳动基础上的手脑合一、身心合一、知行合一和学创合一，要充分考虑学生的全面发展、课程目标的落实以及劳动素养的达成。

三、学校整体规划劳动项目的重要作用

劳动项目的内容要求虽然具有一定的开放性和选择性，但要避免内容随意化、片面化、简单化。学校要根据《劳动课程标准》，针对各年级学生的劳动素养要求，合理选择并整体规划劳动项目内容，使劳动项目内容具有一定的广度，且前后有衔接，形成劳动项目体系。系统化的劳动项目内容规划，可以全方位地培养学生的劳动素养，使学生的劳动观念有提升，劳动能力有进阶，劳动习惯和品质有积累，劳动精神的形成有基础。同时，根据劳动项目内容体系，提前规划，安排师资，合理开发及利用学校、家庭、社会等场域资源，保障劳动项目有目的、有计划地组织实施，避免劳动教育的随意性、简单化，促进劳动教育的深入实施。

![problem] **问题解决**

一、立足规划需求，有效落实两支队伍

劳动项目设计包括制订项目目标、选择项目内容、确定劳动场域、明确项目过程、提炼项目操作方法等方面。学校在整体设计劳动项目时，首先要考虑两支队伍的建设：一是项目规划团队，确保劳动项目规划的系统性、整体性和进阶性；二是劳动项目实施团队，即劳动指导教师队伍，确保劳动项目有效落实。

1. "自上而下" 的项目规划团队

劳动项目的整体规划需要学校的顶层设计，是一个 "自上而下" 的过程，需要学校领导、中层、教研组长、骨干教师等不同的角色组成项目规划团队，团队成员在学校领导的组织下，共同参与，全盘考虑，周密计划，确保项目内容形成具有一定内在联系的体系。

【案例 2-1-1】学校劳动项目规划团队成员及职责

成员	职责
校长室	项目规划总负责
教科室 教研组长 骨干教师	研读课程标准，依据课程标准要求构建本校劳动项目内容体系
教导处	组建指导教师队伍，落实劳动项目
德育处	依据劳动项目构建劳动评价体系
总务处	落实劳动场地，供应劳动器材及工具

（案例提供：冯云奕，上海尚阳外国语学校桐乡丰子恺学校）

【案例分析】上述案例中，劳动项目规划团队结合学校各个处室的特点，分工明确、责任到人。校长室亲自负责项目规划，可以更好地落实规划任务，保证项目规划的有效性。教科室对政策、教育理念比较熟悉，擅长形成文字材料。教研组长、骨干教师熟悉课程标准、擅长教学组织，对内容体系的架构有更为专业的设想。教导处可以全盘考虑全校教师的个人特长及教学能力，确保教师队伍的落实。德育处能立足学生整体的综合素质评价，依据劳动项目构建劳动评价体系。总务处能根据劳动项目的需求，确保劳动场域的落实。

2. "1+X" 的项目实施团队

劳动项目实施团队是学校劳动教育落实的重要队伍。学校在规划劳动项目的过程中，应充分考虑劳动指导教师队伍的建设。结合学校实际，劳动项目指导教师可以采用 "1+X" 的形式组建，"1" 即为劳动课程指导教师，"X" 是指校内日常劳动实践指导教师和劳动类拓展性课程指导教师。

【案例2-1-2】学校劳动项目实施团队组建

学校采用"1+X"的形式组建劳动项目实施团队，具体人员安排如下：

类别		团队成员
"1"	劳动课程指导教师	1. 原劳动与技术指导教师（部分） 2. 原综合实践活动指导教师（部分）
"X"	校内日常劳动指导教师	1. 班级日常扫除：班主任 2. 农趣园劳动：副班主任
	劳动类拓展课程指导教师	1. 藤编拾趣：外聘 2. 机器人大师：陈老师（信息科技） 3. 绳编艺术：外聘 4. 创意木工：李老师（体育与健康）

（案例提供：蒋春燕，上海尚阳外国语学校桐乡丰子恺学校）

【案例分析】上述案例中，学校劳动项目实施团队主要由正副班主任、原劳动与技术和原综合实践活动指导教师以及具有专长的教师和外聘教师组成。劳动课程教师要确保每周1课时的劳动课，队伍既要稳定又要考虑教师的教学经验，原劳动与技术和原综合实践活动指导教师本身具有一定的劳动教育基础，可以胜任劳动教育指导教师的角色，课堂教学的定位和把握会比较准确。校内日常劳动几乎每天都要进行，正副班主任陪伴学生时间最长，可以指导班级常规卫生打扫的开展与指导，班级种植区劳动任务的安排与指导，学生服务性劳动的开展与组织等。学校的劳动类拓展性课程需要根据课程特点来选择具有专长的教师，优先考虑本校教师，在本校教师无法满足的情况下，可以外聘专业人员来担任指导教师。

二、依据素养要求，精准确定项目目标

学校劳动项目规划首先要确定精确、具体、可操作性的项目目标。目标的确定应从任务群的具体要求出发，最大限度地反映项目实施的预期结果和学生的身心发展变化。具体要做到目标不偏离且能体现课程标准要求。

1. 对标课程标准要求，目标不偏离

学校劳动项目的规划要对标课程标准要求，从劳动观念、劳动能力、劳动习惯和品质、劳动精神等方面确定项目目标，同时，要根据不同学段的目标合理确定，使目标与学生身心发展特点及劳动素养要求相匹配。

2. 考虑任务群内容，目标有覆盖

学校在确定劳动项目目标时，要依据课程标准中的三大类劳动教育内容及十个任务群在各学段的分布进行合理设计，目标指向要涵盖各个任务群，体现课程标准的横向要求。

3. 兼顾学生能力，目标有梯度

劳动项目的规划要结合不同学段学生的身心发展特点，从学生能力出发，考虑项

目的劳动强度和实施方式的适宜性。中小学阶段的学生年龄跨度大，劳动能力发展快，教师在确定劳动项目目标时，要立足整体，从学生能力发展的角度出发，使目标有梯度，体现课程标准的纵向要求。

【案例 2-1-3】学校 1~2 年级劳动项目目标（部分示例）

劳动内容	任务群	年级	项目名称	项目目标
日常生活劳动	清洁与卫生	一年级上	课桌椅自己擦	**劳动观念**：懂得要保持教室的整洁，需要人人付出劳动；通过活动，具有主动劳动、积极劳动的愿望。 **劳动能力**：能根据桌椅的脏污程度，合理选择清洁用品，并按一定的顺序擦洗，做到不遗漏；能正确使用抹布、去污剂等物品清洁自己的课桌椅。 **劳动习惯和品质**：能坚持定期清洁课桌椅，养成有始有终、认真劳动的习惯。 **劳动精神**：在劳动中不怕脏，不怕累
		一年级下	我会洗碗筷	**劳动观念**：在劳动过程中感知劳动的艰辛与乐趣。 **劳动能力**：能选择合适的洗涤用品清洗碗筷，正确使用抹布、洗涤用品洗干净碗筷。 **劳动习惯和品质**：珍惜劳动成果，主动分担家务，具有家庭责任意识。 **劳动精神**：在劳动中做到不怕脏、不怕累
		二年级上	衣物自己洗	**劳动观念**：知道小件衣物可以自己手洗，感受自己做家务的乐趣。 **劳动能力**：能根据清洗步骤，借助肥皂、板刷清洗衣物；能根据衣物的肮脏程度，运用合理的方法洗净衣物。 **劳动习惯和品质**：养成自己衣物自己洗的习惯，在劳动过程中做到专心致志。 **劳动精神**：勤俭节约，不浪费水，在劳动中不怕累
		二年级下	卫生间我清洁	**劳动观念**：积极主动发现卫浴用具的卫生死角，主动使用清洁工具清洁卫浴用具，并能爱护卫生间清洁工具。 **劳动能力**：能用语言表达自己的卫生间清洁方案，会正确使用清洁工具清洗卫生间洗手盆、抽水马桶等卫浴用具，能自制或改进工具，用于清理卫生死角。 **劳动习惯和品质**：能总结反思，通过改进与优化清洁方法养成良好的劳动习惯；能坚持参与清洁卫浴用具的家务劳动，做到不怕困难、持之以恒。 **劳动精神**：在劳动中不怕脏，不怕累
	整理与收纳	一年级上	书包自己整理	**劳动观念**：知道整理书包的重要性，具有积极整理书包的意愿。 **劳动能力**：能分区合理整理书包内各类用品，及时清理书包内杂物，并能表达自己的整理方法，及时改进整理书包时碰到的问题。 **劳动习惯和品质**：坚持定期整理书包，养成自己的事情自己做、有始有终、认真劳动的习惯。 **劳动精神**：在劳动中不怕脏，不怕累

劳动内容	任务群	年级	项目名称	项目目标
生产劳动	烹饪与营养	一年级上	学煮白米粥	**劳动观念：**知道家务劳动的辛苦，乐于帮助家长煮白米粥。 **劳动能力：**认识蒸煮工具，学会规范、安全地使用电饭锅，掌握米与水的合理配比，蒸煮出软糯可口的白米粥。 **劳动习惯和品质：**具有用电安全意识，主动承担烹饪劳动，懂得爱惜劳动成果，形成责任意识。 **劳动精神：**勤俭节约，在劳动中不怕辛苦
	农业生产劳动	一年级上	种一盆水培吊兰	**劳动观念：**通过选、种、摆、养等劳动实践，树立劳动创造美好生活的意识。 **劳动能力：**能根据摆放的空间和吊兰的形态，选择大小合适的水培瓶；能根据瓶子的大小、植物的习性等因素种植水培吊兰，有创意地解决植株在水中的固定方法。 **劳动习惯和品质：**能主动参与居家环境的布置与美化，逐步养成会劳动、爱劳动的习惯。 **劳动精神：**积极探索、愿意创新
	传统工艺制作	一年级上	纸飞机，我会折	**劳动观念：**感知折纸的乐趣和成就感，知道劳动使人快乐。 **劳动能力：**知道折法不同，纸飞机的外形不同，飞行状态也不同；能读懂常见的折纸图示，根据图示折出纸飞机，并根据试飞结果对纸飞机进行改进。 **劳动习惯和品质：**制作纸飞机时能做到专心致志，试飞时能遵守秩序，注意安全。 **劳动精神：**愿意创新、积极探索、不断尝试

（案例提供：章秋雅，上海尚阳外国语学校桐乡实验学校）

【**案例分析**】上述案例中，学校劳动项目规划依据课程标准在1~2年级规划了"清洁与卫生""整理与收纳""烹饪与营养""农业生产劳动""传统工艺制作"五个任务群的劳动项目，每个任务群每学期设置一个符合学生能力特点的劳动项目，并对照课程标准中的学段目标，从劳动观念、劳动能力、劳动习惯和品质、劳动精神四个方面确定项目目标。依据任务群规划项目目标，体现了课程标准的横向要求。

上述案例立足"清洁与卫生"任务群，设计1~2年级四个学期的劳动项目。在项目内容设计上，体现了由易到难的进阶。在项目目标上，依据学生的劳动能力和身心发展特点，体现了在劳动观念、劳动能力、劳动习惯和品质方面的进阶发展，以及在劳动精神方面的不断积累与强化。这样有梯度的目标设计体现了课程标准的纵向要求。

三、依托现有资源，合理安排劳动项目

学校可以根据实际情况，结合任务群的安排，选择和规划劳动项目，确定适合开

展的劳动内容。学校在规划劳动项目时，应优先考虑现有资源，可结合学校特色、家庭场域、社会资源等选择、开发合理的劳动项目。

1. 充分利用学校特色

学校的劳动特色是各校有别于其他学校的"名片"。具有大片农场的学校，农业生产劳动是特色；具有校内"微型工厂"的学校，服务性劳动是特色；具备3D打印、机器人设备的学校，新技术体验与应用类劳动是特色……学校在规划劳动项目时，要充分利用学校特色，发挥劳动教育优势，凸显学校的亮点。

2. 合理使用家庭场域

家庭是学生熟知且生活时间最长的地方，在家庭中开展日常生活劳动类项目比在学校开展更有优势。教师在规划劳动项目时，可以合理选取一定的日常生活劳动类项目，作为劳动项目体系中的一部分，充实劳动项目内容，使劳动项目设计更为合理。

3. 积极活用社会资源

校园周边的资源是劳动教育宝贵的财富，如工厂、农田、海洋等，能满足劳动教育的多样化需求，扩充劳动项目的内容，为学生提供学校、家庭等场域中不一样的劳动项目。学校应积极用好校园周边的社会资源，让这些资源成为学生劳动教育的有效抓手，让学生有更多的劳动教育机会。

【案例2-1-4】学校劳动项目规划（部分示例）

实施年级	项目规划		
	学校特色	家庭场域	社会资源
五年级上	种番薯、煮茶叶蛋、布置教室	清理衣柜	扎染初体验
五年级下	挖番薯、烤番薯、整理校园超市物品	整理书房	敬老院服务活动
六年级上	种玉米、烧野火饭、3D打印小笔筒	电冰箱清洁与维护	校门口交通劝导
六年级下	采摘玉米、学做玉米排骨汤、3D打印小茶杯	吸尘器清洁与维护	银行工作体验日

（案例提供：沈燕，上海尚阳外国语学校桐乡实验学校）

【案例分析】上述案例中，学校具备校园种植区，建有户外野炊区，拥有3D打印设备等。依托校园特色，学校从农业生产劳动的种植、收获出发，规划劳动项目，利用户外野炊区，结合农作物收获开展烹饪劳动项目，依托3D打印设备设置新技术体验与应用类项目；结合学生的家庭资源，设置了整理与收纳、家用器具使用与维护等任务群的劳动项目；结合学校周边资源，设置了在敬老院、银行、非遗馆等地方开展劳动项目。从学校特色、家庭场域、社会资源等方面进行劳动项目的规划，更具有可行性。

四、根据素养目标，及时补足项目内容

充分挖掘现有资源来规划学校劳动项目后，可能会出现劳动内容覆盖面不广、劳动目标进阶体现不够等情况。虽然课程标准要求学校可以结合实际，自主选择确定各

年级任务群学习数量，但还是提倡有条件的地区和学校在整个义务教育阶段课程内容涵盖十个任务群。因此，要立足十个任务群，对照课程标准要求，补齐、延展劳动项目，使劳动项目形成一定的体系。

1. 补齐任务群，使横向有广度

对照课程标准中涉及的十个任务群，检查已规划的学校劳动项目，发现项目设计中遗漏的任务群内容，及时补齐任务群，使劳动项目设计横向上有广度。

2. 延展任务群，使纵向有深度

对照课程标准中十个任务群在各年段的分布，尤其是"整理与收纳""烹饪与营养""农业生产劳动""传统工艺制作"等任务群涵盖了四个学段，需要检查各学段是否都设置了相关的任务群，同一任务群不同内容之间有没有衔接，是否体现了进阶。同时，还要对任务群进行微调，理顺纵向关系。通过延展任务群，使劳动项目规划纵向上有深度。

【案例2-1-5】学校劳动项目规划调整（部分示例）

劳动内容	日常生活劳动			生产劳动				服务性劳动	
任务群	整理与收纳	烹饪与营养	家用器具使用与维护	农业生产劳动	传统工艺制作	工业生产劳动	新技术体验与应用	现代服务业劳动	公益劳动与志愿服务
五年级上	布置教室	煮茶叶蛋	电冰箱的清洁与维护	种番薯	扎染初体验			生活中的共享服务	
五年级下	清理衣柜	烤番薯		挖番薯		七巧板的制作	3D打印小笔筒		敬老院服务活动
六年级上	校园超市物品整理	烧野火饭	吸尘器的清洁与维护	种玉米	竹编初体验			银行工作体验日	
六年级下	整理书房	学做玉米排骨汤		采摘玉米		创意小圆桌的制作	3D打印小茶杯		校门口交通劝导

（案例提供：沈燕，上海尚阳外国语学校桐乡实验学校）

【案例分析】依据劳动项目规划，上述案例在确保学校劳动特色、家庭劳动场域、社会劳动资源的基础上，对照课程标准中十个任务群在各年段的分布，从横向、纵向两个方面加以规整，补齐本年段缺失的任务群，确保劳动项目的广度，又从深度上梳理劳动项目，对劳动项目进行微调，使不同年段的劳动项目在同一个任务群上呈现纵深推进。通过补齐、调整、延展任务群中的劳动项目，学校从整体上规划劳动项目，使劳动项目的开发和规划更全面、更系统。

教学建议

第一，**具有统筹意识，立足实际整体开发劳动项目**。劳动项目的规划是一个系统工程，需要学校具有统筹意识，做好顶层规划。学校要协调各类教师群体，充分分析本校的实际，立足学生劳动素养的发展，依据课程标准要求，通过自上而下、自下而上两条路径整体设计劳动项目，体现课程标准要求的"整体规划、纵向推进、因地制宜、各有侧重"原则。学校在开发劳动项目时要突出优势，最大限度地发挥教师群体和现有资源的作用，同时要挖掘各类资源，规划各类场域，积极补齐短板，丰富劳动项目的内容体系，让劳动项目成为学生形成劳动素养的重要载体。

第二，**实现多方合作，多角色多学科推进项目实施**。劳动项目的规划需要多方合作，以确保劳动项目的有效实施。项目开发团队的充分合作能确保劳动项目开发的系统性、整体性与进阶性，为项目实施打下基础。指导教师是劳动项目实施的关键人物，学校要确保指导教师队伍的稳定性、专业性，使指导教师在劳动教育中发挥重要作用。本着人人都是劳动项目实施者的理念，学校劳动项目的实施还需要更多人群的参与与合作，正副班主任、各学科任课教师等，都可以成为劳动项目指导者，在不同学科、不同场景中渗透劳动教育，推进劳动项目实施。

第三，**强化协同育人，多场域具身实践促进素养形成**。学校在设计劳动项目时，要积极与家庭、社区取得联系，进行紧密合作，构建"家庭—学校—社区"一体化的劳动教育环境，使学生在不同场域中具身实践。校内场域要建设各类劳动专用教室，如烹饪教室、木工教室等，配备专用的器具及设备，还要营造一定的劳动氛围，使学生在真实场景中实践真实的劳动项目。家庭场域要为学生提供日常生活劳动类劳动项目的实施场所。社区场域则应针对现有资源，提供工业生产劳动、新技术体验与应用、现代服务劳动及公益劳动与志愿者服务等任务群的劳动场地，使学生在真实场景中进行劳动，以促进劳动素养的形成。

2-1

学校整体规划劳动项目的操作路径

问题提出

【现状点击】

　　教室里有六组学生，每组桌面上都摆放着小组成员从家里带来的各种图书，教室的讲台边放着六个简易的小书架。上课伊始，教师创设情境，播放动画视频："动物王国要举行'最美书架我布置'大赛，小动物们都要来参加，可是该怎么整理书架上的图书呢？大家一起帮帮它们吧！"课件出示课题：图书整理。随后，教师引导学生思考：如何有序开展图书整理并合理布置小书架？

　　情境创设指导是劳动过程指导中的重要组成部分之一，日常生活劳动、生产劳动、服务性劳动的实施均离不开情境创设指导。《大中小学劳动教育指导纲要（试行）》强调，劳动教育是新时代党对教育的新要求，具有显著的实践性，必须面向真实的生活世界和职业世界。《劳动课程标准》明确要求：注重真实性。立足学生真实生活经历或体验，面向现实生活；凸显教育性。注重创设有利于学生理解劳动任务价值、激发劳动热情、解决挑战性问题等劳动实践学习的情境；体现开放性。注重从学校和学生的特点出发，充分利用好各方面的资源，为学生的日常生活劳动、生产劳动和服务性劳动选择适合的时间和空间。

　　因此，创设真实劳动情境的核心就在于引导学生面向真实的生活世界和职业世界。与此同时，唤醒、激发学生的需求，引起求知欲，激励参与，激发思考，展现创造力，促进认知，提高学习效率，优化学习效果，真正体现劳动教育中学生的主体地位。在真实情境的动手操作中促进劳动观念体认、劳动能力培养、劳动习惯和品质养成、劳动精神塑造。

　　在项目指导过程中，教师对"创设真实的劳动情境"往往面临诸多困难与挑战。

　　一是劳动实践缺失情境。一线劳动教师以兼课教师为主，对待劳动项目的认识多停留在传授劳动技能层面，劳动课常常存在"忽视劳动情境，不创设情境环节，直奔劳动任务"的现象。劳动项目真实情境的缺失，会造成学生的学习动机、实践兴趣以及劳动项目本身的育人价值均不能实现最大化。

　　二是劳动情境创设不真实。有些教师对劳动情境真实性的理解有所偏颇，创设出来的情境给人不真实的感觉。这类劳动情境不是基于学生的学习和真实生活，貌似有情境，实则不能体现真实的劳动需求。

　　三是真实情境使用不到位。部分劳动教师确实基于学生真实需求创设了劳动情境，但只在劳动任务开始时加以呈现，在劳动任务结束时一笔带过，并未在整个劳动项目实施过程中贯穿应用。学生对真实劳动情境中所蕴含的劳动问题的复杂性、劳动价值的深刻性，均不能很好地理解与体悟。劳动情境被简单处理，也将使学生对情境内蕴的认识产生偏差，导致育人目的不能有效达成。那些有思想、有深度、有挑战的真实情境才能激发学生的学习动机。

🔑 问题分析

一、劳动情境的内涵

1. 劳动情境

在社会心理学中，情境指的是影响事物发生或对机体行为产生影响的环境条件。劳动情境指的是在劳动教育中能够刺激学生情感，产生丰富的附着点和切实的生长点，并与学生的真实成长形成关联的场景氛围、环境条件和任务境况。

2. 真实的劳动情境

《劳动课程标准》提到，劳动课程强调学生直接体验和亲身参与，注重引导学生从现实生活的真实需求出发，亲历情境、亲手操作、亲身体验，经历完整的劳动实践过程。

真实的劳动情境是从学生的生活需求出发，从学生面临的劳动问题出发，指导学生有目的地对家庭、学校、社会等学习场域进行观察、调查和思考的场景氛围、环境条件或任务境况等，它具有认知上的挑战性，并且紧扣教育目标。真实情境中的劳动任务不仅考验劳动者的动手操作能力，而且考验劳动者理解任务要求以及综合运用个人知识解决问题的能力。

二、劳动情境的特征

1. 真实性

真实的劳动情境本质在于"真实性"，重要的是使学生能够形成解决现实劳动世界中的真实问题的能力，就像一座桥，一端是劳动任务，另一端是实践劳动任务后所需达成的劳动观念、劳动能力、劳动习惯和品质、劳动精神，从一端走向另一端借助的就是真实的劳动情境。

具有真实性的劳动情境可以进行逼真创设，还原真实场景，实现学生的心理认同，激发学生的学习兴趣。在此过程中，劳动教师适时为学生提供一定的学习支架，辅助学生顺利完成劳动任务，从而发展学生的劳动素养。

2. 教育性

劳动教育是对学生进行热爱劳动、热爱劳动人民的教育活动。因此，教育性是它突出的表现特征之一。教师要在学生日常生活劳动、生产劳动和服务性劳动过程中发掘具有教育价值的真实内容与问题，创设学习情境，引导学生实践，使学生在完整的劳动实践过程中获得基本的劳动体验，培养尊重劳动、尊重劳动人民的情感，达成

"树立正确的劳动观念；形成必备的劳动能力；养成良好劳动习惯，塑造基本的劳动品质；培育积极的劳动精神"的育人目标。

3. 开放性

劳动实践立足学生的现实生活和真实世界，即便是人为创设的"真实性"情境，也都具有开放性的表现特征。劳动实践在时间和空间上具有一定的开放性。就时间而言，根据劳动项目实践的真实需求，可以利用课表中的每周1课时解决劳动项目的指导，也可以根据项目进度整合多课时完成课内指导，或根据课外劳动实践需要将实践指导予以延伸，时间则相应拉长。就空间而言，劳动情境可以创设于课内，也可以因地制宜，借助地域优势创设于自然界中的特定场所中。

三、劳动情境的价值

劳动教育是在学生与劳动情境的互动中建构的，当学生在充满不确定性的情境中完成了具有挑战性的真实劳动任务时，会感到由衷的满足和自信，这会促使他去挑战下一个劳动任务。越是真实的劳动任务，学生的兴趣越大，他们会有更加明确的行动意愿，努力克服困难，在完成劳动任务时不断提升自我价值，从而持续性地开展劳动探究。

在劳动教育中，教师为学生创设真实的情境，构建劳动教育与学生生活、经验、情感间的关联，让学生基于真实的需求、真实的问题、真实的生活，开展真实的劳动，进行真实的思考。教师要充分把握学生问题解决的指导机制，培育学生有效运用劳动知识解决劳动问题的能力，引导学生经历完整的问题解决过程，真正实现学以致用，从而培养学生的劳动素养。

🖨 问题解决

新时代的劳动教育不再像过去那样直接进行劳动技能操练，而是把它们恰当地渗透于真实的劳动情境中。真实的劳动情境强调学生要在参与和互动的劳动活动中感知、学习，并使用劳动知识与技能。真实的劳动情境应该根据不同的劳动类别与劳动任务有针对性地创设。

一、明确劳动情境的类型

针对"日常生活劳动、生产劳动、服务性劳动"这三大类劳动，依据真实性、教育性和开放性的劳动情境特征，分析不同劳动类型相对应的场域，分别指向家庭、学校、社会岗位等，相对应的对象、相对应的活动、相对应的作品，那么相应的真实劳动情境类型也应有所差异。①

---

① 管光海 . 基于课程标准的学校劳动课程体系建设［J］. 教学月刊小学版（综合），2022（5）：21-26.

1. 基于场域的真实情境

从真实的空间、场景氛围等角度开展劳动实践，需要创设真实的劳动情境。家庭是学生开展日常劳动的主阵地之一，在家庭进行常态化劳动实践，需要创设家庭场域真实情境。学校也是学生劳动实践的重要场所之一。学校里的教室清洁、教室物品整理、校园农场建设等，都是学生实践的良好载体。因此，需结合劳动项目类型创设学校场域真实情境。生产劳动一般有固定的劳动场域，注重从时令特点和区域产业特色出发，选择工农业生产劳动内容。因此，可以创设特定场域情境（如田地、工厂、植物园、动物园等）。服务性劳动则主要面向社会大众，其实践方式主要为职业体验式。因此，需要创设社会场域劳动情境。

2. 基于对象的真实情境

从真实的劳动服务对象出发开展劳动实践，需要创设真实的劳动情境。同学、朋友、兄弟姐妹、长辈、特殊人群等不同的服务对象，其需求也是不同的。一般需要基于服务对象的真实需求创设劳动情境，如为敬老院的爷爷奶奶送上贴心的按摩服务，为老师、保安等校园劳动者制作传统节日贺卡等。

3. 基于活动的真实情境

根据某个真实的主题性活动开展劳动实践，需要创设真实的劳动情境。主题性活动往往有明确的劳动价值，以劳动观念和劳动品质为引领。日常生活与学习中的主题性活动众多，可择优创设劳动情境。例如，中国传统节日不胜枚举，都是学生劳动实践的源泉，结合春节、元宵节、劳动节、国庆节等节日开展主题活动，可以创设贯穿项目始终的劳动情境。

4. 基于产品的真实情境

为形成某种真实的劳动成果而开展劳动实践，需要创设真实的劳动情境。例如，一般学校都配备了劳动实践室或者农耕基地，教师可以在这里创设真实的劳动情境，带领学生体验简单的产品物化劳动、生产技能淬炼等。该劳动项目最终能够呈现的产品是什么、要求是什么，教师可以基于逆向思维，寻找任务原型，以此创设真实的劳动情境。

真实的情境原型往往是纷繁的、零散的、随机的，很难完全切合劳动课程教学的需要。我们需要对其去粗取精，优化集成，使其更具代表性，这样才能更好地彰显劳动情境的价值和意义。

二、明确劳动情境的要素

真实的劳动情境呈现需要预先设计，关键要明确"一个完整的劳动项目需要真实的劳动情境"。真实的劳动情境具有真实性、教育性、开放性三大特征，包含劳动场域、对象需求、任务活动、成果标准等要素。[①] 如图 2-2-1 所示。

---

① 刘徽. 真实性问题情境的设计研究 [J]. 全球教育展望，2021，50（11）：26-44.

图 2-2-1　真实的劳动情境特征与呈现要素

第一，劳动场域。《劳动课程标准》指出，不同劳动任务类型需要不同的劳动场域开展实践，劳动场域是项目实施的基础条件，包括劳动场所、工具设备、材料及劳动文化氛围等。教师要揭示劳动情境发生的时空场景，连接学生的经验，引发学生的兴趣、困惑以及对劳动任务价值的认同感。

第二，对象需求。现实世界是由人构成的。几乎所有的劳动实践任务都涉及人，不同的人有不同的立场，不同的人有不同的劳动需求，这些都会决定不同的劳动实践操作。不同的劳动项目，尤其是服务性劳动项目的服务对象，不同人群有不同需求，需要学生开展服务性劳动。真实的对象需求就是好的劳动项目情境创设所需要素之一。

第三，任务活动。劳动情境中的任务活动应能调动学生的积极性，发挥其潜能，超越其最近发展区而达到下一个发展阶段的水平。真实的劳动任务由一个个鲜活的活动链组成，活动由真实的劳动情境贯穿，教师在创设情境前就要预设任务活动的引出、推进、实践、展示等。任务活动是不同劳动类型、不同主题所需要的活动载体，是创设真实劳动情境的要素之一。

第四，成果标准。以评价的视角对劳动情境进行审视，从真实的劳动情境特征出发，制定相应的产品、作品等劳动成果的标准，既能防止劳动情境偏离真实性，又能吸引学生积极投入创造劳动成果的过程，凸显教育性，体现开放性。因此，可以将成果标准纳入真实劳动情境的创设要素中。

三、创设真实的劳动情境

创设情境不仅是劳动项目教学的"敲门砖"，还是贯穿劳动课程教学指导过程的引导线。

1. 基于场域的真实劳动情境创设

有些劳动项目不需要专门的劳动场域，在一般教室就能完成，但有些劳动项目不在特定的场域情境中开展就没法完成劳动实践。因此，教师在创设劳动情境时要优先考虑场域要素，即场域导向的情境创设；要潜心琢磨，认真品味劳动项目的价值意义与场域之间的关联度。同时，还应充分了解学生的实际情况，掌握学生的学习起点，尽可能地贴近学生的生活去创设劳动情境，才能让学生在适合的真实场域情境中开展有意义的劳动实践。

【案例 2-2-1】整理图书（场域导向的劳动情境设计）

本项目为三年级劳动项目。

一、情境设计

各班每周一都会轮流派班级图书小管家前往学校图书馆借阅图书，学生也会在导读课时间前往图书馆阅读区阅读。学校图书馆里每周五都会收到各班归还的图书，图书馆管理员一个人整理这些图书需要很多时间，有时还会放错书架。如何帮助管理员有序整理图书并合理布置阅读区呢？

"整理图书"劳动项目情境的"劳动场域"要素如下：

虚拟场域	真实场域	观点
教室里，讲台旁边摆放着六个简易小书架，六个组的桌面上各放着一些图书	学校图书馆，借阅区服务台上堆满了各班还回来的图书，有些杂乱无章。学生分为四组来到图书馆	"整理图书"的劳动场域从教室转移到真实的图书馆，即从虚拟变为真实，体现了情境创设的真实性、开放性、教育性

二、任务活动

任务一　真实场域，创设情境，明确分工

活动1：学生领取劳动任务，进行成员分工。

活动2：各小组回顾图书归还步骤及自己的职责，明确图书馆内的注意事项。

任务二　场域情境，有序分类，图书归位

活动1：各组按照分工，进行真实场域情境中的图书归还实践操作。

第一组，录入分拣；

第二组，图书分类；

第三组，归位上架；

第四组，监督检查。

活动2：任务完成，集中点评。

任务三　情境拓展，探究布置阅读区

活动1：各组领取劳动任务，明确要求。

（1）图书有序摆放；

（2）区角布置合理；

（3）阅读氛围浓厚；

（4）创意亮点突出。

活动2：组员根据活动要求，探究讨论，明确分工和计划方案。

活动3：学生根据分工进行实践操作。

任务四　回归情境，成果评价，劳动反思

活动1：组长进行成果汇报，根据设计意图进行解说。

活动 2：小组间围绕评价标准，互相点评，各抒己见。

活动 3：根据各组意见，适当调整阅读区的布置。

活动 4：回顾课堂，说一说劳动体会和收获，引导学生感悟整理图书的意义，培养学生乐于服务他人的意识。

（案例提供：杨晓露，华东师范大学附属台州学校）

【案例分析】上述案例是"整理图书"项目的真实劳动场域的情境设计片段。学习的主体是三年级学生，他们可爱、活泼，但上课专注力略显不足。学生的劳动任务指向学校图书馆的图书整理及阅读区布置，劳动场域若在教室，学生可能无法感知图书整理过程中的复杂性，无法体悟到图书整理过程中的劳动价值。将劳动场域转移到真实的学校图书馆，针对整理图书难的问题，寻找一些便于分类整理的方法。学生在真实的情境中，面对真实的整理需求开展劳动任务实践，只有具有这样的劳动场域要素才能创设出好的具有教育性的劳动项目情境。当然，在实际操作过程中要根据不同的项目来确定校内外劳动场域。该项目的对象需求指向学校图书管理员整理图书难，需要帮助；任务活动在案例中是以任务链的形式呈现的，主要是整理图书并合理布置阅读区；整理图书的成果标准是有序分类、分工整理，真实场域导向的劳动项目情境贯穿始终。同时，学生也获得了对劳动任务价值的认同感，在完整的劳动过程中经历了真实的劳动实践。

2. 基于对象的真实情境创设

对象导向的劳动情境创设，需要先了解对象需求，不了解需求就不能很好地开展劳动实践。若劳动项目实践指向的是众所周知的需求，不调查了解也可以开展，就不适合对象导向的劳动情境创设。服务性劳动往往需要了解服务对象的需求，适合创设基于对象的真实情境。学生在真实的劳动情境中，利用知识、技能、工具、设备等为他人和社会提供服务，树立服务意识，实践服务技能，同时也意识到为真实对象服务需要智慧与创造力。学生在情境中经历问题探究、合作学习、实践操作等，促进劳动观念、劳动能力、劳动习惯和品质、劳动精神的培养。

【案例 2-2-2】走进敬老院（对象导向的劳动情境设计）

本项目为四年级劳动项目。

一、情境设计

长期的敬老院生活，让爷爷奶奶们有些孤独，他们也需要有人陪伴。我们学校要组织一次公益服务劳动，到周边的敬老院举行"走进敬老院"的敬老爱老活动，同学们将亲自到爷爷奶奶身边，开展各种有趣的活动，邀请他们一起参与，满足老人们的需求。那么，如何让老人们度过愉快而又心满意足的一天呢？

二、任务活动

（一）情境创设，分组调查

活动 1：分组，交流"我们能为爷爷奶奶们做些什么？"

活动 2：学生在家长及老师的带领下，走进敬老院，调查老人们的真实需求。

（二）分析需求，定制服务

活动 1：调查结束后，各组代表交流"爷爷奶奶们的真实需求"。

活动2：围绕需求，制订重阳节服务计划。

"走进敬老院"劳动项目情境的"对象需求"分析如下：

被服务对象的假设需求 （学生自己的设想）	被服务对象的真实需求 （调查后的所得）	观点
敬老院的爷爷奶奶们生活很孤单，我们为他们送去服务（按摩、洗脚等）	采访敬老院的爷爷奶奶，了解他们最想实现的愿望。调查得知：希望子女能够陪伴一天。于是，学生电话联系老人们的子女，与他们进行沟通	只有基于老人们真实需求的服务活动，才能真正实现服务到位。劳动情境的创设需要考虑"对象需求"要素

（三）劳动实践，服务需求

活动1：针对"需要子女陪伴一天"的需求，开展"与老人子女电话联系，预约陪伴"服务。

活动2：与能到敬老院的老人子女一起陪伴老人，组织服务活动，度过有意义的一天。

（四）聚焦需求，成果展示

活动1：分组进行"走进敬老院"公益服务劳动的成果展示。

活动2：以老人们的"心满意足"为主要评价点，采用自评、互评、师评等评价方式开展评价。

（案例提供：沈佳慧，浙江省湖州市仁皇山小学）

【案例分析】真实的劳动情境就要基于服务对象的真实需求而创设。该项目的劳动服务对象是敬老院的爷爷奶奶们，有了他们的需求，后续的劳动实践可以沉浸在敬老院体验。教师引导学生紧紧围绕劳动对象的需求来创设真实的服务性劳动情境。劳动场域的选择要遵循就近原则。劳动场域是身边的敬老院，教师和家长能够比较便利地带学生到现场，开展关于老人真实需求的实地调查，激发起学生的情感体验。任务活动是在真实的服务劳动情境中调查采访不同老人的需求并设计服务活动。成果标准以老人们的"心满意足"为主。学生在服务性劳动的探究和体验中，强化了社会责任感，培养了良好的劳动态度和社会公德。

3. 基于活动的真实情境创设

活动导向的真实情境创设是以任务活动的设计为先导的，任务一般具有挑战性，其价值、意义非常独特，不单单是培养习惯，更侧重劳动精神涵养。活动主题上至国家社会的热点，下至学生身边的生活小事等。根据某个主题活动开展的劳动，如果在情境导入后，不再应用该主题活动情境，则会使劳动指导环节断层，很难使学生的情感共鸣延续，亦难以达到预期的指导效果。

没有主题活动情境导入的劳动项目指导是乏味的，没有主题活动情境结尾的劳动项目指导是残缺的。一个好的劳动项目的结尾既能对主题活动的学习内容进行归纳和提炼，形成知识与技能框架，也能拓展延伸，激励学生深度思考。教师应以情境烘托劳动项目结尾，将劳动观念、劳动能力、劳动习惯和品质、劳动精神自然延伸到学生未来生活的实际应用中。

【案例2-2-3】端午五彩绳（基于活动的劳动情境）

本项目为二年级劳动项目。

一、情境设计

中国四大传统节日之一的端午节即将来临，挂艾草、食粽子、划龙舟、编五彩绳等传统习俗给节日增添了不少文化内涵。各个班级围绕"端午节"，提前布置了教室环境，学校大队部还发出了"招募令"征集"暖心端午小挂件"。然而，我们发现身边很多同学不了解端午节，对传统习俗知之甚少。如何让我们和家人过一个有意义的端午节，让"端午"传统文化通过我们巧手制作的"暖心端午小挂件"得以传承呢？

本次劳动的实践任务是给自己的家人设计并制作一个有创意的端午五彩绳挂件。

二、任务活动

主题活动	子任务	任务名称	主要活动环节
端午节	任务一	端午五彩绳挂件的设计	分析端午五彩绳的结构，设计五彩绳挂件图，交流设计说明，思考所需材料与工具等
	任务二	端午五彩绳挂件的编织	制作端午五彩绳挂件的方法——运用三股辫或四股辫编织
	任务三	端午五彩绳挂件送家人	参加学校"最暖心端午小挂件"评比后，把挂件送给家人，并给家人送上端午祝福

三、任务要求

1. 经历传统工艺劳动从准备到成果展示的完整过程，主要运用三股辫或四股辫为家人编织一个独一无二的端午五彩绳挂件。

2. 在家长的帮助下用拍照或录制微视频的方式记录全过程。

四、注意事项

1. 微视频内容包括：材料与工具准备、设计过程、编织过程、成果展示、编织收获与体会、家长点评等。

2. 编织时，一定要注意安全使用剪刀、打火机等工具。

（案例提供：盛学宾，浙江省湖州市埭溪镇上强小学）

【案例分析】该劳动情境是以端午节主题活动为导向设计的，劳动场域是学校、家庭场所及文化氛围等，对象是自己的家人，任务活动是设计并制作端午五彩绳挂件，成果标准是运用三股辫或四股辫编织，作品有创意、暖心。这一劳动情境设计有别于一般的劳动情境设计，侧重中华优秀传统文化，是文化自信背景下的劳动实践活动情境。在营造端午节文化氛围的前提下，引导学生感悟劳动创造美好生活，感受编织带来的快乐；引导学生能根据自己或家人的需求，发挥自己的创意，合理搭配色彩，编织有创意的暖心五彩绳挂件，给家人送上端午祝福，经历劳动项目实施的全过程。

4. 基于产品的真实情境创设

成果导向的劳动情境创设指向的是学生按照产品标准，开展劳动实践，不断试错，最终产出符合要求的作品，并营造成果展示的情境。项目伊始，劳动目标就非常明确。

劳动项目的学习不是简单模仿，而是要思考该项目实施最终的目的是什么，要产出怎样的作品，围绕目的引发学生的认知冲突，激发学生对劳动情境的心理认同和对劳动任务的情感认同。在三大类劳动中，生产劳动更侧重产品导向的劳动情境创设，工业生产劳动尤为突出，讲究产品的质量、品质，注重劳动效率，是为了形成某种劳动成果而开展的劳动。

【案例2-2-4】生态旅游小木屋（基于产品的劳动情境设计）

本项目为七年级劳动项目。

一、情境设计

随着国家新农村建设的深入开展，乡村旅游业兴起。我们的家乡新市古镇迎来了一波又一波来自世界各地的游客，新市古镇的建筑主要以木屋为主，年代已经比较久远了，有些需要修缮，有些需要新建。为了保持原有的自然生态，更好地发展家乡生态旅游，新市古镇发布公告招募"最生态木屋设计作品"，如何使这些小木屋更加节能环保，更易融入自然呢？小木屋建造师们，赶紧来设计并制作小木屋模型吧！

二、成果标准

总体成果标准	子任务名称	具体成果标准
节能环保，生态自然，设计合理，结构稳固	探究小木屋	会搜集、分析、提取关于小木屋的信息
	设计小木屋	合理设计，节能生态
	制作小木屋	比例得当，结构稳定

三、任务活动（成果展示部分）

活动1：真实情境回归，各组代表汇报

1. 邀请新市古镇"最生态木屋设计作品"招募工作办公室的工作人员来到同学们的成果汇报现场。

2. 再次出示作品的相关标准及要求。

3. 各组代表上台汇报。

4. 新市古镇工作人员现场点评，评选出"最生态木屋设计作品"，并提出优化建议。

活动2：新市古镇再探，寻找优化突破

1. 学生在家长或老师的带领下，带上自己的小木屋模型作品，再次走访新市古镇，向在当地旅游的游客、居民征求建议。

2. 学生优化设计、继续改造模型，真正体现"美好人居有匠心"。

（案例提供：王冰倩，浙江省湖州市织里镇中学）

【案例分析】上述劳动项目通过探究小木屋、设计小木屋、制作小木屋三个子任务，帮助学生感知并形成敬业奉献和精益求精的劳动精神。本项目适合作品导向的劳动情境创设，以形成"生态小木屋作品"为目的，情境创设伊始，将评价标准前置。成果标准是节能环保、生态自然、设计合理、结构稳固；场域是新市古镇和学生所在学校；对象是游客和当地居民；任务活动主要是设计和制作生态旅游小木屋模型。从劳动准备，探究小木屋，了解生态节能理念起，到成果展示生态小木屋模型作品，学生经历了完整的劳动过程。由真实情境发端至真实情境收尾，体现了时空的开放性和劳动项目的教育性，实现了学生主动探究小木屋作品结构的目标。初步创新设计制作更适合家乡的木屋，为今后当地政府部门完善木屋旅游提供了有价值的参考设计，指向劳动情境创设的使用目的。

马克思主义哲学阐明了这样一个真理：外因只有通过内因才能起作用。劳动教师创设的外部的真实劳动情境，只有激起学生内部的劳动需求，才能让学生成为劳动实践的主体，就像人饿了要寻找食物，渴了要寻找水一样。教师要引导学生去主动探究、主动建构，才能使其获得学以致用的本领。每个劳动项目的情境创设都要涉及劳动场域、对象需求、任务活动、成果标准四个方面，但劳动项目不同，侧重的创设维度也会有所不同，实质上都是为了更好地满足学生在劳动实践中的发展需求。

💡 教学建议

第一，情境创设要围绕劳动素养展开。劳动情境的创设，应服务于劳动课程目标，劳动课程目标应紧紧围绕核心素养的四个方面展开。教师创设情境时，要增强学生的劳动意识，明确劳动的意义和价值所在，激发学生的劳动动机，从而实现情境与劳动素养四个方面的相互关联。

第二，情境创设要基于学生问题的解决。劳动情境创设的目的是拉近教育内容、教育目标、教育载体与学生之间的距离。这段距离往往源自学生在生活中遇到的真实问题，这些问题需要综合运用劳动知识和技能等去解决。劳动情境的创设既要结合学生的现有水平，又要创造认知上的挑战，从而激发学生的内在学习动力，引导学生持续性学习，全程体验劳动情境，最终解决实际问题。

第三，情境创设要源于现实生活的价值需求。情境创设不仅仅是设计劳动任务，它要源于学生的真实需求。中小学生正处于不断探索个人价值的阶段，如果能把特定的劳动任务与学生自我价值的多层次、多维度实现紧密结合，就能满足学生自我实现的需求，从而转变为学生内在的行动力。

2-2

如何创设真实的劳动情境

问题提出

【现状点击】

在区域劳动教育课程高质量实施调研中，某学校东侧有一块因缺乏规划而荒芜的狭长地块，非常适宜作为学生的劳动资源，为此，学校开发了六年级劳动项目"智慧花园——小小园林师"。整个项目包括前期调查、方案设计、模型制作、作品展示四个子任务，以"教—学—评"一体化循序推进，将校园荒废绿地打造成"劳动实践园"。劳动项目"智慧花园——小小园林师"教学目标设计如下：

1. 劳动观念：了解劳动背后的辛苦与快乐，懂得劳动创造美好生活的道理。

2. 劳动能力：能从任务出发，系统分析可利用的劳动资源和限制条件，制订具体的劳动方案，发展初步的筹划思维，形成基本的设计能力。

3. 劳动习惯和品质：自愿劳动，养成有始有终的习惯，体会劳动成果来之不易。

4. 劳动精神：在劳动过程中，不管遇到什么困难都能开拓创新，锐意进取；对作品精益求精，追求卓越。

劳动课程是必修课程，要以项目为载体。在实践中，劳动项目的目标设计还存在诸多问题。

一是目标抽象，难以成为教、学、评的有效凭依。义务教育劳动课程是一门旨在培养学生劳动素养，促进学生全面发展的实践性课程，旨在培养学生的劳动观念、劳动能力、劳动习惯和品质、劳动精神等核心素养。《劳动课程标准》对各学段课程目标、学段任务群内容要求、素养表现都有具体要求，一些教师在设计项目目标时生搬硬套《劳动课程标准》的要求，脱离学生现状和发展需要，与项目关键任务解决的标准与要求契合度不高。例如，"现状点击"中的劳动项目，"劳动观念"目标为"了解劳动背后的辛苦与快乐，懂得劳动创造美好生活的道理"，缺少需要"了解"的劳动项目、劳动强度和难度，劳动的内涵特征体现不明显，素养要求指标不明确，目标大、泛而抽象，使得劳动项目的教、学、评失去准则。

二是目标笼统，难以成为项目实施的具体指南。劳动项目要落实劳动课程内容及其教育价值，为学生成长为能够担当民族复兴大任的时代新人奠定良好的基础。学生劳动素养全面发展需要一个长期、连续的劳动教育过程，教师设计的劳动项目素养目标往往停留在成果上，通向成果的路径和学习支架不明显或缺乏科学设计，项目实施进程中的关键环节没有细化。例如，"现状点击"劳动项目中，"劳动能力"目标为"能从任务出发，制订具体的劳动方案，发展初步的筹划思维，形成基本的设计能力"，目标中的"任务"大而泛，缺乏具体的实践内容和行动指向，劳动思维、设计能力发展缺少学习和测评支架，难以成为项目实施的具体指南。

三是目标偏颇，难以观照劳动素养的整体发展。义务教育劳动课程是面向全体学生的必修课程，素养导向的劳动项目以育人为根本，以发展为核心，注重劳动观念、劳动能力、劳动习惯和品质、劳动精神的有机融合，形成纵向有序、横向融通的目标体系，并使每一位学生在历经劳动实践过程中逐渐淬炼，形成社会主义建设者和接班人必备的核心素养。当前的项目目标设计重知识与技能，轻情感和价值观培养，在崇尚劳动、尊重劳动、热爱劳动人民，以及劳动创造美好生活、实现人生梦想等思想性、社会性方面，还存在"有劳无教"的问题。有劳动而缺少价值澄清，造成素养发展的整体观照难以实现。

🔑 问题分析

劳动项目目标需要在明确劳动课程目标、学段目标及项目目标关系的基础上，结合项目对应的具体任务群的课程内容要求，最大限度地反映劳动项目实施的预期结果和学生身心发展变化。

一、劳动项目目标指向劳动素养

劳动课程要培养的核心素养，即劳动素养，是学生在学习与劳动实践过程中逐步形成的适应个人终身发展和社会发展需要的正确价值观、必备品格和关键能力。因此，制订劳动项目目标要从发展学生核心素养的角度出发，以学生为主体，以发展为本，注重劳动观念、劳动能力、劳动习惯和品质、劳动精神的有机融合。既不能简单叠加，也不能将整体目标机械分割，而要在分析项目内容、学生现状和学生发展需要的基础上加以整体设计，但在任务分解中应有目标不同维度的侧重点，使劳动项目目标在培育学生核心素养方面具有指引性、规定性作用，成为学生全面发展的重要抓手。

二、劳动项目目标要具体、可操作

劳动项目目标是对学生通过项目探索实践后表现出可见行为的具体明确的表述。以生为本的劳动教育强调实践、主张探索、追求创新，需要具体、可操作的项目目标导航。因此，项目目标设计要依据课程目标、学段目标、学段任务群的内容要求和素养表现，聚焦亲历情境、亲手操作、亲身体验的项目实践环节，将项目目标设计详细化、具体化，满足上位目标对下位目标的要求，充分实现各层次目标横向、纵向的连续性和递进性，促使学生在项目实施中获得深度劳动体验、感悟和体认幸福的劳动价值。

三、劳动项目目标要精确、促生长

《劳动课程标准》将党的教育方针精准细化为劳动教育课程应着力培养的核心素养，体现正确价值观、必备品格和关键能力的培养要求，是学校发展高质量劳动教育的指挥棒。这就需要劳动项目目标制订立足校本、生本实际，对标对表，将项目内容精确转化为可行项目预期结果，"学为中心"探索被时间破解，学生实践创新将知识、技能并驾齐驱，育人价值得到充分体现，促进学生树德、增智、强体、育美，全面发展。

📠 问题解决

清晰的目标是实现"教—学—评"一致性的前提和灵魂。项目目标必须明确"要去哪里"的问题，不仅要与学生生活和社会实际关联，还要有科学的依据支撑，具体、明确、可操作的项目目标是有效教学指导和评价的关键。外显的行为目标和表现目标要指明希望学生表现出可观察、可操作的最终项目达成行为的术语描述；也有较难用行为目标来表述的隐性的情感态度与价值观，通过对学生外在行为变化的观测记录，凸显判断依据的具体行为指标，使得学习结果的内隐变化和学习结果的外显表现一致。

一、全方位关联，把握目标制订依据

1. 课程标准是制订项目目标的根本依据
课程标准是国家对基础教育课程的基本规范和质量要求，是国家课程的纲领性文件。《劳动课程标准》中的"课程目标"是项目实践要实现的指标和任务，并对学段课程目标和劳动素养要求进行具体化进阶安排，项目目标要在《劳动课程标准》中找到依据。

2. 学习现状是制订项目目标的必要依据
只有适合学生的教学，才可能成为最好的教学。因此，项目目标要建立在学生当前学情基础上，包括学生的心理、生理状况和学生的知识、能力基础，提出新的适切的学习目标。

3. 关键问题是制订项目目标的重要依据
学生要学习和运用哪些知识，理解项目的哪些概念和关系，明确解决哪些问题、完成项目的哪些任务要点，通过项目达成什么素养目标，这些都是要根据项目内容和学情来确定的。

二、全视角分析，确定目标体系内核

基于学生立场发展核心素养，项目目标设计需要全视角、系统化分析思考，即从内容要求、素养表现、路径方法等方面一体化构建项目目标的有机整体。

1. 对学生学业要求的分析

研究"文本的课标"到"行动的课标",对"做(学)什么、怎么做(学)、做(学)到什么程度"三层原点问题进行追问解析。"做什么"是核心任务,即真实情境的问题、任务或项目;"怎么做"是劳动实践,即解决问题的一套典型做法,外显为完成劳动任务的序列化活动步骤、方式方法;"做到什么程度"是学习评价,即问题解决的过程性质量标准、活动规则,外显为诊断学业结果的检测和作业。学生在明确劳动目标后,才能知道自己要做什么、如何做、怎么才算做好。

2. 对学生素养发展的分析

同一班级的学生有着不同的认知结构和发展水平;对同一知识要点的学习,有不同的过程、不同的方法,学生核心素养发展的维度和深度也会不同。因此,教师应科学分析学生对项目实践中每个知识点的学习程度、期望达到的能力水平等个性化情况,确定项目内容要点以及它们之间的关系,探究"确立探究问题—调研刷选信息—筹划项目方案—实践记录数据—分析论证优化—交流反思迭代"等可操作、可测量的实施路径来研制指向核心素养发展的项目目标。

全视角分析劳动项目目标体系内核,形成项目目标设计的有机整体,成为项目目标制订的定盘星。

【案例 2-3-1】智慧花园——小小园林师(全视角分析)

项目子任务	内容要求	学习支架	素养表现
调查园林设计	选择合适的调查方法来探索园林种植设计,充分了解园林的设计构造,种植植物的类型、习性和组合方式,感受园林种植的艺术之美、意境之美,明白劳动创造美好生活	KWL问卷调查、实地考察、表现性评价表	能依据学校发展和学生需求,借助KWL问卷调查梳理并说出常见植物的类型、习性和组合方式。能运用景观表现手法和模型制作方法科学设计、制作"智慧花园"模型,安全、规范、高质地完成作品,并进行解说展示。能有始有终地实践项目全过程,安全、规范、有效地进行小组合作、交流沟通、反思优化,持之以恒地创新突破项目实践中的困难和问题,精益求精地设计制作"智慧花园"模型作品,感受为学校贡献力量的美好,表达对劳动价值、劳动艰辛、劳动要勤奋的认识,表现出对劳动美好的体认和热爱
设计种植方案	根据学生需求和学校发展需要,运用结构与功能的关系,能以景观表现手法来科学设计园林种植方案,将自然界的景观加以理想化的创造,加深人与自然之间的情感沟通,在设计的反思优化中领悟"业精于勤"的道理	园林设计案例、图片、反思迭代	
制作立体模型	全面了解模型制作,会选择适切的材料和工具制作模型,不怕辛苦、积极探索,具有精益求精的劳动质量意识和创新精神,懂得劳动的美好与艰辛	模型制作流程图、小组探索表、表现性评价表	
展示项目成果	能将"智慧花园——小小园林师"项目调查分析、园林种植设计、模型制作以成果展示等项目实践全过程说清楚道明白,体会设计劳动的意义,初步形成爱岗敬业、乐于奉献的精神	成果展示要求、表现性评价表	

注:表中加框文字突出素养表现要求。

(案例提供:邓云蕾,浙江省嘉兴市秀城实验教育集团钧儒小学)

【案例分析】"智慧花园——小小园林师"是四年级下学期"出力流汗也快乐——打造阳台小菜园"的延伸拓展项目,参与探索的学校六年级学生曾参与"小菜园"劳动项目,具有较好的蔬菜种植养护技术和方法,初步具备安全、规范、有效开展劳动的意识和品质。因此,在原来"种植养护"的基础上,对学生提出了"规划种植"内容要求,对标第三学段农业生产劳动任务群"能根据劳动任务选择合适的材料和工具、技术与方法,安全、规范、有效地开展劳动,初步养成持之以恒的劳动品质"目标,关联完成这个项目所必须具备和理解的核心知识和关键能力,将"智慧花园——小小园林师"中学生到底"学什么、怎么学、学到什么程度"进行了深度解析。围绕项目调查、设计、制作、展示四个子任务,进行原点问题精细化剖析,达成教学目标、学习活动、教学评价的一致,以更好地指向劳动素养发展,实现可普遍迁移的正确价值观、必备品格和关键能力。

三、全面化处理,陈述项目目标维度

目标陈述是对学习者在学习以后应达到的行为状态进行具体、明确的表达,再将这些表达进行类别化和层次化处理。一是目标陈述预期的学习结果,对学习结果要有明确的指向,目标主体必须是学生而不是教师。二是对项目内容和行为过程进行概述,选择恰当的有操作性的行为动词,如调查、筹划、设计、制作、展示、思考等进行客观描述。三是目标反映学生的能力水平,应可测量。例如,"能借助 KWL 问卷调查表梳理并说出常见植物的类型、习性和组合方式;能运用景观表现手法和模型制作方法科学设计制作'智慧花园'模型,安全、规范、高质完成作品"。这样的目标既能反映学生的学习情况,又可操作和评价。四是目标陈述具体、准确、语言简明,切记笼统、赘述,避免使用"增强学生正确劳动观念""培养学生良好劳动习惯"等,这样的陈述可作为课程目标,但作为项目目标就不够聚焦,不够具体化。情感态度类目标可以通过外显的言行来研判。例如,"能在调查、制作和展示'智慧花园'模型的过程中,感受到劳动让生活更加美好,生发劳动的热情和对劳动者的敬仰"。

【案例 2-3-2】智慧花园——小小园林师(全面化陈述项目目标)

核心素养	劳动项目目标(初拟)	劳动项目目标(优化)
劳动观念	能了解劳动背后的辛苦与快乐,懂得劳动创造美好生活的道理,爱上劳动	能在劳动项目调查、设计制作、成果展示等实践中,表达对劳动价值、劳动艰辛的正确认识,表现出对劳动美好的体认和热爱
劳动能力	能从任务出发,系统分析可利用的劳动资源和限制条件,制定具体的劳动方案,发展初步的筹划思维,形成基本的设计能力	能依据学校发展和学生需求,借助 KWL 问卷调查梳理并说出常见植物的类型、习性和组合方式;能运用景观表现手法和模型制作方法科学设计、制作"智慧花园"模型,安全、规范、高质地完成作品,并进行解说展示

核心素养	劳动项目目标（初拟）	劳动项目目标（优化）
劳动习惯和品质	能自愿劳动，养成有始有终的习惯，体会劳动成果来之不易	能有始有终地实践项目全过程，安全、规范、有效地进行小组合作、交流沟通、反思优化，精益求精地设计制作"智慧花园"模型作品
劳动精神	在劳动过程中，不管遇到什么困难都能开拓创新，锐意进取；对作品精益求精，追求卓越	能记录并克服项目实践中的困难和问题，持之以恒地创新突破，感受为学校贡献力量的美好

（案例提供：邓云蕾，浙江省嘉兴市秀城实验教育集团钧儒小学）

【案例分析】"智慧花园——小小园林师"项目目标优化采用了"定内容标准—建路径支架—立整体视角"行动策略，以"KWL 问卷调查"和"实地考察"等路径增加学生对劳动项目的整体了解和把握，以及对劳动创造美好的深入体验；以深度"小组合作"和"反思迭代"培养学生的诚信品质和质量意识，以"过程记录和思考"深化学生对劳动项目积极探索和追求创新的精神，以整体化视角逐步将抽象、笼统、偏颇的项目目标进行聚焦、细化、外显，设计出既具体、清晰、可测，又整体观照的项目目标；既关注情感态度与知识能力，又强化劳动育人功能，强烈地回应了学生劳动实践中的现实需求，反映了学生的身心变化，指向并落实核心素养的培养。

💡 教学建议

指向核心素养的劳动项目目标具有思想性、实践性、社会性，是学生全面发展的核心载体。在劳动核心素养目标的统领下，归并、统筹适合学生劳动项目的纵向进阶、横向融通的劳动项目目标，联动课程评价方式，实现劳动素养的具象化。

第一，锚定素养，凝练劳动项目目标。劳动项目目标是实践探索的出发点和归宿，是项目探索的指南，是项目评价的依据。打铁还需自身硬。教师应加强对《劳动课程标准》深度解读，深入理解劳动课程独特的育人价值、课程理念和劳动素养内涵，全面把握劳动课程目标体系和学段、任务群的劳动素养要求，掌握必备的劳动知识和技能，了解不同行业、领域的劳动。这样才能以丰盈的专业素养锚定学生核心素养发展，凝练学生适切劳动项目目标，更好地促进劳动课程高质量实施。

第二，指向目标，统领劳动项目实践。项目实践作为项目实践的"纲"，应保障师生劳动项目实践过程中有明确的共同指南，"纲"举"目"张。项目目标既关注学生劳动课程独特育人价值的实现，也注重学生筹划设计、问题解决、团结协作、创新创造等能力的培养。课前，教师根据项目目标和素养表现要求，设计项目调查表、项目关键任务表现性评价量规等学习支架，促使学生清晰劳动任务和目标，引导学生借助学习支架自主探索解决问题，提高学习效率和乐趣。课中，将学生在调查中收集与整理信息，在探索中设计与制作方案，在交流中进行成果展示与反思等环节嵌入表现性评价，及时给学生提供支架反馈，让学生准确地看到自己的当前位置和目标位置，明确自己现阶段的素养水平以及下一步努力的优化路径，更好地指导学生进行项目实践探索。

第三，基于实践，优化劳动项目目标。劳动本身是学生的内在需要，在学生的身体成长、精神成长、经验积累过程中占据着重要地位。聚焦学生项目实践中显性与隐性表现的观察、记录，对标课程学业质量要求，分析和研判劳动观念、劳动能力、劳动习惯和品质、劳动精神等核心素养的达成度，将笼统抽象的项目目标指向学生的现状起点和可达成目标，增强与实践的关联度，增加目标条件，具体明确为可评价、可操作、可指导的目标，形成学生可持续发展的目标体系，为项目的再实践辅以高质量的保障体系。

2-3

基于学情研判的劳动目标地图构画

问题提出

【现状点击】

下面是劳动课"学做麦糊烧"的教学过程。

1. 教师播放"杭州美食必吃攻略"的视频,发布劳动任务"制作一个营养美味的麦糊烧"。

2. 教师讲解制作麦糊烧的工序。

3. 教师播放"怎样和面"的视频,讲解和面技巧。

4. 教师简要讲解制作麦糊烧过程中的安全要求。

5. 小组分工合作制作麦糊烧。打蛋、和面、拌菜、净锅、开炉、倒油、煎饼,学生各有分工,劳动场面非常热闹。10分钟后,教师喊停。此时每小组基本都煎了2个麦糊烧,盆里还剩下一大半面糊,桌面乱七八糟没有收拾。

6. 教师要求学生填写"麦糊烧制作劳动自评表"。

下课铃响,劳动课结束。

"学做麦糊烧"属于日常生活劳动的"营养与烹饪"任务群。制作麦糊烧项目任务的食材来自日常生活,烹制过程简单易学,而且现煎现吃,深受学生喜欢,但从教学视角看,"学做麦糊烧"项目任务的实践存在三个问题。

一是把"劳作"等同劳动实践,项目任务目标没有素养化。《劳动课程标准》明确指出,劳动课程要重视学生的经历体验,但这绝不只是肢体的和体力的付出和消耗,更是内在思想价值观的生成和理性思维品质的提升。也就是说,劳动实践不仅要让学生做一样东西出来,而且要注重活动过程中的思想教育,强调通过活动引导学生感悟劳动价值,进而培育劳动素养。学做麦糊烧的目标应指向学生自理意识和能力的培养,如果只关注"做麦糊烧"本身,则会使得劳动实践浮于表层,达不到育人目的。

二是用"讲解"挤占自主实践,项目任务学习缺少操作化。劳动课程是以学生进行体力活动为主的实践类课程,应防止讲解、交流、探究等环节用时过多而占用学生自主劳动的时间。在"学做麦糊烧"这节劳动课中,一半时间是学生规规矩矩坐在位置上听讲和观看,先听老师讲烹制的流程和步骤,再看视频学习和面技巧,然后看老师如何点火倒油,再听老师宣讲安全事项。学生看似学了一大堆内容,但到动手操作时仍旧一脸茫然,还需要教师手把手指导。等学生好不容易手忙脚乱地完成一次操作,想通过再次操作加以熟悉和改进优化时,时间已经不允许了。劳动实践严重缩水,达不到让学生出力出汗的育人效果。

三是以"合作"取代独立实践,项目任务体验缺少全程化。劳动课程要引导学生实践操作，经历完整的劳动过程来促进自我的不断发展和完善。但在劳动实践过程中，受劳动时间、工具材料等限制，教师往往采用分工合作方式让学生经历劳动实践片段。例如，在"学做麦糊烧"劳动课中，教师要求小组6人合作煎制2个麦糊烧，也就是说，打蛋、和面、拌菜、净锅、开炉、倒油、煎饼等8道工序，一个人只需要完成1~2道工序，这意味着没有一个学生能经历制作麦糊烧的全过程，既体会不到劳动的艰辛，也感受不到劳动的快乐。这种为节省时间而进行分解合作的劳动，达不到素养培养目的。

事实上，聚焦劳作、过度讲解、分解合作等问题普遍存在于劳动教学中，反映了教师实践设计能力的不足。

🔑 问题分析

一、劳动实践的主要特征

基于教育价值的劳动实践有以下几个特征。

1. 动手为主

劳动是面向真实问题的探索活动，是人们亲力亲为的动手实践过程。实施劳动教育的重点是在系统的文化知识学习之外，结合劳动新形态、产业新业态，有目的、有计划、项目化地组织不同学段的学生参加以体力劳动为主的日常生活劳动、生产劳动和服务性劳动，让学生在动手实践中出力流汗、接受锻炼、磨炼意志。

2. 手脑并用

劳动实践不仅要动手还要动脑。主要体现为：一是劳动策划，基于劳动目标和任务，整体计划劳动方案，优化劳动过程；二是运用学科知识，运用知识解决劳动过程中的问题，创造性地解决问题；三是价值澄清，通过讲解、辩论、案例、故事、榜样等进行价值澄清，让学生明晰正确的劳动价值观，并通过评价、交流、反思等活动，促进学生劳动价值观逐渐内化。

3. 方式丰富

劳动实践包括但不等于体力劳动锻炼，也不是单一的技能操作，它包括设计、制作、试验、淬炼、探究、展示等多种方式。通过丰富的劳动实践，学生可以获得丰富的劳动体验，习得劳动知识和技能，感悟和体认劳动价值，培育劳动精神。

4. 过程完整

《劳动课程标准》强调，要让学生完成真实的任务，经历完整的劳动过程，对重点操作步骤可以反复练习，强化精益求精、追求卓越的工匠精神。也就是说，劳动不是单一、机械的劳动技能训练，不是简单的劳动知识讲解，不是泛化的考察探究，而是引导学生从现实生活的真实需求出发，亲历情境、亲手操作、亲身体验，培养劳动习惯，塑造劳动品质。

二、劳动项目任务设计的基本要点

项目是指为创造产品、服务或成果而进行的一系列独特的、复杂的并相互关联的活动。可见，项目本身就是一种有目标的实践活动。从这个意义上看，劳动项目即劳动实践活动。劳动实践具有动手为主、手脑并用、方式丰富、过程完整的特点。一个劳动项目往往可以分解为若干相关联的项目任务，项目任务设计应体现劳动实践特点，其基本要点如下。

1. 坚持育人导向

劳动项目是落实劳动课程内容及其教育价值，体现课程实践性特征，推动学生"做中学""学中做"的重要实施载体。也就是说，劳动项目实践的根本目的是促进学生劳动素养发展。项目任务设计应注重挖掘劳动的育人价值，将培养学生的劳动观念、劳动精神贯穿项目任务的全过程，引导学生树立正确的价值观，崇尚劳动，尊重劳动，成为懂劳动、会劳动、爱劳动的时代新人。

2. 加强与学生生活和社会实际的联系

劳动课程内容共设置三大类劳动教育内容及十个任务群，每个任务群由若干项目组成。项目内容选择应坚持因地制宜，贴近学生生活和社会实际。例如，同样是农业生产任务群，不同地域的种植项目却不同，有种西瓜的，有种葡萄的，有种白菜的，究其原因，主要与当地时令特点和区域农业特色相关。

3. 构建以多样实践为主线的任务链

劳动课程强调学生直接体验和亲身参与，倡导"做中学""学中做"，因此，项目任务设计应以实践为主线，促进学生劳动素养自然生长。以实践为主线并不意味着就是让学生一味地"做东西"，而是引导学生通过设计、制作、试验、淬炼、探究等方式获得丰富的劳动体验，培养劳动精神。

4. 搭建支持持续探究的脚手架

劳动课程强调亲历实践，学生在实践中往往会遇到很多问题和困难，这就有必要为学生提供获得知识和方法的脚手架。脚手架的设计应建立在学生原有认知结构的基础上，并且在实施任务之前呈现给学生，避免学生在实践中因知识和方法不足而突然中断，无法持续地开展实践。

5. 注重实践过程性评价

劳动课程的评价方法以表现性评价为主。在评价内容上，项目评价要紧扣劳动素养要求和项目任务，客观准确地反映学生在具体实践过程中劳动素养的表现水平。一般可针对具体劳动实践，采取相应的方法进行评价。例如，日常生活劳动可以以劳动清单为主要依据，开展家校合作评价；生产劳动可以以劳动任务单为依据，结合过程和成果进行综合评价。

![problem-solving icon] **问题解决**

设计体现劳动实践特点的项目任务包括五个步骤：确定项目任务实践目标，设计项目任务实践情境，规划项目任务实践链，提供项目任务实践支持，贯穿表现性评价。如图 2-4-1 所示。

图 2-4-1　设计体现劳动实践特点的项目任务的五个步骤

一、确定项目任务实践目标

项目任务目标设计指向劳动素养，要建立项目劳动实践与素养发展的关联，将抽象素养表现转化为具体的劳动实践过程。因此，设计任务实践目标主要分三步。

第一，结合项目实践内容，研读课程标准中相应学段任务群的劳动素养表现要点。

例如，五年级劳动项目"油菜种植"属于农业生产任务群，其素养表现要点如下：

1. 初步形成劳动创造财富的观念，理解普通劳动者的光荣与伟大，形成关爱生命、热爱自然的意识，提高劳动效率意识和劳动质量意识（劳动观念）。

2. 发现生产劳动中的需求与问题，运用基本知识和技能，具备从事简单生产劳动的能力（劳动能力）。

3. 能吃苦耐劳，养成坚持不懈的习惯和品质（劳动习惯和品质）。

4. 初步形成不畏艰辛的精神（劳动精神）。

第二，对应劳动素养表现要点与劳动项目实践特点，凝练项目核心目标。核心目标具有高度凝练性和统领性，相当于"劳动大概念"，一般可以从劳动品质、劳动精神中提炼。例如，在"油菜种植"项目中，学生要经历育油菜苗、翻土、垒垄、栽种油菜等实践过程，因此，其核心目标应为"持之以恒"。

第三，根据核心目标，对照素养表现要点，结合具体实践，制订具体项目目标。

例如，上述五年级劳动项目"油菜种植"，对照素养表现要点，项目实践目标制订如下：

1. 劳动观念：通过种植活动树立热爱农业生产、热爱劳动者的观念；
2. 劳动能力：通过规划、育苗、翻土、种植，初步具备农业种植能力；
3. 劳动习惯和品质：通过栽种油菜，养成吃苦耐劳、持之以恒的习惯和品质；
4. 劳动精神：通过油菜栽种、护理、收割，形成不畏艰辛的劳动精神。

二、设计项目任务实践情境

任务情境设计是在现实世界中寻找应用的真实场景，或从现实需求出发，再按要素完善并呈现的过程。刘徽提出真实性问题情境三要素即情境、人物、任务[①]，转化为劳动项目的任务情境设计三要素就是场景、需求、任务。场景即劳动发生的时空背景、劳动场域、设施设备材料工具；需求指特定对象的问题或困惑；任务指问题解决，包括劳动实践要求和劳动成果标准。

【案例 2-4-1】传统工艺制作（任务情境设计）

四年级"传统工艺制作"任务群任务情境设计为"香囊迎夏"。香囊也称香包、香袋，历史悠久，我国很多地方保留着端午节制作、佩戴和赠送香囊的习俗。因此，在端午节来临之际，学校准备举办"香囊迎夏"活动，请同学们设计并制作一个既精美又方便更换香料的香囊。

【案例分析】上述劳动项目的时空背景是端午节，这是中国传统节日，能引导学生感悟古代人民"劳动创造美好生活"的观念，激发学生劳动实践兴趣。劳动场域是手工教室。设施设备材料工具是制作香囊所需的药材、布料、针线等，为学生劳动提供条件保障。需求是参加"香囊迎夏"活动，能引发学生思考"如何以香囊表达夏季到来""为谁做一个迎夏香囊"等问题，促发劳动思维。任务是设计并制作香囊，驱动学生经历完整的劳动实践，切身感受中国传统文化习俗，实现"体认"。

三、规划项目任务实践链

任务规划的过程是将劳动情境中的任务拆解为若干子任务的过程，其目的是引导学生自主持续地进行劳动实践，出力出汗、动手动脑，经历完整的劳动过程。劳动类型不同，实践方式有所侧重，劳动任务实践链也会有所不同。

1. 日常生活类劳动项目任务实践链：示范学习—操作练习—家庭实践—交流分享

日常生活类劳动主要是立足个人生活事务处理和家务劳动，其特点是在家庭进行常态化劳动实践，涉及衣、食、住、用、行等，注重生活能力和良好卫生习惯的培养，自理、自立、自强意识的培养。其任务实践链规划为：示范学习—操作练习—家庭实践—交流分享。

---

① 刘徽. 真实性问题情境的设计研究［J］. 全球教育展望，2021，50（11）：26-44.

"示范学习"主要是教师结合学生体验情况，有针对性地对劳动内容进行实际演示或解释说明，让学生知晓劳动内容及劳动过程。

"操作练习"主要是学生在教师的引领下，练习劳动关键步骤和技能，学习使用劳动工具，以明确劳动内容构成、劳动方法与过程、劳动重点和关键环节，获得感性经验。

"家庭实践"指学生回家实践，养成劳动习惯。

"交流分享"指学生在班级中交流分享家庭实践的成果和感悟。

【案例2-4-2】用电饭煲煮饭（劳动项目任务实践链）

子任务1：示范学习

① 教师出示图片，引导学生认识电饭煲、砂锅、饭甑等蒸煮工具，探究烹饪米饭的不同工具，重点认识常用的蒸煮工具电饭煲。② 引导学生根据自己家庭的实际人数合理配置水与米的比例。③ 通过观看电饭煲煮饭的教学视频，引导学生认识电饭煲的各个部件。④ 讲解电饭煲的各个零件以及操作面板，演示电饭煲煮饭的方法、步骤及注意事项。

子任务2：操作练习

学生劳动操作，教师巡视指导。操作练习时，强调规范和安全，如加水参照刻度线，湿手不能摸插头和插座，锅底水分要擦干，先放内锅再接电源。

子任务3：家庭实践

学生利用课堂所学知识帮助家人煮饭，填写《家庭劳动情况记录册》，及时反馈家庭劳动情况。

子任务4：交流分享

开展项目成果汇报活动。首先，小组分享煮饭的过程，包括操作步骤、遇到的问题、家长帮助和劳动感悟；然后，小组汇总并面向全班分享。

【案例分析】上述案例属于日常生活劳动，其四个子任务分别是示范学习、操作练习、家庭实践和交流分享。子任务1，学生通过看视频和听老师讲解，了解用电饭煲煮饭的方法、步骤及注意事项，掌握一定的劳动知识。子任务2，学生通过动手实践体验用电饭煲煮饭，学习一定的劳动技能。子任务3，学生帮助家人煮白米饭。在家里煮米饭的过程中，学生不但要运用课堂上学到的劳动知识和技能，还要看父母亲身示范，获得父母的指导和帮助。通过课堂与家庭链接，学生既学会了劳动知识，掌握了劳动技能，又养成"自己的事情自己做"、认真负责、有始有终的劳动习惯和品质。子任务4，学生通过信息交互启发碰撞，或改变原来的认知，或产生新的认识。

2. 生产类劳动项目任务实践链：筹划设计—技能淬炼—作品创作—展示分享

生产类劳动主要是通过参加工农业生产，直接经历物质财富的创造过程，体验从简单劳动、原始劳动向复杂劳动、创造性劳动的发展过程，学会使用工具并掌握相关技术，感受劳动创造价值，增强产品质量意识，培育工匠精神，体认生产劳动价值和文化。其任务实践链规划为：筹划设计—技能淬炼—作品创作—展示分享。

"筹划设计"指学生明确现实生活中的劳动需求，确立劳动实践项目，设计实践方案，拟定劳动内容任务、步骤要求、成果形式和评价标准等。

"技能淬炼"指引导学生在家庭生活、社会生活和学习生活中不断应用和反复操练劳动技能，让学生在实践中学会劳动。注重指导学生从最基本的程序学起，明确每个步骤的先后顺序和操作要求，严守操作顺序和要求等规定。

"作品创作"指学生个体或小组进行成果创作，在创作过程中及时发现问题，不断调整方法，同时大胆创新创造。

"展示分享"指学生在公众场合将实践作品或成果进行公开展示分享，这是总结经验和深化认识的重要环节。

【案例2-4-3】编织亚运结（劳动项目任务实践链）

劳动情境：2023年，亚运会在杭州举行，各国运动员、记者、游客在参赛观赛之余，会购买体现中国文化杭州特色的伴手礼带回家。"亚运结"是不错的选择，它是以"杭州亚运"为主元素的中国结。中国结是一种中国传统手工编织工艺品，因其寓意吉利、价廉物美、方便实用而成为自用和赠友佳品。

现在你们是亚运结设计制作团队，请制作一些亚运结，赠送给亚运会期间来杭州的友人，他们可以把亚运结挂在手机、背包、行李上，让中国文化、杭州祝福相伴相随。

子任务1：学习中国结编织

① 观看中国结编织视频，了解中国结绳类型、编织方法、串珠技巧等。

② 练习编织中国结。

子任务2：制作亚运结

① 设计亚运结图案。制作一份编织说明书，内含编织设计图和亚运结的寓意和用途。

② 编织亚运结。

子任务3：展示分享

展示亚运结作品，并说明其寓意用途。

【案例分析】上述案例属于传统工艺制作任务群，其任务体现手工制作实践特点。子任务1是技能学习，学生根据视频，学习中国结基本编织方法。子任务2是制作亚运结，学生首先要设计亚运结图案，包括结型、颜色、编织技法、装饰等，然后根据设计图动手编织。子任务3是展示亚运结编织作品，感受劳动分享的快乐。通过三个子任务的设计，学生经历技能淬炼、设计筹划、作品创作的实践过程，选择和运用恰当的劳动技能创造性地解决问题，既提高了劳动能力，又发展了劳动思维，还能为身边的人提供服务，感受劳动带来的情感价值。

3. 服务性劳动项目任务实践链：需求调研—问题解决—职业体验

服务性劳动主要是通过参加社会性、生活性志愿服务和公益劳动，树立服务意识，形成社会服务的系统认知和职业认同，强化社会责任感。其任务实践链可规划为：需求调研—问题解决—职业（技术）体验。

"需求调研"指走访服务场所或访问服务对象，确定服务需求。

"问题解决"指分析服务中的痛点问题，学习和掌握技术技能，探究问题解决办法，拟订解决方案。

"职业体验"指在真实职业环境中运用劳动技能解决问题或需求。这是学生完整运用劳动技能解决某一职业领域现实问题或需求的经历。

【案例2-4-4】参与社区管理（劳动项目任务实践链）

劳动情境：定期到贫困户家中慰问，维护社区里的公共设施，举办学习活动……这些都是社区工作者的工作。在社区范围内，如果没有这些工作人员，社区居民的日常生活就会受到影响。假如你是一名社区工作者，你会如何开展工作？

子任务1：社区劳动我认识

设计社区工作调查表，走进社区，了解社区工作者的劳动情况。

子任务2：社区服务我体验

帮助社区工作者一起组织青少年"亲自护绿"活动。

子任务3：社区服务我设计

为社区设计一份垃圾桶选址方案。

【案例分析】上述案例属于服务性劳动任务群。子任务1，学生调查社区工作者劳动情况，其实践过程为"设计调查问卷—确定调查对象—进行社区调查—统计调查数据"。学生经历方案设计、社会调查等实践活动，初步形成主动关心他人的意识。子任务2，学生直接参与社区服务活动，在"护绿行动"中了解社区工作流程，学习如何组织活动，学会帮助他人等，提高服务他人的责任心。子任务3，学生运用知识解决生活中的真实问题，设计垃圾桶选址方案需要熟悉社区的概况，知晓各类垃圾投放量分布，估算垃圾桶数量，规划放置地点，这既是社会实践的过程也是建立社会情感的过程，增强了公共服务意识，提高了社会责任感。

四、提供项目任务实践支持

任务实践支持指学生当前水平与完成劳动任务所需的知识、技能、方法存在差距时，帮助学生提高能力水平以完成劳动实践的学习活动。任务实践支持可以分为两类：一类是资源性支持，即向学生提供书面性或可视化的学习资料、学习单等，支持学生自主学习探究，从而完成劳动实践。另一类是行为性支持，即通过示范、讲解、指导等方式支持学生改进实践行为，主要包括样例示范、步骤指导、矫正性反馈等三类。样例示范是向学生展示专业人士的劳动实践过程，增强学生的直观感知；步骤指导是向学生讲解劳动实践过程的各个步骤，促使学生快速掌握要领；矫正性反馈是帮助学生发现问题所在，解释问题出现的原因，给出达到正确目标的提示。样例示范、步骤指导一般在劳动实践前进行，矫正性反馈在实践时或实践后进行。在实践中，矫正性反馈往往是个别化随机指导，重点应放在劳动技术水平提升上；实践后的矫正性反馈更多表现为复盘反思，围绕确定的劳动观念与品质，指导学生对劳动实践过程以及自己的认识和体会进行反思。

【案例2-4-5】今天我当家（劳动项目学习支架设计）

劳动情境：周末到了，爸爸妈妈还要加班，刚好你在家休息，请你为家人做一顿饭，让父母一回家就能吃上营养美味的晚餐。

子任务1：设计晚餐菜单

实践过程：确定菜单、配菜。

任务支持：① 四口之家晚餐菜单；② 晚餐菜单搭配方法。

子任务2：晚餐烹饪

实践过程：烹饪、厨房清理

任务支持：① 减少炒菜溅油的方法；② 摆盘的创意；③ 清理厨房的步骤。

【案例分析】"今天我当家"劳动项目的两个子任务中有6个学习支架。其中，子任务1中的①②属于资源性学习支架，子任2中的①②③属于行为性学习支架。子任务1设计晚餐菜单是动脑实践，学生面临烧几个菜、烧什么菜、荤素如何搭配等诸多问题，此时教师提供学习支架，让学生通过分析四口之家菜单和学习菜单搭配方法，总结出菜单搭配需考虑的因素，设计自己家的晚餐菜单。子任务2晚餐烹饪是动手实践，此时提供资料性支持无异于纸上谈兵，而直观看到操作过程更易于学生理解，因此，教师要进行示范讲解和步骤指导，既可以现场示范，也可以录成视频供学生实践时反复观看，学生看到教师的炒菜示范过程，同时又听到教师的要点讲解，然后进行自主实践，劳动质量和效率大大提高。学生自主实践时，教师可以进行矫正性反馈，以支持学生劳动技能提升。

五、贯穿表现性评价

《劳动课程标准》强调"劳动课程的评价方法以表现性评价为主"。表现性评价需要"在尽量合乎真实的情境中，运用评分规则对学生完成复杂任务的过程表现与结果做出判断"[①]。表现目标、评价任务、评分规则是表现性评价的三大要素。在劳动项目中，表现目标与项目目标相一致，评价任务与项目任务相一致，因此，表现性评价重点在于评分规则设计。评分规则设计的重点在于劳动素养转化为可观察、可操作的劳动实践表现。例如，"设计制作香囊"的评分规则可以设计为"体验缝制香袋的乐趣""能设计出可行的香袋缝制方案""能专心致志并规范、安全地使用针线""缝制的香袋牢固、美观"，这四条评分规则既反映了劳动实践过程，如设计方案、使用针线、缝制香袋，又指向劳动素养的四个方面，如体验乐趣是劳动观念，专心致志是劳动精神，规划安全是劳动习惯，美观牢固是劳动能力。

---

① 周文叶，董泽华.表现性评价质量框架的构建与应用［J］.课程·教材·教法，2021，41（10）：120-127.

教学建议

第一，项目任务目标要精确。项目任务目标要精确、具体、可操作，力求最大限度反映项目实施的预期结果和学生身心方面的变化，注重劳动观念、劳动能力、劳动习惯和品质、劳动精神的有机融合。既要防止任务目标的矮化浅化，避免只关注劳动技能发展而忽视劳动精神的培养，又要防止脱离任务实际。

第二，项目任务内容要进阶。项目任务内容的设计应针对不同学段学生的经验基础和发展需要，考虑不同学段劳动素养培养要求的进阶和梯度。如"整理与收纳"任务群，项目任务可以从"个人学习用品整理"到"家庭、教室空间"再到"公共空间"的整理与美化，从单一到综合，从简单到复杂，逐步发展空间规划能力和整体筹划能力，体现不同学段的衔接和递进。

第三，项目任务实践要完整。劳动实践是劳动项目的核心环节，要让学生完成真实的任务，经历完整的劳动过程。针对周期比较长的项目，劳动实践要防止有头无尾或去过程化。如"油菜花种植"项目，只让学生把油菜花苗种到田里，然后等油菜花开花了再去采摘，中间的育苗、翻土、护理等农耕活动都聘请专业人员完成，学生体会不到种植的艰辛，自然也感受不到收获的快乐，这样的劳动实践无法达成素养培养的目标。

第四，项目任务实践指导要高位。项目任务指导不能只教"做作品"，讲解操作步骤和方法，更要注重劳动氛围的营造，学生规范意识、质量意识、专注品质和合作意识等的培养。注重引导学生随时评估与监控自己的操作行为，做到有始有终，精益求精；引导学生理解劳动实践的价值和意义，感悟劳动成果来之不易。

2-4

博物馆劳动课成果展示：中药香囊的制作

问题提出

【现状点击】

劳动课上，老师正在图文并茂地讲解果树种植技巧，学生在教室里认真听课。课后，学生在课堂上所学的种植技巧并未得到真正实践：学校里没有场域可供学生种植；学生回到家后，家长没有精力带领孩子去寻找合适的场域践行课堂所学，劳动课堂成为"纸上课堂"。

劳动课程强调知识和实践的结合，倡导丰富多样的实践方式，"实践"是劳动最显著的标志之一，确定相应的劳动场域十分重要。《劳动课程标准》也提出劳动场域是项目实施的基础条件，教师在实际操作过程中要根据不同的项目科学、合理地确定劳动场域，包括劳动场所、工具设备、材料及劳动文化氛围等。

劳动课程强调学生的直接体验和亲身参与，注重动手实践，倡导在"做中学"。从真实情境出发，亲手操作，亲历体验，经历完整的劳动实践，在项目的具体实践中，不同类型的劳动任务群对劳动场域要求是不同的。例如，"现状点击"中呈现的属于生产劳动的种植任务受到劳动场域的限制，在学校里劳动实践不能有效组织开展，依托家庭场域，劳动教育则无法真正落实。而这样的症结同样存在于日常生活劳动和服务性劳动中。实践中，劳动场域的建设和选择面临诸多问题与挑战，主要聚焦以下几个方面。

一是劳动场域内涵理解偏颇。对"劳动场域"理解偏颇的根本原因是学校、教师对不同场域的特性和要求理解存在误解，片面、狭隘地认为劳动就是利用一些专用教室、专设场地、专用器材开展活动，忽略了劳动文化氛围的创设等也是劳动场域内容之一。这些现象导致劳动任务设定与场域要求不匹配，无法达到预期的教学效果。

二是劳动工具材料匹配不足。劳动教育中缺乏劳动工具材料会对学生参与度、教学效果、学习机会、学生安全和教学计划等产生较大的负面影响。更多的教师停留在学校准备的配套材料上，当材料不能完全满足学生完成劳动任务时，不会变通或创造性地提供合适的材料，及时解决工具和材料短缺的问题，影响了劳动教育的质量和学生实践的时机。

三是劳动场域统筹规划欠缺。许多中小学校的劳动资源、场所、设施和材料有限，管理方面也存在不足，同时劳动氛围的构建不够充分，专业指导力也相对不足，评价体系缺乏科学性与系统性。其中，学校普遍面临用地紧张的问题，学校的场地有限，劳动资源不足，无法满足学生劳动实践的需求，影响了他们的学习体验和成长。因此，很多学校受到场地的限制，未能做好统筹规划。其实学校的各个角落和边框都可以整合开发成为学生劳动的场所。

在实际操作过程中，要根据不同的项目及其特点，依据劳动任务科学、合理地确定劳动场所，结合学校的环境和资源条件，灵活、创造性地选择工具设备和材料，创建丰富多彩的劳动文化氛围，让劳动场域发挥应有的作用，促进学生全面发展。

🔑 问题分析

一、劳动场域的内涵

劳动场域是由空间场所、设施设备、项目内容、过程管理、资源保障、文化氛围、专业指导、效果评估等要素组成的劳动教育实践体系。

常见的劳动场域主要包括：学校劳动实践基地、生产实习基地、社会服务场所、学生社团组织、劳动文化氛围等。场域的选择和建设也是开展劳动课程的重要环节之一。在实际操作过程中，教师要根据不同的项目，科学、合理地确定劳动场域，包括劳动场所、工具设备、材料及劳动文化氛围等。劳动场所是指工厂、农场、专用教室等适合不同劳动项目的场所；工具设备主要指完成项目必需的劳动工具与设备；材料是项目操作过程中需要使用的消耗性物品及安全防护用品等；劳动文化氛围主要指劳动场域中与相应项目相关的文化元素，包括张贴的标语牌、模范人物挂图、操作规程图、劳动任务统计表等。

二、劳动任务与劳动场域的关系

劳动任务与劳动场域有密切的关系。一方面，任务完成依赖场域。劳动任务的开展和完成需要相应的场域环境和条件支持，不同类型的任务对应不同的操作空间、工具和材料等。如果没有配套的劳动场域则难以实施对应的劳动任务。另一方面，场域影响任务效果。良好的劳动场域可以为任务完成提供安全、舒适的工作环境和完备的资源，这有利于发挥学生的主动性和创造性，提高任务的实施效果。反之，劣质的劳动场域会对任务的实施产生消极影响。

劳动任务与劳动场域的选择需要考虑彼此的匹配度，只有将二者很好地结合起来，才能保证劳动教学顺利实施。教师要在任务设计和场域选取时综合判断，多维度考虑任务与场域的匹配和选择。

三、劳动场域资源要求与选择指导

不同的劳动任务所需要的资源不同，所需要的劳动场域也不同。根据课程标准划分的十个任务群，每个学段要求的劳动素养不同，同一个任务群不同学段所需的资源也不一样。劳动资源要根据劳动素养和劳动建议进行选择。从"清洁与卫生""整理与收纳"到"现代服务业劳动""公益劳动与志愿服务"，对劳动资源的要求越来越广，对劳动场域的要求越来越高。

在选择劳动场域时，一方面要根据实际任务选择所需要的资源和设备、工具和材料，另一方面要考虑劳动场所的文化氛围、设备数量等。劳动场域的建设和布局都需要精心设计，让劳动文化氛围能够和劳动场所进行融合，营造真实环境。同时，劳动场所的建设要符合科学性和实用性，能让学生在劳动场所中学会技能，获得成长。

四、劳动场域的育人价值

场域为劳动实践提供环境条件和资源支持，与劳动任务和内容密切相关。选取合适的劳动场域，可以为学生创造良好真实的劳动环境，保证劳动教学的实施效果，吸引学生积极主动地接受劳动，接受劳动文化的熏陶，涵养学生的劳动品格。劳动场域对劳动育人有重要的价值和意义。

劳动场域的育人价值在于培养学生的实践能力，劳动场域为学生提供运用知识和技能的实践机会，使学生通过亲身参与实际劳动，提高实践能力，掌握解决实际问题的能力。在劳动场域中，学生常常需要与他人合作完成劳动任务，学会与他人相互支持、协调和合作，学生的团队合作精神和协作能力也能得到培养。有些劳动场域要求学生按时完成任务、保持工作秩序和质量，培养了学生的责任心和自律能力，让他们明白劳动的重要性以及完成任务所需的专注力和毅力。在劳动场域中，学生还面临各种问题和挑战，需要思考并提出解决方案，这可以使学生的创新思维能力、问题解决能力、创造力和想象力得以加强。不同的劳动场域还可以引导学生了解不同职业的特点和价值，增进对劳动的尊重和理解，为未来的职业发展打下基础。

🗃 问题解决

一、明晰劳动任务，按需确定劳动场域

义务教育劳动课程以丰富开放的劳动项目为载体，共设置三类劳动共十个任务群，每个任务群由若干项目组成，分布在不同的学段和年级。不同的劳动任务需要不同的劳动场域。如何选择与确定与劳动任务相匹配的场域？我们把三类劳动十个任务群梳理归类，并列举可在相应场域内开展的活动（表 2-5-1）。

表 2-5-1　根据不同的劳动任务确定劳动场域

三类劳动	十个任务群	相应劳动场域的确定	场域内可开展的活动
日常生活劳动	清洁与卫生、整理与收纳、烹饪与营养、家用器具使用与维护	教室、寝室、食堂、洗手间、库房与供应室、档案室、实验室、图书馆、体育馆、校园环境、家庭、周边社区等	教师或家长可将各类生活用品的入库、盘点与账目核对等劳动内容设置为学生日常生活劳动的一部分，这可以增强学生的责任感与工作习惯

三类劳动	十个任务群	相应劳动场域的确定	场域内可开展的活动
生产劳动	农业生产劳动、传统工艺制作、工业生产劳动、新技术体验与应用	校内实习场，如农场、工厂、实验室等；校外实习基地，如本地农场、手工作坊、企业等	学校要设计一定数量的生产实践项目，如造物活动、手工艺项目，让学生参与完成项目的全过程，这有利于培养学生的动手实践能力
服务性劳动	现代服务业劳动、公益劳动与志愿服务	学校服务场域，如值日、食堂服务、体育场服务等；社区服务场域，如社区上门帮扶、环境卫生保护、体验医疗卫生服务；助学场域、社会团体平台等	学校可在学校医务室或附近的医院、养老院开展相关服务，让学生体验医疗卫生服务工作，这对培养学生的爱心与同情心很有帮助

劳动是培养学生劳动技能，锤炼学生意志品质，培养学生对劳动的热爱和尊重等方面的教育活动。在劳动教育中，学生既要动手实践，也要掌握一定的理论知识。教师只有明确劳动教育中学生应当达到的教学目标，才能根据教学目标反推劳动场域的选择和建设。

【案例2-5-1】让生活更有序——我是整理小达人（劳动场域确定）

本劳动项目属于日常生活劳动中的"整理与收纳"任务群，可以说是全方位、全年段地贯穿学生生活。为了提高学生的整理与收纳能力，学校在劳动周开设了"让生活更有序——我是整理小达人"积分挑战赛。

活动采取学校、家庭、社区三线劳动积分。一方面，为不同年段的学生录制微课，开展线上学习，帮助学生掌握不同物品的整理技巧；另一方面，根据不同的挑战任务和学校、家庭、社区不同的区域特点设置整理任务，让学生在实践中提升劳动技能。

校园内涵盖"教室——课桌整理""食堂——餐具整理""红领巾失物站——物品整理""图书馆——书籍整理"等任务；家庭中可设置衣柜整理、书桌整理、厨房整理、冰箱整理、鞋柜整理等任务；社区中可设置共享单车整理……

学生通过劳动任务挑战，在积分卡中盖章记录并获取相应积分。在劳动周最后一天按积分数量参评"整理小达人"。

（案例提供：张佳秀，浙江省金华市浦江县浦阳第一小学）

【案例分析】不同的劳动任务需要不同的劳动场域，而"整理与收纳"任务群存在于学生生活的各个劳动场域。在上述案例中，学校充分抓住了整理与收纳劳动的这一属性开展劳动实践。

首先，学校采用微课线上学习的方式，打破了劳动场域的限制，尊重学生的自主选择。其次，借助积分卡，用任务挑战的形式激发学生学习劳动技能的内驱力，在任务驱动中自发学习劳动技能，参与劳动实践。最后，学校根据不同物品整理的任务，根据学校、家庭、社区不同的区域特点打造适宜的劳动场域，通过合适的劳动场域促进学生真正掌握和提升劳动技能。

二、发现创造资源，丰富劳动工具和材料

劳动教育受经费有限等因素的影响，经常出现劳动工具和材料不足等问题，也会影响学生参与劳动实践的兴趣和积极性，降低劳动任务完成的效度。我们可以从以下几个方面尝试补足与改进。

1. 借用或共享资源

学校可以通过建立一个资源共享库或共享平台，使学生和家庭可以共享劳动工具和材料资源；还可以利用周边的自然资源和环境，寻找与劳动教育相关的活动和材料。例如，组织户外农耕活动、野外考察，或利用自然材料进行手工制作，在自然环境中进行劳动教育，降低对工具和材料的需求，不仅可以节约成本，还能扩大资源的利用范围。

2. 制定预算并筹集资金

学校或班级可以制定劳动教育的预算，并通过筹款活动或向相关机构申请赞助筹集资金，购买所需的工具和材料；还可以组织义卖、募捐活动或向企业、社区组织寻求赞助，以支持劳动教育的发展。

3. 制作简易工具和材料

如果缺乏特定的劳动工具和材料，教师可以制作一些简易的替代品或同类型的替代品。例如，鼓励学生发挥创造力，利用现有的工具和材料进行创新和改进，使用废旧材料制作工具，使用可回收材料制作实验器材等。通过引导学生思考如何更好地利用现有资源满足劳动需求，进一步培养他们的创造性思维和问题解决能力。

以上方法有助于解决劳动教育中劳动工具和材料不足的问题，关键是要发现和利用现有的资源，并培养学生的创造力和问题解决能力。

【案例2-5-2】自给自足——班级责任田（劳动工具和材料的创造）

9月开学，五年级（2）班承包了校园农场的班级责任田。面对劳动工具和材料的缺乏，如何让责任田"种"起来，成为班级的一大难题。在教师的组织下，全班同学积极商讨，采取了以下行动。

解决劳动技术的欠缺：一方面上网自学种植知识，另一方面在班级中寻求具有种植经验的家长，聘为种植顾问。

解决劳动工具和材料的缺乏：

1. 充分利用废旧材料，手工制作工具。如利用喝完的矿泉水瓶制作浇水壶，巧用废弃木棍搭建种植支架等。

2. 向家长委员会筹借初始资金，用于购买种子和劳动工具。

3. 蔬果成熟后，举行班级义卖。一部分收入用于归还家委会，另一部分收入用于后期种植和采购。

（案例提供：张佳秀，浙江省金华市浦江县浦阳第一小学）

【案例分析】劳动教育因特有的实践属性，对劳动工具和材料有特定的要求。劳动实践受到多种因素的制约，工具和材料的缺乏，也是普遍存在的问题。上述案例中的种植实践融通了各个劳动场域的优势，为劳动项目的开展提供了可借鉴的模式。

一是发挥家校场域优势，实现资源共享。在家长中聘请种植顾问，弥补劳动技术的缺乏；家校共用劳动工具，弥补劳动工具的欠缺。

二是以场域限制为教育契机，充分发挥自己的创造力。制作浇水壶、攀爬架等，不仅可以满足劳动需求，还可培养学生的创造性思维和问题解决能力。

三是融通家庭、学校、社会，共建劳动场。通过"筹借—种植—义卖—还款—再种植"的模式，实现班级责任田的自给自足。

整个劳动实践过程不仅提升了学生的劳动能力，而且带动了学生利用现有资源的思维能力、创造能力以及交流能力等，学生的劳动素养得到了综合提升。

三、设计推进，完善劳动场域建设

在实际活动中，教师往往会忽略劳动文化的营造，将重点放在劳动场域建设、材料和工具的准备上，而良好的劳动文化氛围对劳动场域的发展至关重要。教师可以尝试采用以下几种方式来设计，完善劳动场域建设。

1. 引导学生反思与总结

学校应引导学生在劳动活动结束后进行反思与总结，帮助他们从中获取经验和教训。例如，可以让学生回顾自己的劳动过程，思考问题和解决方案等。同时，学校应通过教育宣传，树立劳动的正面形象，让学生认识到劳动是一种光荣和有价值的活动。例如，可以通过讲述劳动事迹、展示成功劳动者的榜样资料等方式，激发学生的劳动热情和自豪感。

2. 重视成果展示与分享

学校与教师应重视劳动成果的展示与分享，鼓励学生通过演示文稿、摄影、绘画等形式展示劳动成果，提升学生劳动的满足感和成就感，激发对劳动的热情和积极性。

3. 做好师生互动与激励

教师要充分关注学生的劳动参与情况，并给予积极的反馈和激励。可以通过校园广播、校报、网络等渠道进行宣传报道、表扬、奖励，鼓励学生积极参与劳动，形成良好的劳动氛围；还可以通过标语、图片等方式，营造感染学生的劳动氛围。

【案例 2-5-3】劳动存折——让成长可视（劳动文化氛围的创建）

良好的劳动文化氛围对劳动教育的开展有着不可忽视的作用。为了更好地激发学生的劳动潜能，学校推出了劳动存折，让劳动成长可视。

劳动存折通过图文的形式，记录下每个学生的劳动过程及感悟，也是学生劳动分享和评选年度"劳动达人"的载体。每周，班级都会举行劳动分享会，在课堂中分享自己的劳动故事，通过师生的评价反馈，让学生及时总结经验教训，收获成长；每月，学校都会征集优秀的劳动作品，举办劳动成果展，激发学生的劳动成就感；每学年，学校都会根据劳动存折积分，评选"劳动达人"，并借助校园广播站、学校微信平台等媒体进行展播宣传，在校园内形成良好的劳动文化氛围。

（案例提供：张佳秀，浙江省金华市浦江县浦阳第一小学）

【案例分析】劳动场域不仅包括具体的劳动场所、工具设备等，良好的劳动文化氛围也是其重要组成部分。上述案例中，学校积极关注劳动氛围的营造，以劳动存折为载体开展多样化的活动，有效地促进了学校劳动教育的落实。

劳动存折全方位、全过程地关注到每个学生的劳动成长点滴，能够帮助学生及时总结经验；从班级分享会到校级成果展，再到年度"劳动达人"评选，层层递进的校园劳动活动，能够最大限度地激发学生的自豪感和积极性，从而带动整个校园的劳动氛围。

四、加强多方联动，拓展劳动场域

劳动任务的实施仅依靠现有单一的劳动场域是难以落地到位的，在实施过程中不仅要充分发挥现有场域资源，还要挖掘与开辟、整合与拓展劳动场域。

1. 因地制宜，学校场域的利用与创新

除了打造专用教室外，还要充分利用周边资源，增加、改造劳动实践场所，充分挖掘校园内各类场域的价值，并对现有劳动场域进行创新与整合利用。生活劳动项目在学校的场域其实是很丰富的，除了常见的卫生间和教室清洁，还可以到图书馆进行书籍整理、装订、日常维护等，到食堂组织开展菜蔬清洗、粗加工等活动。生产劳动场地有限，可以利用走廊、阳台、屋顶、泡沫箱、盆罐、植物角等，将小空间改造成劳动实践场所，打造"班级小农场"。对于服务性劳动，可以指导学生在校医院开展维护卫生、服务患者等医疗辅助工作，组织学生开展图书、衣物、玩具捐赠活动或义卖活动等，还可以利用公共设施与区块让学生参与布置、巡查、整修等岗位体验工作。这些小场地与原有场域的融合再创造能使劳动场域得到充分利用与拓展。

2. 拓展延伸，家庭场域的互补与对接

家庭劳动场域包括厨房、卫生间、卧室、客厅、庭院、阳台等。学生学了烹饪，回到家里就可以在厨房进行食材的清洗、切割、烹饪和烘焙等各种实践活动；学了整理，就可以自己整理卧室、客厅、卫生间，进行衣物收纳和清洁等家务活动；学了种植，就可以花园、阳台进行花草的种植养护、美化设计等活动。不同的家庭劳动场域承载着不同的家务和生活活动。在这些场所进行劳动实践，可以弥补劳动场域不足，同时也能发挥补充与互助的功能。

3. 拓宽共建，校外场域的结合与共享

对于中小学生而言，校外劳动场域通常是指学生在校外参与劳动活动的场所，常见的有社区、企业、劳动基地等。随着社会的发展，对校外场域还应该有更宽泛的认识与利用，以拓宽并达成多方联动共建劳动场域、完成劳动教育的目的。例如，帮助家长收取快递，在餐厅中利用智能设备点餐等体验现代服务；邀请当地农

业专家参与指导应用智能环境控制技术、无土栽培、倒立养殖等种植方式，组织学生参观现代化种植、养殖基地，或举办农业模范小讲座等活动，让学生了解当地现代化种植和养殖技术，体验技术进步对农业发展的促进作用；利用 VR 劳动仿真场景，通过虚拟仿真技术，还原各类实际劳动场景，让学生体验劳动场域。此外，具体的校外劳动场域可能会因地区和学校而有所不同，教师可以咨询学校相关部门获得更准确的信息。

【案例 2-5-4】无土栽培——让种植更有味（劳动场域的拓展）

随着科技的发展，农业劳动不断打破环境束缚，现代化的种植技术成为新趋势。学校开展"无土栽培——让种植更有味"劳动项目，让学生在实践中收获成长智慧。

在项目实践中，教师依据学情规划了设计搭建、养护观察、优化提升等子任务。在设计、搭建无土种植设备的任务驱动中，学校融通校外现代化种植基地，让学生在专家带领下了解无土栽培，初步体验无土栽培。为了更好地观察无土栽培中植物的生长，师生共同协作，充分利用班级种植角，搭建无土栽培设备，进行植物观察和植物养护。学校还积极建设活动平台，将无土栽培活动延伸至家庭，以家庭为单位，设置主题清单，让每个家庭成员都参与无土栽培的全过程，并在劳动过程中不断优化无土栽培设备。

（案例提供：张佳秀，浙江省金华市浦江县浦阳第一小学）

【案例分析】种植劳动的不同阶段对劳动场域有不同的要求，单一的劳动场域难以支撑整个劳动项目的开展。因此，在"无土栽培——让种植更有味"劳动项目的实施过程中，学校根据不同的劳动任务，积极挖掘与开辟、整合与拓展劳动场域，主要体现在以下几个方面。

一是积极拓宽校外场域，让学生走进现代化种植基地。巧借人才资源，通过专家讲解，让学生了解当地的现代化种植；学生通过观察体验，感悟技术进步对农业发展的促进作用。

二是创新利用学校场域，合理改造班级种植角。充分利用校园小空间，让劳动场融入生活场，提升劳动实践的有效性。

三是充分发挥家庭场域的承接互补作用，将无土栽培活动延伸至家庭。通过家庭主题清单，让学生和家人一起亲历劳动的全过程，在收获新的种植技术的同时，也增进了家庭亲子沟通与协作。

💡 教学建议

劳动场域的充分利用与优化完善对学生的劳动实践、综合素质提升具有积极影响。教师要全面分析任务要求，充分利用现有资源，积极开发和创新劳动场域，加强多方联动，提高管理能力并反复检验实效；选择恰当的劳动场域，在整体设计与具体实施中不断体会和提高，依据劳动任务确定劳动场域，为学生创造更优质的实践学习环境。

第一，科学规划，发挥场域优势。没有充分挖掘和利用地域、文化、民俗特点是导致劳动活动单一的重要原因之一。不同的劳动场域因自然、文化、经济和地理位置的差异，具有不同的功能。学校和教师应该充分了解自身情况和可利用资源，包括学校及周边场地的资源类型和分布情况。即使场地有限，也可以通过创新方式来拓展劳动场域。例如，校园较大的学校可以规划种植基地、手工坊等专门的劳动区域；条件有限的学校可以改造空教室或公共区域，建设小型劳动场所。与学校外部合作也是一种选择，如与附近农场合作，让学生参与农作物种植，或与艺术工作室合作，让学生进行手工制作等。同时，可以对地域资源进行合理规划，发挥场域优势。例如，利用当地的农耕文化，学校可以开展与稻作相关的劳动课程，让学生参与种植、收获、加工等，体验劳动的价值。

第二，完善机制，加强场域保障。加强学校劳动场域的管理对确保学生的安全和有效开展劳动教育至关重要。一要明确规章制度，包括劳动场域中的行为规范、安全要求、设备使用规定等，定期培训并提供安全设施。二要指定责任人，监督劳动场域，确保设备正常运行，定期检查和评估劳动场域的管理情况，及时解决存在的问题。三要合理规划和安排，满足不同年级和课程的需求，避免过度使用和冲突，确保所有学生都有机会参与。四要建立持续改进和反馈机制，定期评估和调整劳动场域的管理措施，根据学生、教职员工的反馈和建议，不断改进管理措施，提高劳动场域的效果和安全性。

第三，多途合进，丰富工具筹备。丰富的劳动工具和材料能为学生提供多样化的劳动体验和学习机会。首先，为学生提供多样化的劳动工具，包括木工工具、园艺工具、电子设备、实验器材等，以满足不同领域的劳动需求。其次，关注材料的创新性，以激发学生的创造力和想象力。例如，在科学实验中使用化学试剂和材料，或者在设计和建造项目中使用多样化的建筑材料。再次，注重工具和材料的可持续性，有助于培养学生的环境意识和可持续发展观。可以鼓励学生使用回收材料或可降解材料制作手工艺品，同时推广利用太阳能或风能等可再生能源技术。最后，将劳动教育与现代科技紧密结合起来，提升劳动教育的现代化水平。例如，利用3D打印机制作模型和原型，或者运用在线资源和学习平台进行虚拟实践。

第四，持续更新，完善场域建设。良好的劳动文化氛围是学校劳动教育成功开展的重要因素。在劳动场域中展示和分享学生的实践作品，能够进一步提升劳动场域的教育价值。以农业领域为例，学生种植的植物可以放置在专门的展示区域，让其他学生和参观者观赏、学习。这样做的好处是多方面的：首先，学生的实践作品能够激发其他学生的兴趣和动力，促进他们积极参与劳动实践。其次，展示学生的实践作品能够提高学生的自信心和自豪感，增强他们对自己的劳动成果的认同感。最后，学生的实践作品还可以为劳动场域注入新的元素和创意，不断丰富和完善劳动场域的内容。

为了持续丰富与完善劳动场域，提升学生的实践教育质量，劳动课程还可以引入多元化的劳动实践，通过丰富劳动场域的内容，如科学实验、手工制作、艺术创作等，为学生提供更广泛的实践学习机会，满足学生多样化的实践需求。定期更新和维护劳动场域的设施和设备，确保其安全性和实用性，以提供良好的劳动场域，为学生的劳动实践提供支持。合理规划和布局劳动场域，既能满足学生实践需求，又能很好地体现学校的教育理念和特色。

2-5-1
班级责任田——自制自动浇水器

2-5-2
无土栽培——让种植更智慧

问题提出

【现状点击】

"同学们在锄地时要注意安全,锄头不能对向人。其他同学在使用锄头时也要注意,不要随意走动。"学校的劳动基地里传来指导老师的声音。她一边挥舞锄头做示范,一边讲解注意事项。但老师手里使用的锄头对学生来说显然过于"庞大"。站在旁边的学生左顾右盼,并没有专心听老师的提示,甚至有些学生开始追逐打闹,在场地上乱跑,还有的女生穿着校服裙子来到劳动现场。劳动农场里不仅没有安全提示,劳动安全保障制度也不健全……

作为人类特有的基本社会实践活动,劳动通过影响人类的生存实践对人及社会进行改造,其中蕴含着丰富的育人价值。由于劳动课程的实践性较强,学生在参与校内外劳动实践的过程中,很有可能会受到环境的负面影响,安全风险较高。因此,在劳动课程中要强化课程实施的安全保障。《关于全面加强新时代大中小学劳动教育的意见》明确要求大中小学要加强劳动安全教育,增强学生劳动安全风险意识。《劳动课程标准》明确指出要建立健全安全教育与管理并重的劳动安全体系。课程实施的安全保障不仅是劳动项目实施的安全保障,也是让学生参加所有劳动时都要树立"安全第一"意识的最好教育良机。

目前,在劳动项目实施过程中的工具、材料、流程和场所等诸多方面都可能导致劳动场域环境存在诸多风险和不安全因素。

一是劳动场所存在安全隐患。劳动场所因为劳动类型不同而具有多变性。在当前学校劳动教育中,学校需要根据不同的劳动内容选择不同的劳动场所。在劳动教育过程中,学生经历的环境一般包括具体的生活环境、劳动地区的自然环境等。自然环境会随着时间、天气、温度等因素的变化而变化,如高温可能带来中暑的风险。如果劳动场所安全条件不达标,学校劳动教育安全保障体系不健全,安全隐患得不到排除,就难以保障学生在劳动项目实施过程中的安全。

二是劳动流程存在安全隐患。一些学校和教师照搬照抄一些现有的模式和方法,不能因地制宜、因人而异地根据具体项目制订合理规范的劳动流程,使得组织和管理变得空洞、流于形式。在劳动过程中,学生的表现存在差异性,流程的不合理与不规范容易给学生生理或心理造成负面影响,使学生难以主动掌握不同的劳动技能,加之一些学生体质弱、免疫力较低,可能引发身体不适,出现诸多风险点,难以保障学生在劳动项目实施过程中的安全。

三是劳动材料存在安全隐患。学生参与劳动项目实施的过程中,需要使用的劳动材料不仅包括耗材，也包括防护用品。例如，不能保障学生实践与小组合作所需材料的数量和质量，安全防护用品不到位、不充足，就可能会出现安全事故。最常见的是学生缺乏自我防范意识，有的教师过于注重对安全知识点的简单分析，没有着眼于各类安全事件发生的实质原因进行综合的考量，自身的动手操作能力不足，难以真正地为学生的劳动教育和自主学习保驾护航。[1]

四是劳动工具存在安全隐患。工具与设备都是完成劳动项目的必需品，但部分教师缺少专职教学经验，安全意识薄弱，没有意识到安全风险防控工作的重要性，容易忽视劳动项目实施前、中、后的工具与设备的常规检查与日常防范工作，没有充分考虑工具和设备的使用与操作是否适合学生的年龄，大大增加了劳动风险。如果学生的防范能力不够扎实，又不听从教师的管理擅自行动，极易出现危险动作，导致受伤甚至伤害到他人。劳动工具的不当使用存在许多风险点，难以保障学生在劳动项目实施过程中的安全。

🔑 问题分析

一、劳动项目实施及劳动安全保障的内涵

《劳动课程标准》将劳动课程内容分成十个任务群，每个任务群由若干项目组成。《劳动课程标准》明确指出，劳动项目是落实劳动课程内容及其教育价值，体现课程实践性特征，推动学生"做中学""学中做"的重要实施载体。劳动项目实施是指学生在真实的环境中为了解决真实的问题而确定一个主题，围绕这个主题，运用学科相关知识，在合作探究中开展的各类实践活动。简言之，围绕一个真实的劳动任务主题开展的完整劳动实践活动称为劳动项目，而劳动项目实施就是能够将完整的劳动实践活动，以实践性、综合性、社会性为显著特征的真实劳动任务完成的劳动实践过程，强调"做中学"，为项目式学习提供了实践平台。

学校可以从学生的兴趣和学校实际出发，根据三类劳动教育内容及十个任务群在各学段的分布，以学年来安排劳动项目实施。既可以从劳动能力培养上体现不同的劳动技能，凸显学生实践的独立性、创造性，也可以从劳动项目特点上选择不同的劳动场域，突出安全保障的生活性、针对性。以七年级为例，劳动项目实施安全保障要素分析示例如表 2-6-1 所示。

安全保障是保护人、物、环境等不受到威胁和破坏的措施与手段。《劳动课程标准》明确要求："重视劳动课程的安全保障体系建设。强化学生劳动安全意识的培养，注重劳动课程实施中工具、材料、流程及场所的安全保障，制订劳动实践活动风险防控预案并建立应急与事故处理机制，确保劳动课程安全有序实施。"劳动教育安全保障是在劳动项目实施过程中，由多元参与主体协同教育、管理和保护学生人身安全不受到威胁的制度、措施等构成有机整体的系统措施，

---

① 巩彦奎. 学校劳动教育安全风险防控的保障制度研究［J］. 考试周刊，2021（44）：5-6.

表 2-6-1 七年级劳动项目实施安全保障要素分析示例

劳动内容	任务群	七年级上	七年级下	项目实施安全保障要素分析
日常生活劳动	整理与收纳	教室图书角的整理与美化	学校走廊的整理与装饰	确保劳动工具没有破损，不具有安全隐患，劳动场所人员不聚集，劳动材料无污染和有害物质残留，劳动流程和劳动时长适合七年级学生身心特点
	烹饪与营养	蔬菜的营养搭配与烹饪	面食的制作与营养配餐	
生产劳动	农业生产劳动	无土栽培芽苗菜	巧做豆制品	正确佩戴和穿戴工作服，食品加工符合食品加工卫生要求
	传统工艺制作	布艺环保袋的设计与制作	制作陶制实用器皿	注意工具和材料的安全性，尖锐的器具不要割伤自己和伤及他人。
	工业生产劳动	多功能木制笔筒的设计与制作		
	新技术体验与应用		三D打印制作家用小台灯	注意防范电子设备的安全性，检测设备安全，注意用电安全，以防烧伤烫伤
服务性劳动	现代服务业劳动	学校食堂餐饮服务	社区网络安全风险防控服务	外出注意交通安全，注意烫伤等安全隐患
	公益劳动与志愿服务	社区疫情防控宣讲志愿者	流浪动物救助	做好自身防疫，注意人身安全，防止被动物咬伤，若被咬伤，要及时清洗暴露性伤口并尽快到专业医院或机构接种猫犬类防疫针

二、加强劳动项目实施安全保障的重要性和价值

劳动安全问题是学校开展劳动教育的关注重点，也受到国家和社会的广泛关注。根据对部分劳动教师的调查，劳动项目实施的不安全因素主要来自教师与学生对劳动场域不熟悉，以及教师对风险因素的研判不够全面。目前，部分学校没有配备专职的劳动教师，缺乏劳动实践活动的专业指导教师，也会对劳动项目实施安全带来不利影响。

在不同劳动项目的实施过程中仍存在诸多安全风险，劳动安全教育与管理工作的疏忽失误很可能会造成受伤、产生疾病甚至死亡的情况，即发生劳动安全事故。同时，劳动项目实施的风险是客观存在的现象，具有不确定性。学校作为组织实施机构，应以学生为本，确保在校学生的生命安全和学校劳动教育教学活动正常有序进行，做好劳动安全保障工作。

开展劳动教育最为重要的前提和基础是安全保障。劳动项目实施的安全不仅会直接影响教育教学工作的发展与改进，与和谐社会的长治久安以及幸福家庭的建设有着密不可分的关系。必要的安全保障是学校开展劳动教育的前提基础和重要支撑。健全

的劳动教育安全保障机制，可以从劳动项目实施前、中、后对项目的风险进行把控，将可能出现的危险降到最低，给学生营造安全的劳动环境，减少安全事故的发生。同时，要引导学生树立科学的劳动观念，形成"生命至上，安全第一"的人生理念。

🖨 问题解决

一、排除劳动场所的安全隐患

劳动教育场所建设和维护是确保劳动教育活动安全的第一屏障，劳动管理和保障体制的建立健全是开展劳动教育的有力后盾。充分的准备工作和良好的保障机制可以有效排除劳动场所的隐患，为劳动项目实施提供安全保障。一是劳动场地的确定。学校或教师需要确定好劳动教育的场所，并对该教育场所进行提前调查和勘探。调查内容主要是考察生活环境和自然环境，看其能否达到相应的卫生标准，气候方面是否利于劳动教育的开展。二是安全管理和保障机制的建立。政府及教育部门应针对劳动安全建立相应的保障制度，明确校园保险应涵盖劳动教育过程，一旦发生劳动教育安全事故，政府部门应落实相应的责任分摊，明确学生家长及学校各方之间的权益，尽量减少矛盾和冲突的发生。三是家校社协同承担安全监管责任，以"安全劳动、健康成长"为准则，做好家庭劳动、校园劳动和校外劳动场所的安全监管，聘请和督促相关人员做好学生劳动场所安全的常规检查，并对劳动项目实施期间的安全进行必要保障。

【案例 2-6-1】建立学校劳动安全保障机制

图 2-6-1 为浙江省浦江县郑宅初级中学劳动安全保障机制图示。

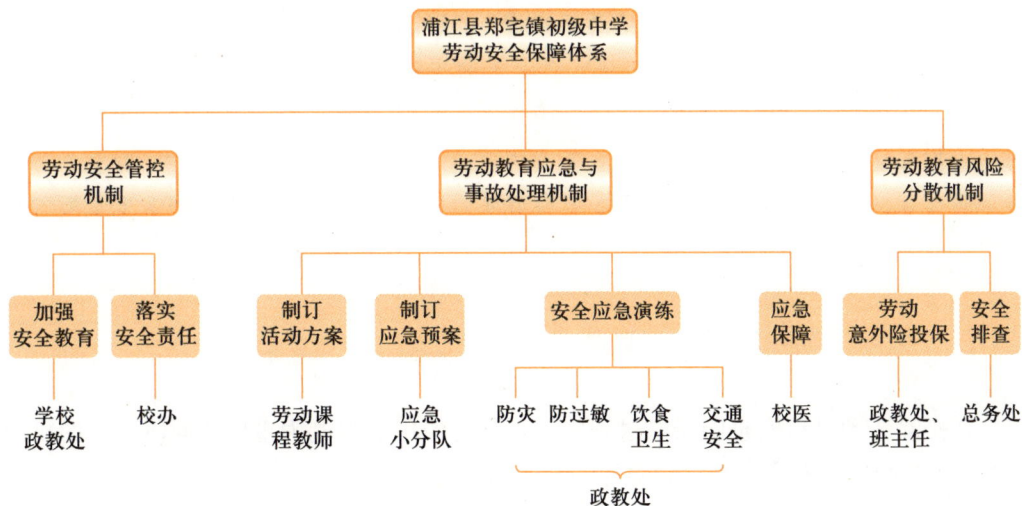

图 2-6-1　浦江县郑宅初级中学劳动安全保障机制图示

（案例提供：李秀艳，浙江省金华市浦江县郑宅镇初级中学）

【案例分析】在劳动教育安全保障体系中，要充分调动各种要素，对劳动教育活动中可能出现的安全问题进行提前防范，构建安全事故预防、监管和处理的功能体系。案例中的安全体系是从不同方面，通过多种途径，在多方参与的情况下建立的学校安全教育管理体制，能够保证劳动项目实施和劳动教育活动安全有序展开。

二、排除劳动流程的安全隐患

学校作为劳动项目实施的主体，首先应针对项目开展实际建立组织管理制度，结合劳动项目类型以及学生的特点，制订规范、合理的劳动流程。其次应针对劳动项目流程制订好细致的管理条例以及操作要求，建立健全与劳动流程相对应的规章和规则，做到制度上墙、条例在手、讲解入心，并按照流程与规章、规则实施劳动项目。最后应建立完善的责任机制，将可能的突发情况罗列下来，以便遇到突发情况时有章可循。除此之外，教师要评估劳动流程中各类技术动作及劳动动作对学生可能产生的伤害和影响，还要针对活动过程中可能出现的问题进行紧急预案设定，关注学生在参与劳动项目过程中的真实情况，确保在发生意外情况时有办法补救，在遇到不可预估的劳动教育风险时及时做出应变。

【案例 2-6-2】学做南瓜馒头（安全保障要点说明）

本项目属于日常生活劳动中的"烹饪与营养"任务群。

在学校食堂里，学生向厨师学习制作南瓜馒头。在学生进入食堂操作间之前，指导与组织教师先要对食堂及各类设备进行检查。依据南瓜馒头制作的劳动流程，在劳动项目实施前，教师指导学生学习食堂操作规范和安全守则，注意安全事项。例如，切菜时要注意哪些安全细节？切菜后的刀具、案板等如何收拾？如何安全用火、用电？突发意外时应该采取什么措施？等等，使学生能安全顺利地进行劳动项目实践。

（案例提供：洪秀美，浙江省金华市浦江县郑宅镇初级中学）

【案例分析】在劳动实践中，要重视学生的安全教育，不仅要让学生掌握劳动技能，还要了解和评估劳动流程中的安全隐患。依据学段的不同，学生的劳动项目也不同，根据劳动流程所需要开展的安全教育内容也不同，如用气安全、用电安全、防烫伤、防火等，教师要指导学生掌握如何做好防护以及有效处理，并促进学生掌握劳动流程中每个细节的正确要领和安全处理方法，消除劳动安全隐患。

三、排除劳动材料的安全隐患

在排除劳动材料安全隐患的过程中，教师的作用显得尤为重要，同时学生的自我防范也是整个劳动教育安全风险防控的基础和前提。

首先，一方面可以通过专业培训等方式培养专业的劳动教育指导教师。让目前参与指导劳动项目实施的教师认可且愿意付出意志努力去提升自己的劳动安全素养，树立劳动教育安全理念，自觉自愿地渗透劳动安全观念。另一方面，可以通过多种途径对学生进行劳动安全宣传教育，如主题班会、知识竞赛、专题宣传片、讲座等形式，为学生营造浓厚的安全教育氛围。

其次，一方面可以采取多种方法促进教师进一步学习风险管理，使教师在学习的过程中，既要对现阶段劳动教育工作中的重难点进行精准感知，还要评估劳动所需材料的必需性和安全性，排除材料的安全隐患，提升教师的风险管理意识。另一方面，可以通过实物观察、情境模拟、应急演练等方式，引导学生将学到的安全防护知识转化为劳动避险能力与技能，确保学生主动参与劳动实践，为风险防控保障制度的构建做出贡献。

【案例 2-6-3】陶艺工坊小制作（安全保障要点分析）

本项目属于生产劳动的"传统工艺制作"任务群。

中国的陶瓷文化闻名世界，具有悠久的历史，家家户户基本都有陶瓷器皿。随着人们对陶艺的兴趣不断增强，陶艺体验文化开始走向大众。学校的陶艺室一直深受同学们的喜爱，那么陶艺制作是否安全呢？

学校陶艺室的陶泥是通过正规途径购买的，是没有化学添加的天然黏土或矿物质。陶艺制作的风险点主要来自陶艺原材料、制作工具和工艺、成品展示。

在每次陶艺课前，劳动专任教师都要对陶艺室的环境进行检视，还要对劳动项目所需陶土材料进行检查。陶艺教师首先确保陶艺室通风、湿度等条件良好，教室内无安全隐患；然后确认陶泥状态良好，没有出现烂泥、腐蚀等现象；再仔细询问学生的过敏史，或向学生提供安全和大小合适的手套。同时，教师还会展示制陶过程，说明安全制作要领，提醒学生可能存在的风险，强调安全注意事项。在制作过程中，教师随时关注学生的操作过程及操作安全。

（案例提供：朱聪聪，浙江省金华市浦江县第四中学）

【案例分析】凡事预则立，不预则废。劳动准备是否充分，安全隐患是否排查，对劳动过程的安全开展至关重要。案例中，劳动专任教师能够根据陶艺制作的工序和特点开展劳动材料的准备和检查工作，充分考虑到可能存在的风险，帮助学生做好陶艺制作前的安全准备，同时保证了陶艺制作活动的正常开展。

四、排除劳动工具的安全隐患

学校需要制定劳动教育安全设施建设和设施设备安全管理工作条例，教师自身需要有劳动安全教育专业发展的意识。教师对学生成长规律以及劳动工具的安全隐患分析最为关键，教师要始终站在学生的角度为其保驾护航，通过简单的案例分析及情境教学来提升学生的安全防范意识，适当地将劳动工具的正确使用方法和设备的正确操作方法融入其中。同时注重理论知识学习与实践应用的紧密结合，鼓励学生自己动手，有效提升学生的主动性，让学生和教师一同关注劳动教育过程中的安全风险，在交流与沟通中提高劳动安全意识，学会保护好自己的人身安全，形成防范策略。

【案例 2-6-4】开垦红薯地（安全保障要点分析）

本项目属于生产劳动的"农业生产劳动"任务群。

种植是一种传统农业劳动，现在的学生很少有机会与土地近距离接触，通过红薯种植可以让学生接触土地，体会农业生产劳动的辛苦与快乐。

在该劳动项目实施前，教师要先了解种植红薯的每个环节，将可能存在潜在风险的环节重点圈出。其中，种植红薯的过程中要对土壤进行松土，还要挖坑种红薯苗。这两个环节需要学生使用锄头这一劳动工具，如果使用不当就可能对自身或他人产生很大的安全隐患。教师通过前期备课，先到市面上挑选适合学生使用的锄头，再在课堂上教会学生正确使用这一劳动工具，并引导学生说出需要注意的安全事项。到田间开始劳动时，教师先做示范，并做提示，再由学生尝试，同时注意学生是否有不遵守纪律的情况，是否有乱跑或随意玩耍等危险行为，如果有，要及时告诫制止。

（案例提供：蒋美娟，浙江省金华市浦江县郑宅镇初级中学）

【案例分析】劳动教师在劳动教育安全教学中发挥主导作用，对学生劳动教育活动的安全监管、注意、保护义务是必不可少的。案例中的教师能够在设计劳动项目时紧绷"安全"这根弦，对劳动工具的风险点进行精准排摸，有效减少了安全隐患。同时，教师在课上引导学生共同思考使用工具劳动时需要注意的安全事项，从学生自身角度出发，补充安全使用劳动工具的知识，提高学生的安全意识。在劳动过程中，教师自觉履行对学生的监管、保护义务，避免出现学生因使用工具不当而造成的碰撞、受伤等意外事故。

教学建议

第一，多主体落实安全责任。学校劳动安全管理要做到事事有人管，人人有责任。可以通过制度的完善落实责任主体，实行校长负责制，采取分级管控，督促班主任和家委会共同落实安全责任和工作，层层签订安全责任书，并建立奖惩制度。校长是劳动安全的总负责人，统领全校劳动教育安全管理工作。学校成立劳动教育安全工作领导小组并组织开展工作，学校各级职能部门协助劳动教育安全工作领导小组制定劳动教育安全相关细则。班主任是班级劳动安全管理的第一责任人，校长和分管领导应督促教师认真学习贯彻安全法律法规和政策文件，依法执教，并将责任主体延伸到校外。班主任需召集家长设立家委会，协助学生劳动教育活动的安全开展，保障好学生校内外劳动教育活动安全。[①]

第二，多方面采取安全保障。一方面，评估各类风险，活动举办方要认真排查、清除学生劳动实践中的各种隐患，在场所设施选择、材料选用、工具设备和防护用品使用、活动流程管理等方面制订安全、科学的操作规范，强化对劳动过程每个岗位的

---

① 张晗. 小学劳动教育安全保障问题及对策研究［D］. 贵州：贵州师范大学，2022.

安全要点管理，防患于未然。另一方面，完善各方保险，学校要清楚地认识到保险对学校和学生（监护人）的重要意义，"通过多种渠道解决全校投保校方责任险的资金问题，并最大限度地积极引导和鼓励家长自愿购买学生意外伤害险"[1]。同时，可以采用安全文化熏陶的方式，张贴符合学生认知特点、直观形象的劳动安全宣传海报，不断提升师生科学判断劳动风险的意识，增强紧急避险和有效解决劳动安全问题的能力，将安全防范能力外化于行。

第三，多角度开展安全教育。多角度的劳动安全教育教学，旨在通过加强学生的自我保护、科学避险能力，加强教师履行监管、保护学生的责任义务，确保学生生命健康。教师要从学生的日常需求出发，通过在劳动指导课中普及常见的劳动安全知识，使学生掌握劳动安全的知识和技能。安全教育不能囿于劳动教育课堂中，教师要把防范劳动安全风险作为日常教学工作，融入学科教学中。同时丰富劳动教育安全教学的形式，强化各个安全要点，把"安全第一"作为劳动文化的组成部分，呈现在劳动场所和劳动项目实施手册上，让学生自己参与设计、制作与宣传，鼓励学生发挥想象力和创造力，加深学生对劳动安全的认知，使学生能将安全意识内化于行。

第四，多常态进行安全演习。根据学校和基地确定的劳动项目，全面排查路线、工具和场地，对劳动场所进行逐项排查，反复剔除安全隐患，特别是辐射、疾病传染等，至少检查三遍，并对检查重点进行详细记录，然后针对安全预案进行多次常态化演习。教师和安全保障人员需要针对紧急预案，设定活动过程中可能的突发事件进行情景模拟演习，确保意外情况发生时，有人员可以追踪，有责任可以担当，有办法可以补救。教师可以整合资源，通过劳动教育安全纪录片、现场模拟、角色扮演等多种劳动安全演练形式提升学生的劳动防范能力；也可以让学生参与制作安全海报、宣传册、宣传视频等安全宣传活动，解决校内外劳动中遇到的安全问题。

2-6

如何加强劳动项目实施的安全保障

① 张晗.小学劳动教育安全保障问题及对策研究［D］.贵州：贵州师范大学，2022.

第三章
劳动实践的组织与指导

问题提出

【现状点击】

在二年级"清洁厨房用具"的劳动课上,教师示范部分厨房清洁工具的用途和使用方法后,要求学生课后和家人一起做家务劳动。教师将任务作为作业布置给学生后,并未开展持续关注和反馈评价,使得家长也将该任务视为普通作业,没有持续关注与加强引导。

"清洁与卫生"属于日常生活劳动四大任务群之一。《劳动课程标准》指出:"日常生活劳动立足学生个人生活事务处理,涉及衣、食、住、行、用等方面,注重培养学生的生活能力和良好卫生习惯,树立自理、自立、自强意识。"清洁与卫生是日常生活劳动最基本、最重要的内容之一。学生通过参与清洁与卫生的劳动实践,掌握日常生活中必备的劳动技能,培养良好的个人卫生习惯和公共卫生意识,树立热爱劳动、讲究卫生的情感和态度。

"清洁与卫生"任务群选择贴近学生生活实际的劳动内容,让学生面对真实的个人生活情境,亲历日常劳动过程,运用所学知识与技能解决有关清洁与卫生的实际问题,养成"自己的事情自己做"的好习惯,并具有主动劳动的愿望。

在实际教学中,"清洁与卫生"任务群的劳动实践主要存在以下几个问题。

一是课堂教学流于简单形式。教师在教学中往往容易将与"清洁与卫生"相关的劳动教育简单化、形式化,忽略在真实情境下通过认知、感悟等体验来提升学生的劳动素养。比如对正确选择清洁工具来培养劳动思维,一般关注劳动效率,而对培养劳动能力等素养目标不重视或者落实不到位,存在有劳动而无教育的现象。

二是实践过程缺乏资源整合。"清洁与卫生"劳动与日常生活紧密相连,是学生最常实践的劳动项目之一,可以充分利用家庭、社会等众多资源开展该项目的劳动实践。但在实施劳动教育过程中,教师往往只关注校内的劳动教育,而忽略了学校劳动教育与家庭劳动教育、社会劳动教育之间的资源关联,存在劳动教育途径窄化、劳动内容片面化的问题。

三是家庭劳动缺乏指导与评价。家庭劳动中开展"清洁与卫生"项目,能使学生形成良好的个人卫生习惯和生活自理能力。这个任务群的实践不仅依靠课内指导,更需要得到家长的配合并在家庭劳动中加以落实。而现状是许多家庭偏重智力教育,忽视劳动教育,使得该项目的实践形式化、表面化,学生在家庭劳动中缺乏指导和评价,导致学生的劳动素养无法在家庭劳动中落地生根,教师在落实劳动评价时也缺少了重要的参考和依据。

一、"清洁与卫生"的内涵要求

清洁是指通过洗涤、扫除、整理等劳动，除去物品上的尘土、污渍、油垢等；卫生是指"能防止疾病，有益于健康"的标准。"清洁与卫生"是日常生活劳动中最基本的内容之一，此任务群是通过有关清洁的劳动，使环境、物品等达到干净整洁、符合卫生的标准。生活在日新月异的当下，人们对生活品质，尤其对环境卫生的要求逐渐增强。整洁、卫生的环境是幸福生活的重要组成部分，通过"清洁与卫生"任务群帮助学生掌握生活自理的能力，养成自我服务与服务他人的良好劳动习惯，形成积极参与家庭劳动、学校劳动和社区劳动的意识。

"清洁与卫生"任务群从劳动课程标准的素养要求出发，结合学生的年龄特点来安排各学段的实践内容。以日常生活中最基本的清洁与卫生劳动为主要内容，要求掌握清洁劳动的方法与技能，逐步养成讲究卫生的习惯，同时，在开展清洁与卫生的日常劳动过程中，培养学生良好的劳动习惯和劳动品质。不同学段具体内容要求设置见表 3-1-1。

表 3-1-1 "清洁与卫生"任务群不同学段内容要求设置

学段	内容要求
第一学段 （1~2 年级）	开展简单的清洁劳动，用笤帚扫地，用拖把拖地，用抹布擦桌椅等，用合适的洗涤用品洗碗筷等餐具，用肥皂、洗衣液等洗红领巾。依据颜色或文字提示辨别不同类型垃圾桶，知道垃圾分类投放的要求。坚持用科学的方法洗手，独立完成与个人卫生相关的劳动
第二学段 （3~4 年级）	理解日常生活清洁与卫生的基本内容，用合适的洗涤用品清洗自己的鞋袜、内衣和书包等。正确使用卫生工具，参与教室卫生打扫，将桌椅摆放整齐。分类投放垃圾。正确使用消毒纸巾、棉球和洗手液，在公共场所能自觉做好个人防护。通过清洗、打扫、消毒等活动，创设洁净的生活环境和学习环境

"清洁与卫生"任务群比较集中地分布在小学第一学段（1~2 年级）和第二学段（3~4 年级），也分散渗透在第三、四学段的其他任务群的劳动实践中。基于《劳动课程标准》和《大中小学劳动教育指导纲要（试行）》要求，在实际教学中应遵循学生的年龄特点，选择与学生年龄特点相匹配的劳动任务开展实践。

二、"清洁与卫生"任务群素养要求

通过清洁与卫生劳动，学生具有基本的卫生常识，能完成个人清洁与卫生相关的劳动，能正确使用最简单的清洁工具，参与公共卫生的劳动，养成良好的个人卫生习惯和公共卫生意识。学生通过劳动实践，逐步形成不怕累、不怕脏、吃苦耐劳、珍惜劳动成果的品质，具有热爱劳动的积极态度和团结合作的劳动精神。实践过程中，要求学生掌握清洁卫生的基本技能，能完成个人物品的清洁与保洁，形成"自己的事情自己做"的意识，并且具有个人生活自理能力，养成良好的个人卫生习惯，形成以自己的劳动服务他人的意识。不同学段具体素养表现见表 3-1-2。

表 3-1-2 "清洁与卫生"任务群不同学段素养表现

学段	素养表现
第一学段（1~2 年级）	掌握清扫地面、洗小件衣物等简单劳动的方法，养成讲究个人卫生的意识和习惯。养成不随便扔垃圾的习惯，初步建立垃圾分类的意识和维护公共卫生的意识。在清洁地面、衣物、桌椅等过程中，感受劳动的快乐，愿意参加劳动
第二学段（3~4 年级）	能正确使用简单的卫生工具和日常消毒物品，具有打扫卫生的劳动能力和个人防护能力。具有用劳动创设洁净的生活、学习环境的意识和公共卫生安全意识，养成良好的个人卫生习惯，具有热爱劳动的态度，初步学会与他人合作劳动

通过"清洁与卫生"劳动任务群的学习，学生树立正确的劳动观念，掌握与年龄相对应的劳动能力，养成良好的劳动习惯和品质，培育积极的劳动精神。

三、劳动素养的指导

"清洁与卫生"的劳动教育重在使学生知行合一、学以致用。因此，教师通过课堂教学集中指导方法后，一定要关注学生的日常个人卫生状况和公共卫生的行为。由于对《劳动课程标准》要求认识不够，在实施"清洁与卫生"劳动项目时，教师常常只把目光聚焦在课堂或是校园内，忽略了家庭是"清洁与卫生"劳动技能学以致用的主阵地，是培养学生劳动素养的重要场所，对学生在家庭中的清洁、个人卫生等劳动实践指导不到位，反馈不及时，使学生的劳动习惯和品质等素养无法真正得到提高。基于《劳动课程标准》提出的"知行合一"的要求，我们要密切关注学生日常生活中的劳动实践，可以充分利用家长资源，结合家务劳动清单和劳动周，邀请学生家长参与学生日常生活劳动的指导和评价；校内通过阶段性开展家务劳动小达人、清洁小能手等展示评比活动，对学生的日常劳动作出及时反馈与评价，促进学生形成正确的劳动观念和良好的卫生习惯。

🖨 问题解决

一、创设真实情境，提升育人实效

"清洁与卫生"任务群容易受到劳动场域的限制，在教学实践中，许多教师照本宣科地开展劳动教学，教学形式单一，导致有劳动无教育。中共中央、国务院关于《全面加强新时代大中小学劳动教育的意见》指出，劳动教育要"强化实践体验，让学生亲历劳动过程，提升育人实效性"。实践证明，学生在真实情境中劳动，通过其认知、感悟等体验过程可以更有效地达到劳动素养要求。

1. 创设挑战情境，激发劳动兴趣

《劳动课程标准》指出，劳动教育要"注重创设有利于学生理解劳动任务价值、激发劳动热情、解决挑战性问题等劳动实践学习的情境"。创设富有挑战的任务情境，明确劳动任务，从"听中学"到"做中学"，能激发学生参与劳动的主动性、积极性，开展真实的劳动，让劳动教育不再表面化。

【案例 3-1-1】家庭垃圾我会分（挑战任务驱动）

学校要举行"垃圾分类小达人"的比赛，我们先来一场班级闯关挑战，获胜的同学可以代表班级参加学校的挑战。

第一关：家庭垃圾我知道

第二关：分类方法我了解

第三关：正确分类我能行

终极关：分类习惯我坚持

每通过一关都可以获得积分，积分高的学生可以获得"垃圾分类小达人"的称号。让我们赶快去挑战吧！

（案例提供：张文娜，浙江省舟山市定海小学）

【案例分析】小学生好胜心强，对挑战充满兴趣。上述案例通过创设挑战情境，能有效调动学生的劳动积极性。把劳动任务前置，可以提高学生对劳动内容的认知能力。通过真实的劳动过程，把枯燥的垃圾分类知识渗透在有趣的闯关活动中，不仅能让学生了解家庭垃圾分类的知识，还能使学生提高积极动手、自觉参与垃圾分类的意识，逐渐养成垃圾分类的好习惯，增强保护环境的意识。

2. 创设问题情境，培养劳动思维

劳动教育要让学生面对真实的生活，解决真实的问题，手脑并用，才能有效地提高劳动素养。《劳动课程标准》指出，情境创设"可从真实的问题出发，指导学生明确劳动任务"。问题情境的创设，可以更好地培养学生的劳动思维能力，从而帮助学生养成良好的劳动品质。

【案例 3-1-2】清洁厨房用具（问题情境创设）

师：周末，慧慧家来了好多客人，妈妈忙活了一整天，好辛苦啊！看着乱糟糟的厨房，慧慧想和妈妈一起整理。可是，厨房里需要清洁的物品太多了，清洁工具也是各种各样，慧慧有点不知所措。你们能帮她选择最合适的清洁工具吗？快和你的小伙伴讨论一下，并说出你们的理由。

（案例提供：张文娜，浙江省舟山市定海小学）

【案例分析】选择合适的清洁工具可以提高劳动效率，但是哪些地方要清洁，用什么劳动工具？这些问题都是对学生劳动思维能力的考验。与其单纯地讲解劳动工具及其使用方法，不如让学生自己去探究，教师加以指导和评价，从而促进劳动价值观的

内化。在真实的问题情境中，伙伴间的讨论互动能引起思维碰撞，提升劳动能力，也有助于培养学生乐于分享与合作的劳动品质。

3. 创设生活情境，树立劳动观念

劳动教育源自生活，也服务生活，应该让学生懂得劳动创造美好生活的道理。《劳动课程标准》强调劳动教育的情境创设要"立足学生真实生活经历或体验，面向现实生活"。在真实的生活情境中，开展"清洁与卫生"任务，可以加强学生与生活的紧密联系，更有效地引导学生树立正确的劳动观念。

【案例3-1-3】教室卫生我出力（生活情境创设）

师：六一儿童节快到了，我们要在教室里举行庆祝活动，干净整洁的教室能带给我们更多的快乐，你们都愿意为教室卫生做些什么呢？

生：清洁地面。

生：整理桌面。

生：擦黑板。

……

师：我们就一起分工行动，让教室焕然一新吧！

（案例提供：张文娜，浙江省舟山市定海小学）

【案例分析】六一儿童节是孩子们都喜欢的节日，在干净整洁的教室里举行庆祝活动，更是他们期待的事情。在真实的生活情境中，通过创设劳动项目，顺势而为进行分工，让学生运用所学的劳动技能，参与集体劳动，懂得人人都是班级一员，人人都要劳动。学生亲历劳动过程，感受劳动带来的快乐，从而树立"劳动创造美好生活"的观念。这也是对这个劳动项目成效的评价。

二、发挥家长优势，激活家庭资源

家庭是培养学生个人良好卫生习惯、提升学生公共卫生意识的主阵地，每个家庭都蕴含着丰富的劳动实践资源，每位学生家长都是学生实践劳动技能的辅导员。《劳动课程标准》要求，劳动课程实施要"引导家长树立劳动教育观念""指导家长把劳动教育有机融入家庭日常生活""指导家长做好榜样示范"。因此，学校要始终以积极开放、协同育人的姿态，向全体学生家长持续宣传培养学生个人卫生习惯的重要意义，邀请家长担任校外卫生辅导员，指导每户家庭开展主题鲜明、内容丰富的清洁卫生行动，宣传典型事例，将"劳动创造美好生活"的劳动理念传播到每个家庭，实现家校劳动教育的深度合作。

1. 激活人力资源：家长是校外首席辅导员

在日常生活劳动中家长的示范和指导是不可或缺的。但是目前，相当一部分家长只关心孩子的智力培养，忽视家务劳动对孩子成长的积极作用。不少家庭中依然有饭来张口、衣来伸手的"小皇帝"和"小公主"。为此，学校应加强家务劳动宣传，与学校家长委员会协商制订各年级家务劳动清单，引导学生家长树立劳动育人新观念，吸

纳家长成为校外家务辅导员，在学校指导下开展"家务劳动一起来"等活动，让家长成为学生家务劳动的辅导员、观察员、评价者和劳动伙伴。

【案例3-1-4】聘请校外劳动指导员（项目设计）

开学在即，学校从个人卫生、打扫清洁、垃圾分类等方面细化学生"清洁与卫生"在家表现标准。之后，学校发出给家长的一封信，邀请学生家长自愿成为校外辅导员，持续记录和反馈学生有关"卫生与清洁"的家庭劳动表现。学生家长提交回执单，参加学校线上活动，了解相关要求。学校为担任校外劳动指导员的学生家长颁发电子聘书。

致一年级家长的一封信

亲爱的家长们：

家庭劳动是家庭教育的重要组成部分，家庭劳动能锻炼孩子的手眼协调能力，促进身体发育；家庭劳动能促进语言发展，促使孩子运用语言交流劳动经验；家庭劳动让孩子接触日常生活材料，在实践中提高决策和解决问题能力；家庭劳动能促进孩子自我意识的发展，使其理解家庭成员的观点和情感，增进亲子关系。

家庭是培养小学生劳动习惯和品质的主要场所，父母是小学生学习劳动技能、体验劳动情感的第一任教师。因此，我校衷心邀请全体新生家长自愿担任"校外劳动指导员"，成为学校劳动教育同盟中的亲密伙伴！希望在您的支持和指导下，一年级学生能够由"扶"到"放"持续开展以下家庭劳动项目：

一年级学生家庭劳动清单

整理	整理书包	叠衣服	餐前摆放碗筷	餐后清理餐桌	用扫把扫地
洗涤	早晚刷牙	洗红领巾	—	—	—
物品使用	削铅笔	用洗衣机洗单衣	—	—	—

回 执 单

我是一年级（　　）班_____（学生姓名）的家长，本学年我愿意担任"校外劳动指导员"，在家参与指导孩子完成家庭劳动项目，并及时评价孩子的劳动过程和成果，积极参加学校的劳动育人学习项目。

同意□　　不同意□

家长签名：_____

（案例提供：沈怡，浙江省舟山市定海区白泉中心小学）

【案例分析】为了争取学生家长的支持，学校通过"致家长的一封信"等形式表明本学期劳动教育中的家校合作重点，引导学生家长转变劳动育人观念，重视卫生、清洁等日常家务劳动的积极意义。学校通过组织线上培训活动指导学生家长学习"清洁与卫生"的表现标准，完成日常的观察、评价与指导，成为合格的"校外劳动指导员"。通过颁发电子聘书激发家长参与热情，也为之后的评选"优秀辅导员"做好准备。

2. 发挥场域优势：家庭是卫生教育主场地

家庭生活中蕴含着丰富的劳动需求，是学生开展日常劳动的主要场所。只有让学生与家庭成员一起积极参加日常的卫生清洁劳动，才能真正锻炼学生的劳动技能，促进学生劳动素养的落地生根，使学生在心中树立起"自己的事情自己做""我是家里的小主人"的劳动意识，体会到"劳动最光荣""珍惜劳动成果"的思想情感。

【案例3-1-5】家庭垃圾我分类（项目设计）

在学习了四色垃圾分类法后，学生们领取"家庭垃圾记录单"，在家中开展为期一周的家庭垃圾分类实践活动。学校呼吁家长与孩子一起准备四色垃圾桶（箱）、电子秤、垃圾袋等物品，共同完成每日的家庭垃圾分类和清理。学生可以在家长的帮助下记录每日的家庭垃圾种类和重量，与家人讨论怎样减少垃圾量。一周后，学生上交记录单并在班级中进行主题交流与汇报。

（案例提供：沈怡，浙江省舟山市定海区白泉中心小学）

【案例分析】垃圾分类和清理是家庭中常见的劳动项目。学校通过开展"记录一周家庭垃圾"的活动，将垃圾分类实践活动落实到家庭场域，让学生与家长一起参与垃圾分类，不仅锻炼了学生的劳动能力，也增强了学生的环保意识。学生在一周的实践中动手、动口、动脑，将数据与问题记录下来，有助于进一步思考如何减少垃圾产生、如何废物利用，为后续的劳动学习提供支持。

3. 营造劳动氛围：榜样与实践是持久动力

日常生活中的劳动实践，贵在坚持，外化于行，内化于心。学生年龄较小，对家务劳动虽然抱有热情，但是毅力不足，很难坚持，需要家校配合共同督促。学校可以引导家长留心观察孩子的劳动需求，为孩子创设和提供更多样的劳动机会。家长更要以身作则，在家庭中积极营造"平等、耐心、关爱、积极"的劳动氛围，让孩子逐渐感受到家庭劳动是爱生活、爱家人的表达方式。

【案例3-1-6】周六家庭清洁日（项目设计）

又到周末，学校号召家长与孩子在家中举办"周六家庭清洁日"活动。根据学校制订的"家庭清洁项目表"，孩子与家长共同选择其中一个项目，如亲子打扫房间、亲子洗碗筷、亲子洗衣服等。孩子在家长指导下完成一个清洁项目，如各自洗一件衣服，然后相互评价，将清洗步骤和评价简要记录在"家庭清洁项目表"中。下周一学生返校后在课堂上交流展示。

（案例提供：沈怡，浙江省舟山市定海区白泉中心小学）

【案例分析】"清洁与卫生"任务群可以设计出许多家庭劳动子项目，学校需要引导家长留心为孩子创设各种实践机会，把这些子项目作为家庭特色活动，父母与子女共同参与、交流协作，让单纯的家务劳动变成一种亲子活动。学生不仅能学习清理日常用品的劳动技能，也能感受父母对待劳动的态度和智慧，久而久之，学生也会养成定期清洗的习惯，体会到劳动带来的成功与快乐。

三、开展多元评价，助力持续发展

家庭是劳动教育的基本场所，家庭劳动是学生首要的劳动形式，并且对学生终身发展具有重要意义。《劳动课程标准》中有多处强调家校共育的阐述，学校及教师要充分利用家长资源，帮助家长认识到日常生活劳动对孩子成长的重要性，将家庭中原本属于孩子的劳动机会还给孩子，充分发挥家庭在劳动教育中的作用。因此，教师需要根据学生的心理特点及家长的现实情况设计多元评价，以便于家校协同育人的高效发展。

1. 健全的评价体系，从"碎片化"向"系统化"转变

随着学生家庭劳动工作的推进，学校可以根据"清洁与卫生"任务群，编制相应的家庭劳动指南，使家庭劳动课程设置由"碎片化"向"系统化"转变，为建立长效管理机制奠定基础。

【案例 3-1-7】"清洁与卫生"家庭劳动评价体系的建构

学校依据学段特点设计各学段的"家庭劳动清单"，从"我是劳动小主人""我是清洁小帮手""我是创新小能手"三方面开展"清洁与卫生"任务群的劳动实践活动。从劳动观念、劳动能力、劳动习惯和品质、劳动精神四个方面进一步细分，建立学生家庭劳动评价体系（图3-1-1）。建立评价体系后，学校以周评、月评、学期评的形式，组织学生、家长和教师开展相关评价。

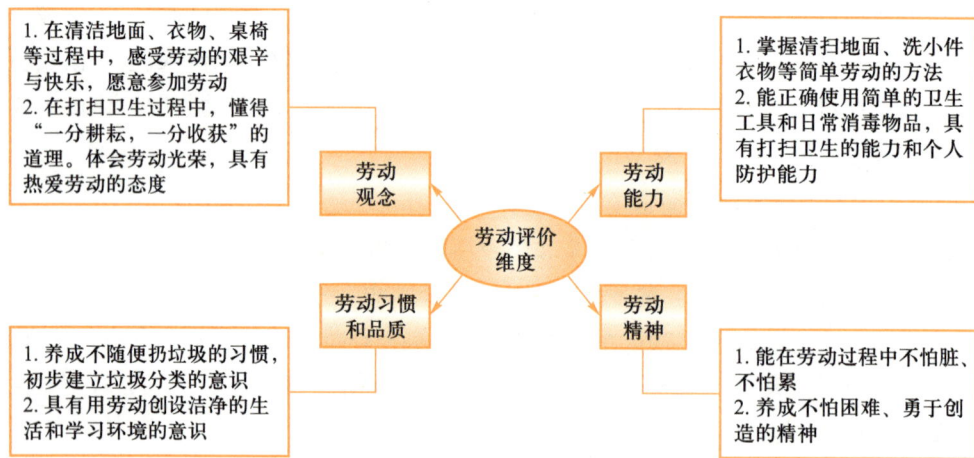

劳动观念
1. 在清洁地面、衣物、桌椅等过程中，感受劳动的艰辛与快乐，愿意参加劳动
2. 在打扫卫生过程中，懂得"一分耕耘，一分收获"的道理。体会劳动光荣，具有热爱劳动的态度

劳动能力
1. 掌握清扫地面、洗小件衣物等简单劳动的方法
2. 能正确使用简单的卫生工具和日常消毒物品，具有打扫卫生的能力和个人防护能力

劳动习惯和品质
1. 养成不随便扔垃圾的习惯，初步建立垃圾分类的意识
2. 具有用劳动创设洁净的生活和学习环境的意识

劳动精神
1. 能在劳动过程中不怕脏、不怕累
2. 养成不怕困难、勇于创造的精神

劳动评价维度

图3-1-1 "清洁与卫生"家庭劳动评价体系

（案例提供：王明敏，浙江省舟山市定海小学）

【案例分析】"清洁与卫生"家庭劳动评价体系的建构，关注了核心素养目标的四个方面，使评价更合理、更系统。组织学生、家长和教师开展评价，旨在加强家校之间的合作，促进学生坚持做好家庭劳动。开展多种形式的评价，能更有效地对学生的日常家庭劳动过程进行管理。

2. 多样的评价方式，从"单向"向"多向"转变

为了使学生形成稳定的劳动兴趣，学校可以利用互联网从线上、线下齐头并进开展家庭劳动教育，使教师、家长和学生形成"三位一体"互动评价方式。从原本的以教师为评价主体，向"学生自我评价＋伙伴互评＋家长评价＋教师评价"的多角度评价转变。

【案例 3-1-8】我是清洗小能手（劳动评价设计）

二年级各班每周发布日常清洁劳动打卡任务和记录表。

活动主题				
姓名		班级		要求：记录劳动心得与体会
劳动实践活动内容	项目	活动内容记载		
	劳动掠影	时间		地点
	我的感想			
家长评价				

学生自主进行过程性记录。家长通过简短的鼓励性语言，以视频或反馈单等形式进行评价，让学生感受劳动的乐趣与价值。教师在劳动课利用一些时间播放、展示学生劳动成果，让学生感受到劳动带来快乐，也从同伴的劳动经验中获得更多启发，同时，教师依据学生打卡的情况进行"家庭劳动章"颁奖。为了激励学生日常劳动的积极性，教师、学生和家长都可以在平台上对劳动打卡的学生进行即时评价，如点击送花、颁发电子奖牌等。教师在学期末结合日常多种形式的评价评选"清洗小达人"，并兑换劳动章奖品。

（案例提供：王明敏，浙江省舟山市定海小学）

【案例分析】上述案例中，学生根据自身情况灵活安排劳动任务完成时间，对日常清洁劳动内容进行过程性记录。通过自评和他评相结合的评价方式进行劳动评价。"自评"主要采取学生自我发现、自我评估等方式，进行自我教育，发挥学生的主体作用。"他评"则可以采用伙伴互评、教师点评、家长参评等方式，进行外部激励，促进学生劳动素养形成。在本次劳动评价中，由于是家庭劳动为主，"家长参评"的比例多一些，充分发挥了家校共育的作用。"教师点评"起到组织引导学生积极参与劳动教育活动的作用。"伙伴互评"则发挥同伴互助互补的作用，促进学生共同成长。多样化的评价方式有助于推进评价从"单向"向"多向"的转变。

3. 持续的全程性评价，从"静态"向"动态"转变

劳动教育是一个持续的动态化的教育过程。教师要关注学生在劳动过程中的点滴进步，关注学生最终展现的劳动成果，用长期发展的眼光进行全程性评价，以达到及时反思、不断强化的目的，促进学生形成良好的劳动习惯。

【案例3-1-9】制作简易垃圾盒（劳动评价设计）

"制作简易垃圾盒"是二年级下学期的一个劳动项目。在项目实施环节，教师可通过设计劳动任务单，引导学生对自己的劳动成果进行及时记录和评价。任务单评价不仅能让劳动留痕（作为档案袋资料），还能进行过程性跟踪评价，从校内向校外延伸，让学生积累经验并再创造。

"制作简易垃圾盒"劳动任务单设计如下：

材料				
用途（放在哪？装什么？）				
设计草图（说明意图）				
劳动成果				
劳动体会				
评　价　表				
评价内容	自评	互评	评价内容	家长评
能看懂折纸符号	☆☆☆	☆☆☆	废旧纸张选择合理	☆☆☆
能正确折叠	☆☆☆	☆☆☆	纸盒结实，容量大	☆☆☆
能制作一个简易垃圾盒	☆☆☆	☆☆☆	纸盒设计美观，具有观赏性	☆☆☆
能做好垃圾分类	☆☆☆	☆☆☆	纸盒组合多样，利于垃圾分类	☆☆☆

（案例提供：王明敏，浙江省舟山市定海小学）

【案例分析】活动中，学生不仅参与实践，而且结合任务单在互相观察、互相学习中不断反思，彼此激励，共同成长。任务单式的评价尊重学生的差异，促进学生将课堂所学知识应用到生活中，从而不断提升学生的劳动技能，培养学生的劳动探究精神。任务单的设计有利于学生有目的地设计垃圾盒，提高了评价的准确性。这样持续的全程性评价实现了从"静态"向"动态"的转变。

四、用好劳动清单，实现劳育常态化

"清洁与卫生"劳动作为日常生活劳动中的重要组成部分，对培养学生形成良好的生活能力和卫生习惯有着至关重要的作用。清单管理是落实日常生活劳动的有效手段，它以易操作、较灵活、成效好等优势受到越来越多的学校的重视。《劳动课程标准》要

求，劳动课程实施要"根据本地、本校实际，设计不同学段学生家庭劳动清单，提高家长培养学生生活自理能力的意识，增强学生参与家务劳动的计划性和持续性"。因此，可以以劳动清单的内容为主线，统筹规划劳动时间，多样设计劳动形式，把家庭劳动教育融入学校整体工作中，让学生在学习中解决真实生活问题，调动他们的劳动积极性和持续性，最终实现劳育常态化。

1. 统筹规划：变"单项任务"为"长线计划"

以往家庭劳动清单的落实一般都是教师发布单项劳动任务，如每周六晚上完成一项劳动清单上的打卡作业，上传照片或视频。这种单项任务的输入、输出，会导致学生仅仅为了完成教师布置的任务而劳动，经常是被动的。所以，学校要统筹规划，根据不同的任务群，将家庭劳动清单中的内容与学校劳动课程内容相结合，以时间为轴线，形成不同类别的家庭劳动清单"长线计划"，然后进行细化操作与实践。

【案例3-1-10】清洁厨房用具（作业布置）

教师：三八妇女节即将到来，请同学们用这节课所学内容给妈妈一个惊喜吧！这个月我们新增了一项自选内容，如果你能在洗碗筷劳动之外，再确定一个自选内容，每次就能爱心翻倍！本月的"小主人"评比，奖品是一大束妈妈最喜欢的鲜花！

二年级家庭劳动清单计划表具体内容如下：

时间	清洁项目内容
每天	扫地
每3天	洗碗筷（锅子、水槽），洗菜或水果
每周	擦桌椅，拖地（吸尘器清洁），洗袜子（内衣裤）
每月	洗红领巾，清洁卫生间

注：括号内为自选内容，按照实际情况选择。

（案例提供：鲁易，浙江省舟山市大丰中心小学）

【案例分析】 劳动清单计划表的任务有些属于本年级的，有些是分布在多个学段的，这些任务不再是彼此孤立的"单项任务"，而是出现在家庭劳动清单中的"长线计划"。案例中，教师以妇女节给妈妈的惊喜为主线任务，巧妙地将这节课所学内容以自选的形式加入劳动清单，从学生的心理需求出发，让学生主动且深度地参与，完成劳动清单的"长线计划"。

2. 形式多样：变"拍照打卡"为"主动分享"

劳动清单是推进家庭劳动教育的重要措施，但是由于很多教师错误地将劳动清单上的内容当作碎片化的作业布置给学生和家长，导致学生家长往往将劳动清单与课业之外的新负担相提并论。对于这部分学生家长来说，家庭劳动清单作业就等于"拍照打卡"。基于以上问题，学校要挖掘劳动清单中的综合学习元素，结合本土资源，以主题牵引、任务统整、微课指导、定期检查等形式多样的路径，充分发挥劳动清单在家庭劳动中的育人功能，让学生喜欢参与，家长乐意分享。

【案例 3-1-11】洗红领巾（项目设计）

教师将一年级劳动清单中"洗红领巾"的内容与劳动、班队、综合实践活动等相融合，变"打卡任务"为"主题系列活动"。

任务	主题活动
任务一	我爱红领巾（班队课）
任务二	我戴红领巾（劳动技能赛）
任务三	我洗红领巾（劳动课/劳动清单）
任务四	我是"红领巾"（综合实践活动）

注：任务三中，评价为班级"劳动小能手"的学生可以参加三月底"李花节小小志愿者"综合实践活动，并会获得三月"红领巾"勋章和奖品。

（案例提供：鲁易，浙江省舟山市大丰中心小学）

【案例分析】 当劳动清单的内容被统整到一个项目主题活动中，并转化为实际任务后，学生在参加过程中会获得更多的幸福感和体验感。案例中，教师将一年级的"洗红领巾"任务主题化，学生为了成为一个合格的"红领巾"而认真劳动，家长也乐意"主动分享"，那么劳动清单的任务就不会成为家长的"摆拍"作业。

💡 教学建议

第一，实践融入真实体验。《劳动课程标准》明确指出，劳动课程具有显著的实践性，主要体现在课程内容与教学方式两个方面。在课程内容上，"清洁与卫生"任务群应立足学生真实的生活和学习环境，劳动任务应凸显劳动教育特点，设计与个人卫生、环境清洁、物品清洁等密切相关的劳动实践项目，通过课堂内外不同场域的劳动实践，使学生获得真实的劳动体验。在教学方式上，课堂内要摒弃讲授式的教学模式，重在营造良好劳动氛围，启发学生的劳动思维，在课程的实施过程中传递劳动教育的精神和内涵，让学生在劳动项目中收获个体的成长。同时，也要重视学生课外的劳动实践跟进，引导家长对孩子的家庭劳动加强指导与评价，发挥家校协作的作用，共同促进孩子体认劳动价值，形成正确的劳动观念。

第二，多方联动资源联通。 以实践为主导的"清洁与卫生"任务群，在开展项目的过程中离不开劳动实践场域的有效支撑。该任务群主要设置在第一学段（1~2 年级）和第二学段（3~4 年级），考虑到这个阶段学生年龄特点和认知结构，教师可以因地制宜地整合和联通多方资源，构筑"家—校—社"一体化的劳动教育场域，拓宽实践路径，丰富劳动教育内容。一方面，教师根据学生的生活实际情况和"清洁与卫生"劳动项目的目标要求，合理设计菜单式的"家庭劳动清单"，鼓励学生自主选择清单中的劳动项目，在家中完成劳动实践任务，鼓励家长用照片、视频等形式记录学生的成长点滴；另一方面，教师应充分利用学校周边的社区资源，采取多种方式开展劳动实践，深入社区服务，达到协同育人的目的。学校应加强社区实践活动的过程管理，统筹用好各类社会资源，拓宽实践育人的途径，以社区为核心建构服务性劳动实践场域，遵循因地制宜的原则，避免走过场和"一刀切"。

第三，关注素养落实评价。对学生劳动素养进行评价是劳动教育过程中的重要环节，对促进劳动课程目标的实现、保障劳动教育的实施效果等具有重要意义。在素养导向的评价中，首先，要注重评价主体的多元性，除了开展学生自评、同学互评、教师和家长评价外，还要积极调动社会层面的社工、义工参与到评价中。其次，要兼顾评价内容的多维性和评价方法的多样性，可以采用"劳动档案袋""劳动打卡""劳动成长日志"等方式记录学生在学习过程中和学习结束后的真实劳动表现，依据适切的达成要求，借助"劳动争章手册""劳动集赞本"等载体，让学生在劳动实践过程中获得不同数量的"星""赞"，从而在不同的时间节点兑换不同级别（班级或学校）的劳动章和劳动称号，评价学生劳动素养发展水平，帮助学生更好地参与劳动学习和实践。最后，要重视评价时间的连续性，围绕培养和发展学生劳动素养的核心价值取向，建立连续性评价结构，确保每个项目有及时评价，每个单元有阶段评价，每个学期有综合评价，从而促进学生劳动素养的形成和进阶发展。

3-1-1
"清洁与卫生"家庭劳动打卡
评价体系构建与落实

3-1-2
制作简易垃圾盒（教学设计）

3-1-3
制作简易垃圾盒（说课）

3-1-4
制作简易垃圾盒（说课课件）

问题提出

【现状点击】

在三年级课堂上,教师准备了一套夏装校服,用磁铁贴在黑板上。上课伊始,教师借助课件开门见山切入主题:"同学们,今天我们要来学习一种新的叠衣方法——口袋折叠法。"学生先观看视频,一起了解口袋折叠法的特点,然后跟随教师示范,一步一步完成了折叠任务,并随堂进行了叠衣服大赛。

在七年级课堂上,教师也准备了一套夏季校服。同学们通过视频自学,在课堂上学会了衣服的口袋折叠法,随后在课堂上学生将所学迁移到冬季校服的折叠方法中,并开展了课堂叠衣服大赛。

《劳动课程标准》指出:日常生活劳动立足学生个人生活事务处理,涉及衣、食、住、行、用等方面,注重培养学生的生活能力和良好卫生习惯,树立自理、自立、自强意识。《大中小学劳动教育指导纲要(试行)》强调,要将日常生活劳动教育贯穿大中小学始终。作为日常生活劳动四大任务群之一,"整理与收纳"任务群贯穿1~9年级。

"整理与收纳"任务群注重选取与学生家庭生活、学校生活、社会生活紧密相连,以个体的生活经历和体验为基础,与各年段学生身心发展、实践能力相适应的日常生活劳动内容。学生在发现问题、探究方法、学习技能、淬炼技巧、迁移运用等劳动实践形式中获得丰富的劳动实践体验,习得日常生活中整理与收纳的知识和能力,提高生活自理能力,做到做事有条理、整理有方法、收纳有规律,初步习得筹划思维和一定的家政能力。在实践中感知劳动创造美好生活的道理,增强家庭责任意识、社会服务意识。

在实际教学中,"整理与收纳"任务群的劳动实践面临诸多问题与挑战。

一是窄化任务群内涵。"整理与收纳"任务群,包含整理和收纳两方面的内容,在教学中相辅相成,缺一不可,整理在前,收纳在后。一线教学实践中,有的过分注重整理而忽略收纳,有的过分注重收纳而忽略整理。

二是缺乏筹划思维。在课堂教学中经常忽略筹划思维的培养。整理与收纳是复合型的劳动任务,在进行物品和空间的整理与收纳之前,需要对物品和空间做好个性化的规划,根据个人喜好、物品特点、空间大小确定合理的实施方案。而实际课堂教学往往忽视了整理与收纳前的整体规划。

三是教学内容雷同。不同学段的教学内容没有体现出差别和进阶。衣物整理和衣柜的整理收纳是"整理与收纳"的常见内容,小学阶段教授口袋折叠法,初中阶段亦然，忽略了课程标准对不同学段的课程内容要求和素养要求。

四是忽视教师指导。 随着劳动清单的兴起，各校劳动实践内容纷纷研制劳动清单，开展劳动线上打卡，结合校级活动、班级活动开展评比，活动形式多样，但是不少学校只评比、不指导，既没有现场课学习，也没有教师录制的视频指导，最终变为由家长来教。

🔧 问题分析

一、"整理与收纳"的内涵

整理与收纳包含整理和收纳两方面内容。整理是指将生活场域中物品按需求、新旧、类别等条件进行区分、归类、取舍。收纳是指在整理后将物品按照一定原则进行摆放与存储。整理与收纳不是简单收拾与摆放，它是服务个人、服务集体、服务家庭的一种必备技能，它解决的是"人、物品、空间"三者之间的关系问题。学生需要在整理中根据一定要求学会取舍，掌握必备的整理与收纳技巧，通过合理的空间规划，做好物品的存储。

在本任务群学习中，学生从整理生活用品、学习用品开始，到整理书包、课桌、书柜等小空间的物品，进而运用所学技巧整理家庭居室和教室，并学会通过改造与美化，达到更好的收纳效果。学生在一次次劳动实践中，收获整洁、有序的生活环境，感受整理与收纳蕴藏的生活智慧，逐步深入体会劳动创造美好生活的道理，树立学生自理、自立、自强意识，增强学生对生活的掌控力。本任务群不同学段具体内容要求设置见表 3-2-1。

表 3-2-1 "整理与收纳"任务群不同学段内容要求设置

学段	内容要求
第一学段 （1~2年级）	根据需要，整理自己的生活用品、学习用品，如衣物、玩具、书本、文具等。整理自己的书包、课桌和居室的书柜及书桌，能按照物品类别、形状等整齐摆放，初步建立及时整理与收纳的意识
第二学段 （3~4年级）	定期整理居室里的书柜、衣橱、鞋柜和教室里的"图书角"、卫生柜、讲台桌面。将物品摆放整齐，归类收纳，做到有序、合理、便于取用
第三学段 （5~6年级）	通过对物品的整理与取舍，清理自己的学习与生活空间，如清理和合理处置使用过的教科书、簿本，以及不再穿的衣物、不再玩的玩具等。初步掌握对物品、居室进行整理、清洁的方法，较为充分、合理地利用家居空间，用劳动和智慧为自己和家人创造更舒适的生活环境
第四学段 （7~9年级）	灵活运用整理与收纳的方法，从整体上完成对家庭各居室和教室内部物品的整理与收纳。与他人合作对居室、教室进行适当的装饰和美化，设计有特色、易操作的环境美化方案。独立完成外出远行的行李箱整理与收纳，依据行程安排、天气状况准备衣物和生活用品等

从项目内容上看，从第一学段到第四学段，整理收纳内容随年段增长而不断增多，整理收纳难度逐渐增加，整理收纳技巧学习走向深入。从项目实践空间上看，学生劳动场域从个人身边物品，到书包、衣柜等小空间整理，再到家庭居室和教室大空间的装饰与美化，整理收纳场域不断延展，从自我空间走向家庭、集体、社会空间。从劳动能力培养上看，随着劳动实践空间延展，学生面对的劳动问题从单一到综合，从简单到复杂，逐步发展了空间规划能力和整体筹划能力，促使学生必须掌握综合的劳动方法，解决生活中整理与收纳的问题，学生劳动能力得到螺旋式提升。

二、"整理与收纳"任务群素养要求

"整理与收纳"任务群的素养要求主要体现为：劳动观念方面，能认识到整理与收纳在日常生活中的作用，体会到劳动创造美好生活的道理，形成热爱生活、喜欢劳动、积极参加劳动的态度，能主动承担家庭、集体中整理与收纳的任务。劳动能力方面，逐步掌握整理与收纳的技巧，具备做事有条理、整理有方法、收纳有规律的生活能力；形成缜密的劳动筹划能力和较高的家政能力，能根据实际，提出创造性的整理和美化空间方案，制订合理的实施方案，并能安全规范地加以实施。劳动习惯和品质方面，养成及时收纳，分类存放的习惯，养成认真细致进行整理与收纳，安全规范进行保洁的习惯和品质。劳动精神方面，通过让学生综合运用所学知识解决生活中整理与收纳的问题，面对不断扩大的劳动空间、不断增多的劳动问题、不断提高的劳动难度，学生在实践中逐渐形成不怕脏、不怕难，积极探索，主动克服，追求品质，精益求精的劳动精神。本任务群不同学段具体素养表现见表 3-2-2。

表 3-2-2 "整理与收纳"任务群不同学段具体素养表现

学段	素养表现
第一学段 （1~2 年级）	初步掌握简单整理与收纳的基本方法，初步养成及时整理与收纳的习惯，初步具有管理自己的生活用品、学习用品的能力，初步感知劳动的辛苦和乐趣
第二学段 （3~4 年级）	掌握居室、教室内物品整理与收纳的方法，理解及时整理与收纳能让生活、学习环境变得整洁、美好的道理，初步形成热爱劳动的态度。逐步养成及时收纳、分类存放的好习惯。初步具有做事有条理、整理有方法、收纳有规律的生活能力
第三学段 （5~6 年级）	具有较高的整理与收纳的能力，懂得有依据地整理与取舍，建立及时整理、清洁，以及清除学习和生活环境中的病原微生物的意识。体悟劳动对于创造美好生活的意义，具有初步的劳动筹划思维和家政能力
第四学段 （7~9 年级）	能对居室和教室的美化提出具有一定创造性的解决方案，制订合理的实施方案，并能安全规范地加以实施，发展自我管理与缜密筹划的能力。理解劳动对于个人生活、集体建设的意义，懂得劳动创造美好生活的道理，养成认真细致地进行整理与收纳的习惯和品质

随着学段升高，"整理与收纳"任务群的素养表现，在劳动观念、劳动能力、劳动习惯和品质、劳动精神四个方面，呈现出既有纵向衔接也有逐级递增的趋势。

三、劳动素养的指导

学生劳动兴趣和劳动技能的发展与学生身心发展、认知发展紧密相关，这也要求学生学习整理与收纳的技能时难度应逐渐提高，从而促使学生劳动兴趣得以保持，劳动素养得以持续发展。各学段过度雷同的教学内容，会窄化"整理与收纳"任务群的内涵，忽视"整理与收纳"任务群劳动素养的要求。因此，在日常教学中，教师应依据《劳动课程标准》，按照学段安排学生的进阶学习。学生通过学习中遇到的真实问题，探索解决方法，习得劳动能力，养成及时整理收纳、合理规划、分类存放的习惯，最终在实践中形成热爱劳动、热爱生活的态度，感悟劳动创造美好生活的道理。

📇 问题解决

一、设置课前实践，引导发现问题

随着新课程改革的推进以及《劳动课程标准》的发布，教师的关注点逐渐转向培养学生的核心素养上，因而劳动课的教学模式与学习模式也有所改变。《劳动课程标准》强调要"注重引导学生从现实生活的真实需求出发"，整理与收纳的物品、空间与日常生活紧密相连，这就意味着"整理与收纳"任务群中所解决的问题一定要来源于学生生活中的真实需求。以往的教学常常直接抛出问题，随即由教师指导学生学习技术，以达到问题解决的目的，学生的学习主动性不强。而设置前置性学习，让学生在课前进行实践尝试，能让学生变被动为主动，在实践中主动挖掘真实需求与问题，为后续探究问题的解决做好铺垫。

【案例3-2-1】七年级"家庭整理与收纳"（前置性学习）

教师布置任务：整洁的环境是美好生活的基础，家庭的整理与收纳是一门学问，如何做好家庭的整理与收纳呢？请同学们利用周末在家时间选择家中任意一个空间开展一次整理与收纳实践活动，并记录劳动感受、整理与收纳所运用的小秘诀和所遇到的难题。

学生总结1：家庭的整理与收纳是一项庞大的工程，我用了整整半天才整理完餐厅。在整理中我发现，我家在不知不觉中收纳了很多几乎不会用到的物品，如食品盒子、包装袋、大小不一的袋子等。

学生总结2：在整理与收纳过程中，最困难的就是为物品分类，房间的物品太多，日常生活中会随意将它们放在各个角落，如何将它们先整理出来再分类收纳，是一个令人头痛的问题。

学生总结3：客厅的家具很多，在整理与收纳过程中，实木家具、沙发、灯饰都需要清洁，它们应该怎样清洁与保养，令我十分困惑。

【案例分析】在学习之前，让学生先在家中尝试整理与收纳，学生会在实践中发现很多问题，产生丰富的劳动实践感受。学生带着问题来到学校，教师再根据学生的疑问，设计教学内容，确定教学形式。这样不仅能提高劳动课的教学效率，还能激发学生的学习主观能动性。课前实践，能让学生发现生活劳动中的真实问题，以真实问题驱动，才能让劳动课有可能、有意思、有意义，才能产生高效的学习。

二、注重分类教学，强化技能指导

《劳动课程标准》指出：学生劳动技能的淬炼是劳动实施阶段主要内容之一，在这个阶段要让学生完成真实的任务，经历完整的劳动过程。"整理与收纳"任务群的学习内容多且细，可以分为衣物整理与收纳、厨具整理与收纳、书籍整理与收纳，卫浴用品整理与收纳等大类进行分类指导，结合综合性任务，将零散知识转化为劳动实践的能力。教师作为学生劳动实践的启发者、指导者、呵护者，通过现场示范或视频指导等多种方式指导学生从最基本的程序学起，同时也要适当放手让学生自主实践，根据学生的需要及时给予指引，促进学生学会综合运用。在指导中要强化规范意识、质量意识、专注品质和合作意识，特别注意引导学生在操作过程中安全、规范、正确地使用劳动工具。

【案例 3-2-2】三年级"家庭书柜的整理与收纳"（实施环节）

教学环节	学生活动	教师活动	设计意图
提问：大家平时常按什么方式给家里书柜的书籍分类？	学生根据生活习惯来回答	板书：书籍内容、常用程度、书封面颜色。 总结：家庭的小书柜一般用于储存个人书籍，摆放私人物品。这样的小书柜不论使用任何摆放方式都是可行的，只要符合个人使用的喜好即可。 引出：今天我们要学习一种按使用频率分类整理的方法，首先我们可以把书籍分为"正在使用"与"等待使用"两类	通过提问引导学生思考物品的分类方式，引出书籍的一种实用分类方式
思考1："正在使用"的书籍一般都是哪类书籍？ 思考2：我们该如何整理与收纳？	学生思考问题并回答	总结：可分为课本、辅导用书、阅读书籍。 新授：纸盒收纳法。 准备三个纸盒，贴上不同标签，放置在书架上最容易拿取的位置	新授课环节注重分类教学。分类别、分情况，逐一突破整理与收纳难点
思考3："等待使用"的书籍可以怎么按频率分类？ 思考4：我们该如何整理与收纳？	学生思考问题并回答	总结：可分为常用书籍、不常用书籍、超大或者超薄书籍。 新授：书立、收纳盒结合使用收纳法。 1. 常用的书籍使用书立整理，让它们在书架上的显眼位置摆放整齐。 2. 不常用的书籍可以使用收纳盒，书脊朝外，放置在书柜的顶端或底端。 3. 形状不规则、体积大、重量大的书籍可以放置在书架底端	"等待使用"书籍种类多、难分类。最好的分类方式就是按使用频率作细分后再分类摆放。问题引领结合方法指导，借助家庭实践，才能切实让学生掌握家庭书柜的整理与收纳方法

【案例分析】"整理与收纳"任务群的劳动任务往往是复合型劳动任务，以上述家庭书柜整理与收纳为例，该课时所呈现的只是书柜书籍整理部分的教学环节，下一课时则为书柜上摆放的物件的整理与收纳，如奖杯、学习工具等。教师在教学过程中，通过分类教学，可以使学生更清晰地掌握同一区域、同一主题，不同物品的不同整理与收纳方法。将书籍的整理与收纳分为"正在使用"和"等待使用"两类，分别教授不同的方法，在不同情境的实操前给予必要的引导，在实操时加强指导，既能提高学生现实生活中的劳动实践能力，也能让学生容易学会迁移与运用。

三、逐步提升难度，培养实践能力

根据《劳动课程标准》要求，"整理与收纳"任务群的学习内容由易到难，由简单到复杂，学习难度不断提升。以"衣物整理"为例，小学第一学段仅要求学会整理衣物，第二学段要求定期整理居室里的衣橱，第二学段在第一学段的单一技能学习的基础上，拓展了整理的空间，第三学段则要求通过对物品的整理与取舍，清理自己的学习和生活空间。第三学段新增了要求学生学会取舍。"整理与收纳"任务群的项目内容体现了不同学段的纵向衔接和递进关系，这意味课堂的教学内容设计应遵循学生的身心发展规律，结合实际劳动能力而逐步增加学习任务的难度。教师在进行教学设计时，应充分考虑学生学情，联系旧知与已掌握的技能，合理选择新授技能，避免教学内容重复、散乱、断层，确保学生的劳动实践能力得到持续、有效提升。

【案例3-2-3】三年级"折叠衣物有妙招"和五年级"收纳盒——衣柜收纳的好帮手"（项目实施）

三年级：请同学们自主阅读导学单中校服裤"口袋折叠法"的折叠说明，尝试跟随指引折叠校服裤。同学们在折叠过程中遇到了什么困难？下面老师将一步步示范，请同学们跟随练习。

五年级：三年级所学的"口袋折叠法"可以保持衣物收纳的整体性，避免了在拿取衣物过程中造成上下衣物一并抽出、散落在地的情况。今天我们学习了收纳盒的设计与制作，如果收纳盒里的衣物能用口袋折叠法，将会增加更多的收纳空间，请同学们回家试一试，借助收纳盒和口袋折叠法整理衣柜，看看能否增加收纳空间以及收纳效果如何。

【案例分析】劳动课内容需要根据学情增加"必要难度"，这对提升劳动实践效果是非常必要的。"衣柜的整理与收纳"一课，三年级学生学习口袋折叠法，五年级学生学习收纳盒的制作。五年级教师带领学生温故知新，布置任务，叠加使用新旧技能，使衣柜整理与收纳的效果"翻倍"。根据学情，提高新技能学习难度，不重复学习已会技能，促进学生学习进阶，教师在劳动过程中对关键步骤和技能进行及时点拨，逐步帮助学生掌握各种整理与收纳方法。

四、重视整体规划，发展筹划思维

"整理与收纳"任务群的项目内容涵盖从个人学习用品到家庭、教室等较大空间的整理与美化，任务逐渐走向综合与复杂。由于每处空间的情况不一样，每个人的生活模式、个人喜好、思考方式也不一样，这便要求不论整理收纳任何物品与空间，都要先综合考虑、整体规划，再动手实践。即明确目标，从目标和任务出发，系统分析可利用的劳动资源和约束条件，制订个性化的整理与收纳、装饰与美化方案，逐步提高空间规划能力，形成整体筹划思维。

【案例3-2-4】六年级"美化客厅迎新年"（项目设计）

新年即将来临，除旧布新是自古以来就有的新年习俗，家家户户都会为迎接新年而用心打扫、精心布置房间。请同学们在新年大扫除之际，大胆整理、巧妙收纳，甚至可以通过小空间改造增加收纳容量，设计一个客厅整理与收纳、营造新年氛围的方案，让我们打造一个干净整洁并充满年味的客厅，来迎接新年的到来。

【案例分析】谋定而动，"谋"即规划部署，也就是说，做事情之前应先做计划。对"整理与收纳"任务群教学内容和素养要求的认识片面，则会导致现实课堂中缺少对整理与收纳前空间整体规划的指导。因此，在"整理与收纳"任务群的教学指导中，教师应引导学生先思考现有的空间能否满足当下的收纳需求，应如何结合空间容量合理地整理物品，实现收纳期望。鼓励通过空间规划与改造，达到更好的收纳效果，结合美化空间，收获整洁、美好的生活感受。

五、延展实践空间，落实素养目标

劳动场域是项目实施的基础条件，"整理与收纳"任务群的项目内容涉及学校与家庭多个场域，教师可以在课堂教授整理与收纳的方法，对关键的技能进行反复训练，结合校内已有的功能场室开展实践。对于无法在校内开展实践的内容，可以布置课后实践作业，将劳动实践场域延伸至家庭与社会，让学生在真实的实践场域中经历完整的劳动实践过程，获得丰富的劳动体验，习得整理与收纳、装饰与美化的知识与技能，感悟劳动创造美好生活的意义，培育为创造美好生活辛勤努力、不懈奋斗的精神。

【案例3-2-5】一年级"早起理床铺，劳动我能行"（作业布置）

一年级劳动课上，教师准备了四床小被子，让学生学习折叠被子。学生通过记忆口诀，小组练习，现场比拼，掌握了叠被子的技巧。课后教师录制了指导视频发至班级群，并开始了"早起理床铺，劳动我能行"的21天打卡活动。

【案例分析】"整理与收纳"任务群的内容，大多需要开展家庭实践。将劳动实践空间延展至家庭，更要充分发挥课堂的主阵地作用，教师负责技能教学，家长负责监督落实，家校互补才能形成教育合力。劳动的家庭实践，需要家长的支持，也离不开教师的指导。上述案例中，教师不仅在课堂中采用竞赛方式，以赛促学，让学生掌握技能，更充分考虑一年级学生真实学情，录制指导视频，辅助家庭落实协助指导与监督实践的作用。以家庭打卡活动强化家长的监督责任，而不是把教学任务转嫁给家长，通过家校联动在实践中培养学生劳动素养。

💡 教学建议

第一，**劳动内容清单化，劳动任务序列化、综合化**。"整理与收纳"任务群最重要的实践内容就是让学生立足个人生活事务处理，亲历学校与家庭各场域整理与收纳工作的全过程，在实践中培养良好的生活能力和生活习惯。因此，劳动内容清单可以根据不同学段、不同场域制订。分学段制订劳动清单，可以确保劳动任务的循序渐进和相互关联，体现劳动任务的序列性。按场域制订劳动清单，则能体现综合化，不同场域所包含的整理内容不一样，收纳方法也各有特点，可引导学生综合运用所学技巧与知识。劳动内容清单化能有效避免教学内容重复、散乱、断层的问题，明确学生每学期应经历的劳动实践和应掌握的劳动技能。

第二，**课堂示范、文本指导与视频教学相结合，强化技术指导**。在"整理与收纳"任务群教学中，教师要充分分析学生的难点和误区，针对性讲解、示范与提醒，明确操作步骤和规范。教师可以根据任务群内项目内容分类，总结技术要领，汇编成册，指导学生劳动实践。整理与收纳的实践场域以学校和家庭为主，教师还可以提前录制指导视频，为学生居家实践提供示范。文本指导与视频教学作为课堂示范教学的补充，可以为学生随时随地开展学习和实践提供支持。

第三，**课堂学习与实践评比相结合，落实素养目标**。"整理与收纳"任务群素养目标的达成离不开劳动实践活动的开展。在新授课后，教师可结合课时学习内容，确定评价标准，随堂开展技能评比。校内缺乏实践场域的整理收纳项目，则结合家庭开展，鼓励学生真正将整理收纳技能内化；通过用笔写、视频录、打卡评等多种方式记录劳动过程与成果，分享劳动感受，形成对家庭劳动实践的良好情感。实践评比既能检测学生技能掌握程度，也能通过竞赛激励学生内驱力，促使学生自觉自愿地提高整理与收纳的能力，提升自理、自立、自强意识，形成精益求精、不断进取的劳动精神。

3-2-1
收纳整理有技巧（赛项讲解视频）

3-2-2
我会叠衣服（赛项讲解视频）

问题提出

【现状点击】

　　普通教室的地面上，移动拖线板的电线交叉连接着电源，课桌拼成的四个桌子上，摆放着电磁炉、锅具等，还摆放着包水饺的馅料、水饺皮、筷子、盘子等。万事俱备，教师开始播放包水饺的视频并提醒学生："同学们，请带着问题仔细观看视频，馅料放多少？两只手分别放在什么位置？如何捏紧？"学生观看后跃跃欲试，教师担心学生不会，再次播放视频，手把手教授。在教师的指导下，学生终于包好了饺子。

　　日常生活劳动立足学生个人生活事务处理，涉及衣、食、住、行、用等方面，注重培养学生的生活能力和良好的卫生习惯，树立自理、自立、自强意识。其中，"烹饪与营养"任务群是日常生活劳动所包含的四个任务群之一，体现在"食"方面，培养学生生活能力和卫生习惯。

　　《大中小学劳动教育指导纲要（试行）》指出，要让"学生面对真实的个人生活、生产和社会服务性任务情境，亲历实际的劳动过程"。饮食卫生、安全与营养是人的社会生存需求，因此，学生掌握必备的烹饪、营养方面的知识与技能，亲历烹饪的劳动过程，面对真实世界、真实生活的需求。

　　在实际劳动教育教学中，"烹饪与营养"任务群的实施却面临诸多问题与挑战。

　　一是理解存在偏差。教师对"烹饪与营养"任务群的内容理解存在偏差，大多教师认为教会学生"烹饪某一种食物"就达到了目标，让学生"制作一些美食"就提升了学生生活自理能力，忽视了"营养"方面的内容。中华饮食历经几千年的发展，形成了具有民族地域特色的"饮食文化"，传承与发扬中华饮食文化也是劳动课程实施的要求，而教师往往容易忽视这点，将技能学习实践作为劳动项目实施的目标，忽略了价值引领。

　　二是实施存在困难。"烹饪与营养"任务群的实施对场地、设施设备要求较高，大部分学校没有烹饪专用教室，在普通教室上课，无法确保设施设备齐备，用电安全、食品卫生等方面也存在诸多问题。

　　三是教学方法单一。大多数教师采用引导学生观看视频模仿操作的方法开展教学，学生只知道"怎么做"，而对"为什么这样做""还可以怎样做"等问题缺少思考和实践。

一、"烹饪与营养"任务群的内涵

民以食为天。饮食健康卫生是人类生存的需求，学会一些简单的烹饪方法，了解饮食健康安全的知识是每一位社会人所必须掌握的劳动知识与技能。中华文明在几千年的发展历程中，已经形成了独特的饮食文化，中华美食遍布天下，在传播中华文明中起到了重要作用。在中国综合国力不断提高的今天，传承传统烹饪技艺、传播饮食文化已经成为中国文化向国际化发展的重要需求。

"烹饪与营养"任务群是日常生活劳动四个任务群中的重要内容之一，它立足于学生个人生活事务处理，使学生通过加工制作简单的家常餐食，经历劳动的全过程，学会一些基本生存生活技能，增强生活自理能力和勤俭节约意识，培养家庭责任感，感知劳动乐趣，爱惜劳动成果，传播中国传统饮食文化。

"烹饪与营养"任务群贯穿1~9年级四个学段，不同学段具体内容要求设置见表3-3-1。

表3-3-1 "烹饪与营养"任务群不同学段内容要求设置

学段	内容要求
第一学段 （1~2年级）	参与简单的家庭烹饪劳动，如择菜、洗菜等食材粗加工，根据需要选择合适的工具削水果皮，用合适的器皿冲泡饮品。初步了解蔬菜、水果、饮品等食物的营养价值和科学的食用方法
第二学段 （3~4年级）	使用简单的烹饪器具对食材进行切配，按照一般流程制作凉拌菜、拼盘，学习用蒸、煮方法加工食材。例如：用油、盐、酱油、醋等调料制作凉拌黄瓜；将几种水果削皮去核并做成水果拼盘；加热馒头、包子等面食；煮鸡蛋、水饺等。加工过程中注意卫生、安全
第三学段 （5~6年级）	用简单的炒、煎、炖等烹饪方法制作2~3道家常菜，如西红柿炒鸡蛋、煎鸡蛋、炖骨头汤等，参与从择菜、洗菜到烧菜、装盘的完整过程。能根据家人需求设计一顿午餐或晚餐的营养食谱，了解不同烹饪方法与食物营养的关系
第四学段 （7~9年级）	根据家庭成员身体健康状况、饮食特点等设计一日三餐的食谱，注意三餐营养的合理搭配。独立制作午餐或晚餐中的3~4道菜。了解科学膳食与身体健康的密切关系，增进对中华饮食文化的了解，尊重从事餐饮工作的普通劳动者

"烹饪与营养"任务群的内容要求在不同学段有所侧重，从"择菜、洗菜等食材粗加工"到"用简单的炒、煎、炖等烹饪方法制作2~3道家常菜"，项目容量逐步增大，难度逐渐提升，符合各阶段学生年龄特征。每个阶段的项目内容除了"烹饪"方面要求外，还有"营养、卫生"等方面要求，劳动技能方面从单一的技能到综合运用，逐步达成任务群的教学目标，培养学生劳动素养。

二、"烹饪与营养"任务群的素养要求

"烹饪与营养"任务群的素养要求主要体现在四个方面。

劳动观念方面：能正确认识烹饪劳动的价值，形成热爱劳动、尊重普通劳动者的观念；树立乐于为家人服务的劳动观念，初步形成家庭责任意识。劳动能力方面：掌握日常简单烹饪工具、器皿的使用方法和注意事项，能对食材进行简单加工，满足饮食需求。劳动习惯和品质方面：具有安全劳动意识，以及"自己的事情自己做"的生活自理意识；初步养成营养搭配和健康饮食的习惯，具有食品安全意识。劳动精神方面：感受中华饮食中蕴含的人文价值，传承与传播中华饮食文化，具有勤劳节俭的劳动精神。本任务群不同学段具体素养表现见表 3-3-2。

表 3-3-2 "烹饪与营养"任务群不同学段素养表现

学段	素养表现
第一学段（1~2 年级）	能在家庭烹饪劳动中进行简单的食材粗加工，掌握日常简单烹饪工具、器皿的使用方法和注意事项。具有安全劳动意识，以及"自己的事情自己做"的生活自理意识。初步具有科学处理果蔬、制作饮品的意识和能力
第二学段（3~4 年级）	能用简单的凉拌、蒸、煮等烹饪方法，满足自己基本的饮食需求。形成生活自理能力，初步建立健康饮食的观念。具有初步的食品安全意识。能正确认识烹饪劳动的价值，形成热爱劳动、尊重普通劳动者的观念
第三学段（5~6 年级）	能进行家庭餐食的设计和营养搭配，并掌握简单的烹饪方法。初步养成营养搭配和健康饮食的习惯，具有食品安全意识。树立乐于为家人服务的劳动观念，初步形成家庭责任感
第四学段（7~9 年级）	能根据家庭成员实际需求设计食谱、合理搭配饮食，在制作菜肴的过程中进一步掌握日常烹饪技能，形成健康生活的理念

"烹饪与营养"任务群对不同学段的内容要求有所不同，素养表现要求也不相同，呈现螺旋式上升、逐步提高的状态。

三、劳动素养的指导

对标"烹饪与营养"任务群的内涵及素养要求，我们不难发现，任务群不仅在劳动知识与技能方面提出要求，更重要的是关注了劳动素养的四个方面，从多个方面安排教学内容并提出素养具体要求，体现了任务群的育人导向和价值引领。

但在实际劳动教育教学中，经常存在教师只关注知识与技能的传授，忽视有关营养搭配的设计与筹划，对"烹饪与营养"中蕴含的饮食文化挖掘不够深入，忽略了项目的价值引领等问题。这些问题的产生原因是多种多样的。一是目前诸多劳动课程教师由劳动与技术学科教师转行任教，教学观念没有及时更新，对《劳动课程标准》学习不够深入，思维还停留在以往劳动与技术学科"烹饪"模块，简单地认为"烹饪与营养"任务群就是教会学生做菜，没有理解任务群的内涵。二是"烹饪与营养"任务

群实施需要专业设备设施，对食材、工具等方面有着严格要求，实施起来存在一定安全隐患，非常考验教师课堂管理掌控能力，一些教师有畏难情绪，不愿意精心设计组织教学，挖深挖透教学内容，而是草草应付。要么教学方法单一，多采用播放视频或直接演示，让学生模仿操作；要么只播放视频，不组织学生实践，把实践的任务交给家长，致使"烹饪与营养"任务群相关的劳动项目未能实现育人价值。

📖 问题解决

一、深入学习课标，理解任务群价值

开展"烹饪与营养"任务群活动，教师首先需要更新观念，正确理解本任务群的定位与价值。"烹饪与营养"任务群不仅要求学生学会烧饭做菜等烹饪技能，增强生活自理能力，更重要的是要求学生根据需求设计筹划、搭配菜品，满足个人与家庭的营养健康要求，增强家庭责任感，对中华民族饮食文化有更深入的了解，能主动传承与传播中华饮食文化。教师深入学习课程标准，理解任务群的价值，才能更好地设计与开展教育教学活动，培育学生的核心素养。

【案例3-3-1】"烹饪与营养"任务群价值理解（学习心得）

为落实课程标准，区域开展了系列培训活动。一位从事了二十多年劳技教学的教师在培训小结中写道：上海七年级《劳动技术》教材中，有烹饪相关教学内容，市空中课堂也提供了视频资源，如"包水饺""清蒸鲈鱼""八宝饭制作"等。在我眼中，课程标准中的"烹饪与营养"任务群内容更显层次性，包含的范围更广更深，从一年级至九年级都有，每个学段要求都不一样，不像之前只涉及七年级。经过培训，我更新了教学观念，改变了以往只关注学生会不会做某一种食品（菜品）的现象，现在还关注营养、健康、卫生等方面内容。通过培训，我认识到："烹饪与营养"任务群的思想性体现在，通过劳动实践能体悟到劳动是生存和生活的需要，是一切财富、价值的源泉，一切劳动和劳动者都应该得到鼓励和尊重。"烹饪与营养"任务群的社会性体现在，通过劳动实践，引导学生认识社会、认识家庭，增强社会责任感和家庭责任感；同时，注重让学生学会分工合作，体会社会主义平等、和谐的新型劳动关系。"烹饪与营养"任务群的实践性体现在，让学生面向真实的生活世界，引导学生以动手实践为主要方式，获得有积极意义的价值体验，学会建设世界，塑造自己，实现树德、增智、强体、育美的目的。今后开展教学设计时，我要对标劳动素养的四个方面，挖掘此类劳动项目的价值。

（案例提供：徐伟，上海市松江区天马山学校）

【案例分析】《劳动课程标准》颁布后，各级教育行政、教研机构都组织了各类培训活动，力求让教师明确课程标准的要求并落实到教育教学实践活动中。劳动课程不同于以往的劳动与技术课程，它具有鲜明的思想性、突出的社会性和显著的实践

性。教师深入学习《劳动课程标准》，更新教学观念，摒弃以往只教烹饪技能的想法和做法，理解任务群的内涵与价值，为后续开展本任务群的教学活动打下了坚实的思想基础。

二、结合学校实际，开发可实施项目

"烹饪与营养"任务群在实施中存在一些困难，如学校层面，大部分学校没有烹饪专用教室，而是在普通教室上课，用电安全、食品卫生等方面存在诸多问题。又如教师层面，由于此任务群实施时涉及诸多工具、材料，课前准备工作多，较为烦琐，加上一些教师本身不擅长"烹饪与营养"方面的内容，面对此任务群的教学，往往草草应付，使任务群落实效果大打折扣。要解决以上两个层面的问题，需要学校统筹规划，提供一定的硬件设施设备保证课堂教学实施，也需要教师认识到"烹饪与营养"任务群实施的重要性，练好自身技能，用好学校资源，结合学校实际，开发可实施项目，落实任务群内容及要求。

【案例 3-3-2】果茶的制作（项目设计）

"果茶的制作"为二年级劳动项目。

项目背景分析：依据《劳动课程标准》第一学段（1~2 年级）"烹饪与营养"任务群内容要求："根据需要选择合适的工具削水果皮，用合适的器皿冲泡饮品。"结合我校实际，即有一间劳技专用教室，容易改造成为烹饪与营养教室，课程实施所需要的水果学生愿意从家庭携带等，我们设计与开发了"果茶的制作"劳动项目。该项目旨在让学生选用合适的茶底，使用新鲜的水果，制作健康的果茶饮品，这与课程标准中任务群内容要求一致。

项目目标分析：学生通过"果茶的制作"学习实践，了解健康饮食的重要性，学会水果刀与煮茶器的安全使用方法；通过小组合作，研究果茶的配制与烹煮，感受劳动与生活的乐趣，传承中国茶文化。此项目涉及多个劳动任务群，包括烹饪与营养、清洁与卫生、家用器具使用与维护等，可提升学生综合能力，培育与落实课程核心素养即劳动素养。

（案例提供：唐敏丽，赵康健，上海市松江区九亭第五小学）

【案例分析】 面对"烹饪与营养"任务群实施中存在的困难，有多种解决方案。学校层面，可将空置教室改造为劳动课程专用教室，配置微波炉、电磁炉、抽油烟机、冰箱、烤箱、电饭煲等电器，配套案板、刀具、盘子、锅铲等专用设备，给学生提供劳动实践的场所与材料，保障"烹饪与营养"任务群劳动项目实施。教师层面，根据学校硬件设施设备，开发符合课程标准要求、贴近学生生活、学生喜欢的劳动项目，落实"烹饪与营养"任务群目标要求。例如，可以开发"水饺的制作""蒸蛋""中华面食""土豆变美食""面包的制作""西红柿炒鸡蛋"等劳动项目。一些资源紧张的学校，可以充分利用普通教室空间，开发一些不需要电器的劳动项目，如"凉拌黄瓜""水果拼盘""蔬菜色拉"等；可以采用家校协同教育，实施需要使用电器的劳动项目，教师在课堂上讲授烹饪方法，探讨营养价值，提供资源，让学生在家庭环境中由长辈监督和指导来实践。

三、合理规划项目，设计实践性活动

《劳动课程标准》在课程理念中指出：构建以实践为主线的课程结构。同时指出，根据学生经验基础和发展需要，以劳动项目为载体，以劳动任务群为基本单元，以学生经历体验劳动过程为基本要求，构建覆盖三类劳动、学段进阶安排、有所侧重的课程结构。由此可见，以任务群为基本单元，合理规划劳动项目，依据学情设计实践活动，是任务群落地的关键。

【案例 3-3-3】果茶的制作（项目规划及活动设计）

通过问卷调查发现，学校二年级 89% 的学生喝过市面上在售的水果饮品，却仅有 11% 的学生关注过水果饮品的配料成分。95% 的同学在生活中喜欢吃水果，却只有 5% 的同学在家中尝试过自己制作水果饮品。91% 的同学对动手制作果茶饮品非常感兴趣。根据调查分析发现，学生喜欢动手实践制作，但由于大部分学生从未制作过水果饮品，因此在活动设计时要充分考虑学生的学情。依据学情，教师对"果茶的制作"项目进行规划并设计了实践性活动：

活动任务	活动设计	活动实施建议	设计意图
调查分析（课前）	前置活动：调查市场各类水果饮品的配料	1. 布置任务，让学生通过网络、实地考察等多种方式开展调查，了解市面上售卖的某些水果茶饮品的配料表，用图片、文字、图表等多种方法记录调查结果。 2. 布置任务，让学生通过网络观看一些纯手工制作水果茶成品的视频，初步了解果茶饮品的制作方法	建立家校关联，将学校的劳动延伸到家庭。通过了解市面上的水果饮品的配料表，知道目前市面上很多水果茶包含了很多添加剂，并不能在真正意义上为我们的身体补充营养
学习实践（1课时）	活动1：描述不同水果的口感	1. 引导学生分享交流体验结果。 2. 引导学生品尝并归纳不同水果的口感分类；教师演示制作简单的水果茶——百香果柠檬水	品尝不同的水果，体会不同水果的口感，并能描述所品尝水果的口感，通过交流，知道哪些水果口感偏酸，哪些水果口感偏甜。知道将自己喜欢的水果混合可以制作简单的水果茶
	活动2：探究不同茶底的特点	1. 教师提供不同的茶底，引导学生品尝，利用自己的感官切身体会不同茶底的特点，并能够简单描述。 2. 教师分析不同茶底的特点，讲解中国茶文化发展史及对中国文化的影响	了解不同类型茶底的特点，了解中国茶文化，为后续水果茶的制作提供理论支撑

活动任务	活动设计	活动实施建议	设计意图
学习实践（1课时）	活动3：归纳果茶的制作要点	1. 引导学生自己挑选水果和茶底进行模拟搭配，并进行适当的解说。 2. 组织学生根据不同茶底的特点了解水果与茶的搭配要点	了解果茶的制作要点，明确水果和茶底的搭配选择，将不同口感味道的茶底与水果融合，掌握水果茶制作的诀窍
	活动1：学习水果刀与煮茶器的安全使用方法	1. 引导学生模仿煮水果茶的备料阶段，学会安全使用水果刀的方法。 2. 引导学生结合生活经验尝试思考煮茶器安全使用的方法，教师演示并总结	通过洗切水果来学习水果刀的安全使用方法，在煮茶前学习使用煮茶工具，掌握操作安全的要素
	活动2：学做苹果热橙茶，归纳果茶制作步骤	1. 组织学生装袋茶包，使得后续茶叶不在水果茶中零散分布，影响喝茶体验。 2. 组织学生进行煮茶器的烹煮使用。 3. 组织学生继续烹煮水果茶，要进行适当调味，让水果茶口感达到最佳。 4. 组织学生回顾并归纳制作热橙茶的全过程	通过模仿与操作，参与苹果热橙茶制作的全过程，尝试归纳果茶制作的一般步骤与流程。 通过合作制作苹果热橙茶，初步感受动手劳动的魅力，初步形成劳动创造美好生活的正确劳动观念，初步形成团结协作的劳动习惯与品质
创意烹制（1课时）	活动1：小组讨论制订创意果茶制作方案	组织学生依据劳动学习单的内容，通过小组讨论，逐步制订创意果茶的制作方案	通过小组讨论，制订果茶的制作方案。一是回顾前两节课相关知识，二是为后续创意果茶的制作做好铺垫
	活动2：小组合作配制并烹煮创意果茶	指导学生依据制作方案，选取合适的材料，按照正确的步骤烹制创意果茶	通过合理分工，加工原料，烹煮创意果茶，能正确规范使用劳动工具，具有安全劳动、规范劳动的意识，进一步形成团结协作的劳动习惯和品质
	活动3：分享评价，优化改进	1. 引导学生分享果茶、品尝果茶，并相互评价。 2. 要求学生依据评价结果对果茶饮品进行改进。 3. 引导学生交流分享制作过程中的心得体会。 4. 组织学生以小组为单位合影留念。 5. 引导学生在课后依据新的制作方案为父母制作一杯创意果茶	通过分享果茶、品尝果茶以及相互评价，进一步感受动手劳动的魅力，初步形成劳动创造美好生活的正确劳动观念。依据评价结果对果茶饮品进行改进，在作品改进的过程中体会开拓创新、精益求精的劳动精神。感受中国茶文化的内涵，初步具有传承、传播茶文化的意识

（案例提供：唐敏丽，赵康健，上海市松江区九亭第五小学）

【案例分析】上述案例把"果茶的制作"劳动项目作为"烹饪与营养"基本单元的一个劳动项目，规划了3个课时，设计了9个实践性活动。案例中的活动设计有三大亮点。

一是调查活动，教师组织学生通过多种方式开展调查，了解市面上售卖的某些水果茶饮品的配料表，使学生知道目前市面上大部分水果茶包含了很多添加剂，并不能在真正意义上为我们的身体补充营养，其涉及的营养健康知识也体现了"烹饪与营养"任务群中"营养"内容的要求。

二是探究不同茶底的特点活动，教师提供不同的茶底，引导学生品尝，利用自己的感官切身体会不同茶底的特点，并能够简单描述。教师顺势分析不同茶底特点，讲解中国茶文化发展史及对中国文化的影响。这个活动顺势引导学生了解中国茶文化，了解茶叶在中国经济与文化发展中的影响力，渗透德育，使此劳动项目更具价值。

三是学习水果刀与煮茶器的安全使用方法活动，二年级学生第一次使用水果刀，教师提供了塑料安全刀具，虽然不如金属刀具锋利，但用此刀具让学生实践，能在保证学生操作安全的基础上，使学生学会切水果的方法，提升学生生活自理能力。

四、应用信息技术，示范指导强化技能

劳动课程区别于其他课程的显著特征就是实践性。它注重引导学生通过设计、制作、试验、淬炼、探究等方式获得丰富的劳动体验，习得劳动知识与技能，感悟和体认劳动价值，培育劳动精神。要落实"烹饪与营养"任务群教学内容，达成教学目标，需要学生参与课堂实践或在家参与劳动实践。在学生劳动实践之前，要掌握必备的知识与技能，了解并遵循安全操作规范，此时教师的示范指导尤为重要。运用信息技术手段辅助教学，特别是进行实践操作示范，可以将瞬间的过程延长并重复播放，聚焦一些难以观察的细节，起到优化教学的作用。

但应用信息技术并不能解决所有问题，当学生实践操作仍然存在问题时，教师如果只是一遍遍播放示范视频，让学生跟着视频模仿做，那么学生只能知道"怎么做"，对"为什么这样做""还可以怎样做"缺乏思考，局限于教师教什么学生就会什么，不教就不会，不能达到技能迁移与综合运用的目标，不利于学生综合能力的提升。这时候教师可以借助信息技术，通过图片对比分析、错误示例演示分析等多种方法突破技能难点，强化正确操作方法，提高课堂效率。

【案例3-3-4】制作水果拼盘（信息技术应用）

片段1

教师：同学们刚才交流了各个小组的设计方案（学生利用投影仪展示交流方案），根据你们小组服务对象的营养需求进行了设计，有的小组是为家里长辈设计的水果拼盘，因为长辈有糖尿病，所以用的水果是低糖的；有的小组为爱美的妈妈设计了水果

拼盘；有的小组为经常便秘的老人设计了水果拼盘……大家都很有服务意识，也非常关注营养，各种造型不仅漂亮而且很能引起食欲！我们要把想法变为现实，就要学会水果的切、削方法。我们先来学习切水果的方法，让我们带着以下三个问题：切水果用到了哪种刀具？左右手如何操作？操作时应该注意什么？一起来看看老师是如何切水果的吧！

教师播放视频，学生观看视频后，学生回答教师前面提出的三个问题。教师给予学生探究实践机会，教师巡视时发现问题，及时用手机拍摄，将图片上传平台，引导学生分析，强化操作要点。

片段2

教师：我们班8个小组都制作了水果拼盘，让我们对照评价标准评一评吧！教师利用平台同时展示每个小组的作品照片，学生在平板电脑上查看图片并开展互评活动。

（案例提供：许建华，上海市松江区教育学院）

【案例分析】在上述案例中，教师利用投影技术展示了每个小组的设计方案，并组织学生交流。学生在分享交流的过程中对"根据服务对象的身体情况或要求，设计搭配水果满足营养需求"有了更深刻的认识，夯实了相关劳动知识。为了让学生学习"切"的劳动技能，教师课前准备了视频，在课堂上让学生带着三个问题观看实践操作视频，起到了示范引导的作用。在展示评价环节，教师将8个小组的作品照片通过平台上传网络，每个小组成员通过平板电脑或放大或缩小查看图片，对照评价标准开展互评，提高了评价交流的效率。

五、提供多种资源，引导学生自主探究

有些学校没有烹饪专用教室，也没有专业设施设备，无法在课堂中落实"烹饪与营养"任务群中的操作实践活动。在这种情况下，教师可以给学生提供充足的资源，如网址、图片、视频、课件、学习单等，采用翻转课堂模式引导学生在家庭中自主探究，在家长的协助下开展实践活动。学校的课堂变成学生展示成果的平台，在展示过程中，教师分析提炼制作要点、注意事项等，把劳动知识与劳动方法贯穿其中，达到教育无痕的效果。学生变被动学习为主动探究，产生了劳动的兴趣，感受到劳动的成就感，烹饪成果丰富多样。在此过程中，家校协同教育，也促进了学生和家长的交流互动，让学生理解家长每天做家务的辛苦，增进了学生与家长的感情，增强了学生的家庭责任感。

【案例3-3-5】土豆变美食（家校协同项目的资源提供）

背景：这所学校没有专门上"烹饪与营养"任务群的教室和设施设备，在普通教室无法开展的劳动项目，教师采用家校协同方式开展教学。

课例："土豆变美食"劳动项目，第一课时教师在普通教室组织学生学习了土豆传入中国的历史、土豆的营养价值、保存土豆的方法等，组织学生讨论交流了家庭烹饪

土豆的常见方法等。第一课时结束时，教师通过网络平台给学生下发了12种制作土豆美食的视频，布置任务让学生挑选其中一个视频为家人制作一道"土豆美食"，并用照片或视频记录制作过程或结果。第二课时上课前，任课教师通过平台收集了学生提交的作业，并仔细分析，挑选了优秀作品。第二课时课堂教学时，教师展示了优秀作品并组织学生分享制作过程中的心得体会。有的学生分享了制作过程，"我按照老师提供的视频，选择了其中的炒土豆丝，我的制作过程是……"；有的学生分享了制作技巧，"削好皮的土豆一定要拿水先泡一下，不然会变黑……"；有的学生分享了心得体会，"原以为很简单的土豆泥，做起来可不简单，一道道工序缺一不可。平时看父母做饭菜，没有什么感觉，自己亲身体验以后，才知道父母下班后还要辛苦烧菜，真是不容易"。

（课堂实录提供：孙菁菁，华东政法大学附属松江实验学校）

【**案例分析**】上述案例中，学校在没有相关专业教室、设施设备情况下开展"烹饪与营养"任务群教学。"土豆变美食"劳动项目共两个课时。第一课时，教师组织学生学习相关的劳动知识与技能，使学生对食材有基本的认识，对工具、材料、制作工艺有初步的了解。学生操作实践的场所变为家庭，教师提供了丰富多样的资源，学生可根据实际情况选择。学生在家长的指导下自主探究，初步学会烹饪方法。第二课时，教师将课前收集的具有代表性的优秀作品在课堂上组织学生分享，引导学生围绕制作方法、营养价值、心得体会等方面交流，达成劳动项目目标。

六、优化项目评价，激励学生落实目标

评价在教学中起到激励引导作用，合适的评价方法与手段将有效提升学生参加劳动的积极性，合理的评价内容将引导学生行为，使学生对劳动项目的关注点从劳动知识、劳动技能，到劳动观念、劳动习惯和品质，再上升到劳动精神，多维度激励引导学生最终落实课程目标。

【**案例3-3-6**】**果茶的制作（项目评价）**

"果茶的制作"劳动项目分为3课时，每个课时均有过程性评价。如第一课时主要对学生劳动知识掌握情况进行评价，采用"连连看"课堂练习方式开展。第二课时主要对学生劳动观念、劳动能力、劳动习惯和品质、劳动精神进行评价，如学生是否安全规范使用刀具，是否能将水果切成块状，是否能按照流程使用煮茶器，是否能清洁整理桌面、正确分类垃圾等。第三课时要对学生总体表现进行评价。

"果茶的制作"劳动项目评价表如下：

评价维度	评价内容	自评	互评	师评
劳动观念	我感觉这次劳动辛苦，比较愉快		—	—

评价维度	评价内容	自评	互评	师评
劳动观念	我感觉这次劳动辛苦，但是喜欢这项劳动，以后会继续这种劳动		—	—
	我感觉这次劳动辛苦，但很值得，今后愿意为家人朋友制作果茶		—	—
劳动能力	知道水果和茶底的功能，能切水果，完成指定茶饮的制作			
	知道水果和茶底的功能，能切水果并摆盘，完成指定茶饮的制作，完成创意果茶的烹制			
	知道水果和茶底的功能和营养价值，能根据需求合理搭配；能切水果并摆盘，摆盘有一定创意；完成指定茶饮的制作，完成创意果茶的烹制			
劳动习惯和品质	分工合理，体现合作；安全操作；制作完成后能清洁桌面			
	分工合理，体现合作；安全操作，节约食材；制作完成后能清洁桌面、地面，垃圾正确分类			
	分工合理，体现合作、配合默契；安全规范操作，节约食材；制作完成后能清洁桌面、地面，垃圾正确分类、工具收纳摆放整齐			
劳动精神	水果较多，浪费了一些；这次劳动不仅辛苦而且又脏又累			
	水果虽然比较多，但也不能浪费；这次劳动感觉有些脏又有些累			
	不管水果有多少，都不能浪费；要不怕脏、不怕累，坚持劳动			

注：选择合适的选项打√。

（案例提供：唐敏丽，赵康健，上海市松江区九亭第五小学）

【案例分析】在新一轮课程改革的推动下，核心素养作为关键概念对教学和评价提出了新的要求，"教—学—评"一体化受到广泛关注。将评价活动贯穿教学的全过程，使"学教一致""教评一致""学评一致"，以评促教，以评促学，落实课程教学目标。"烹饪与营养"任务群的落实过程，不仅要关注劳动能力的评价，还要关注劳动观念、劳动习惯和品质、劳动精神等维度的评价。在"果茶的制作"劳动项目中，教师设计了学习单，将评价内容与标准展示给学生，引导学生对标评价内容与标准开展学习实践，导向明确、目标明确，有利于落实"烹饪与营养"任务群目标。评价的主体可以多元化，学生自评、学生互评、教师评价、家长评价等相结合；评价的方式多元化，可以是课堂练习，也可以是技能比赛，还可以是作品分享等。教师应充分发挥评价的激励与导向作用，激发学生参与劳动的积极性。

💡 教学建议

第一，重视项目育人，关注饮食文化传承。劳动课程中的劳动项目是落实课程内容及其教育价值的重要载体。落实"烹饪与营养"任务群的内容要求及目标，需要依据课程标准，结合学校实际情况，分析学情，开发系列劳动项目，落实课程内容并挖掘育人价值，传承中华饮食文化。例如，教师可以引导学生调查食品的来源，使学生知道收获粮食的不易，懂得要珍惜粮食；可以引导学生调查中华美食或地域特色餐食，交流分享美食所蕴含的传统文化；可以引导学生观察饭店、餐馆、食品厂等食品制作、售卖、保存的全过程，感受从事食品加工人员的辛勤劳动付出；可以引导学生参与家庭一日三餐的加工制作，提升劳动能力的同时，体悟父母烹饪一日三餐的不易。教师要充分挖掘项目的育人价值，落实"烹饪与营养"任务群内容要求。

第二，关注教学方式，促进学生主动学习。"烹饪与营养"任务群内容实施时，教师可采用多种教学方式组织课堂教学，引导学生参与劳动实践。例如，教师可以通过展示实物、给学生讲故事、玩游戏等方式，创设真实情境导入新课；可以通过讲解分析、微视频演示、图片对比等方式，组织学生学习劳动知识和技能；可以通过自主探究、合作学习等方式，引导学生开展劳动实践。教无定法，立足于学生成长发展的角度精心设计教学活动，引导学生在真实的情境中发现问题、分析问题，并在学习劳动知识和技能后解决问题，从而提升综合能力和素养。

第三，挖掘劳动资源，因地制宜开展教学。劳动项目的安排遵循"整体规划、纵向推进、因地制宜、各有侧重"的原则。学校可以从学生的兴趣和学校的实际条件出发，选择学生感兴趣、学校条件允许的"烹饪与营养"任务群内容开展教学。有专用教室和专业设施设备的学校，可以让学生在学校课堂内开展劳动实践。没有专用教室和专业设施设备的学校，可以采用翻转课堂模式，由教师提供数字化资源，家校协同落实"烹饪与营养"任务群内容。学校周边如果有餐饮店或食品加工厂，还可以挖掘校外劳动资源，组织学生参加校外劳动实践。挖掘学校、家庭、社会的劳动资源，充分利用线下、线上资源，开展"烹饪与营养"任务群活动，落实"烹饪与营养"任务群目标。

3-3

食品的雕与刻（教学实录）

问题提出

【现状点击】

日常生活中，家用电器都会配备相应的使用说明书，或是配上简单的家用器具使用说明的视频。然而很多人认为，看使用说明书、操作家用电器这些事情都是生活中的小事，跟劳动教育没有什么关系。一些教师会在劳动课上教学生如何使用小的家用电器或是布置孩子回家制作一顿米饭，拍照发给老师……

"家用器具使用与维护"是日常生活劳动四大任务群之一，家用电器使人们从繁重、烦琐、费时的家务劳动中解放出来，为人类创造了更为舒适优美的生活和工作环境。学生通过对"家用器具使用与维护"任务群的学习，提高生活能力和自理、自立、自强意识。

但是随着"家用器具使用与维护"任务群在中小学的不断实施，也逐渐暴露出一些需要解决的显著问题。

一是实施内容窄化。很多教师在实施这一任务时，只是让学生回家用家用电器帮家长做家务，并拍照上传打卡。把"家用器具使用与维护"任务群的劳动教育简单等同于让学生参加家务劳动。使用家用电器是家庭生活中的一件小事，缺少指导学生看说明书，学习如何使用家用电器的环节，这体现了劳动教育内容窄化的问题。

二是家校协作虚化。"家用器具使用与维护"的学习来源于生活，运用于生活。在课堂中学习如何正确使用家用电器后，重点是回家练习，学会使用电器进行家务劳动，并养成正确使用与维护家用电器的劳动习惯。这就需要家校协作，共同督促与评价。但大多数学生很少在家实践，家长也没有配合学校督促，有的只是应付性打卡，还有的甚至持反对意见，没有实现家校协作。

三是动手实践弱化。劳动教育资源是保证劳动教育有效实施的关键因素，但劳动教育资源的匮乏和不均衡现象也成为劳动教育开展的问题之一。目前能够具体落实到每个班级，供正常开展教学用的家电品类和覆盖面都是比较有限的。课堂上，学生以理论学习为主，动手操作的机会较少，学生的学习兴趣不高。

四是素养导向淡化。家用器具的使用与维护是现代生活中非常重要的内容，它关乎家庭生活品质和经济效益。然而，在教学中往往只教授家电怎么使用与维护，没有让学生探究为何要这样使用，没有注重良好使用习惯的养成和安全意识、质量意识的培养，以及生活自理能力的提高。课堂素养导向不明显，造成学生缺乏自立自强的意识。

🔑 问题分析

一、"家用器具使用与维护"的内涵

"家用器具使用与维护"是日常生活劳动中较为常见、较为重要的劳动内容。这一任务群旨在通过让学生学习阅读家用电器说明书，掌握常用电器的使用方法，能正确、安全地操作常用电器开展日常生活劳动。同时，在使用家用器具的基础上，能对家用电器进行简单的维护保养、故障判断以及简单的维修。促进学生掌握一定的生活劳动技能，学会使用常见的生活劳动器具，增强生活自理能力和动手解决问题的能力。本任务群主要分布在3~9年级，不同学段具体内容要求设置见表3-4-1。

表3-4-1 "家用器具使用与维护"任务群不同学段内容要求设置

学段	内容要求
第二学段 （3~4年级）	正确使用1~2种家庭常用小电器，如吹风机、吸尘器等，完成劳动任务。认识、了解厨具的种类和作用，正确使用厨房小家电参与家庭烹饪劳动，如用电饭煲煮饭。知道操作流程要规范、安全
第三学段 （5~6年级）	通过阅读产品说明书，了解家庭常用电器，如电视机、电冰箱、洗衣机、电风扇、空调等的功能特点，掌握基本操作方法。根据需求选择使用功能，规范、安全地操作。例如：使用洗衣机的不同功能洗涤不同材质的衣物；使用电饭煲的蒸、煮、炖等各项功能满足食品制作的不同需求
第四学段 （7~9年级）	通过阅读产品说明书，了解家庭常用电器的基本结构、工作原理和保养方法。用螺丝刀、扳手等工具对家用电器进行简单的拆卸、清理、维修等，如空调滤网的清洗，饮水机的清洗、消毒，家用电器小故障的判断与维修等

从项目内容上看，从第二学段到第四学段，项目内容的范围渐次扩大，难度也随着学段升高而逐渐增加：3~4年级学生开始学习使用1~2种家庭常用小电器，如电吹风、微波炉等，要求学生掌握正确规范的操作流程，然后逐渐增加与发展。5~6年级学生尝试学习使用更加复杂、功能更多样的家用电器，还要在学会使用的基础上，知道家用电器的功能特点，选择家用电器不同的功能实现劳动的目的，并且对各种功能都能正确、规范、安全地操作。7~9年级学生在正确规范使用家用电器的基础上，学会维护家用电器，学习对家用电器进行简单拆卸、清理、维修的项目内容。学生通过家用器具使用与维护的劳动实践，逐步提高使用家用器具完成家务劳动的能力，初步具备保养维护和简单维修的能力；养成规范操作、安全劳动的习惯、品质；感受工具的使用带来的便捷，认识到创造性劳动的价值意义，逐步形成积极探索、追求创新的精神。

二、"家用器具使用与维护"的素养要求

"家用器具使用与维护"的素养要求主要体现为：劳动观念方面，乐于参与使

用家用器具进行家庭劳动，能主动完成力所能及的劳动，感受常用器具的使用对日常生活劳动的帮助，认识创造性劳动的价值意义，树立劳动最崇高、劳动最伟大的观念；劳动能力方面，通过家用器具使用与维护的劳动实践，学会使用常见的生活劳动器具，逐步提高学生使用家用器具完成家务劳动的能力，初步具备保养维护和简单维修的能力；劳动习惯和品质方面，养成规范操作、安全劳动，耐心、细心等劳动习惯和品质；劳动精神方面，具有劳动质量意识，认识到创造性劳动的价值意义，逐步形成积极探索、追求创新的精神。本任务群不同学段具体素养表现见表3-4-2。

表 3-4-2 "家用器具使用与维护"任务群不同学段素养表现

学段	素养表现
第二学段 （3~4年级）	初步掌握家庭常用小电器的使用方法，会根据需要选择和使用，初步具有家用电器使用安全意识和器具保养维护意识，形成生活自理能力。养成用后及时清理、收纳到位的良好劳动习惯
第三学段 （5~6年级）	掌握家庭常用电器的功能特点和使用方法，在学习和操作过程中养成耐心、细心的劳动品质，形成运用现代科技参与日常生活劳动的能力。初步养成良好的家用电器使用习惯。感受家用电器对提高家务劳动效率、提升生活品质的作用。养成在劳动中勤于观察、乐于思考的品质
第四学段 （7~9年级）	掌握家庭常用电器使用过程中简单的保养和维修方法，提升家政技能和实践操作能力，养成科学、规范地使用家用电器和勤于保养家用电器的良好习惯。增强劳动过程中安全保护意识和劳动质量意识，养成在劳动中不畏艰辛、勇于创造的精神

随着学段升高，"家用器具使用与维护"任务群的素养表现在劳动观念、劳动能力、劳动习惯和品质、劳动精神四个方面呈现出难度和要求的递增趋势。

三、立足于劳动素养的教学

随着科学技术的发展，各种各样的家用电器成为人们日常生活中必不可少的组成部分，仅让学生学会使用家用电器，这样的劳动教育是远远不够的。教师要引导学生充分实践和探究，不仅要学会家用电器的使用，还要学习家用电器的保养与维修，养成使用后及时清理、收纳的习惯，在使用中勤于观察、思考的品质，培养劳动素养。

教师要立足素养培养开展教学，提高学生的学习兴趣，细心观察学生在生活中使用与维护家用器具的状态，调查学生在家用器具使用过程中的疑惑，多提供机会与学生一起实践，引导学生深入探究；要善于借助学生家庭、家长的力量，拓展学习空间，增加实践机会。通过本任务群，不仅提高学生劳动能力，更重要的是引导学生乐于动手解决问题，乐于参与家庭劳动，学会生活自理，感受劳动创造美好生活。

📖 问题解决

一、创设真实情境，激发探究兴趣

"家用器具的使用与维护"贴近学生的生活，教师要注意避免用枯燥的理论讲解消磨学生的学习兴趣，而应创设真实的生活情境，激发学生对家用器具的学习热情，使学生产生内需，主动探究。创设情境的方式多种多样，可以是生活中家用器具的使用问题，可以是烹饪、洗涤等生活问题的高效解决，也可以是对保养家电的思考等，与生活接轨，引导学生主动探究家用器具的使用方法。

1. 任务驱动，激发内需

任务驱动可以有效激发学生的内在需求和学习动力。教师可以围绕家用器具的使用与维护问题，生成贴近学生生活的任务，根据学习目标和学生的兴趣布置任务，确保任务具有挑战性和可实现性。学生因为有内在需要，就能围绕家用器具真实地展开行动。

【案例 3-4-1】家电真方便（任务驱动情境创设）

学生观看情景剧《妈妈辛苦的一天》。周末的一天，妈妈早上 6:00 起来做早餐，叫孩子起床，然后买菜，回家后洗衣服、晾衣服、扫地、拖地，简单收拾房间，忙完就快到中午了，又得洗菜、切菜、做午饭，吃完饭还要刷锅洗碗……

观后，教师引导学生探讨：可以利用哪些家用电器解放妈妈的双手，提高劳动效率？如果使用了电饭煲、扫地机、洗衣机、洗碗机等电器，那么妈妈做这些家务需要多久？

通过讨论探究，学生发现家用电器给生活带来了便利，然后教师乘势布置探究任务：你会使用这些电器吗？请在家长指导下尝试使用这些电器做家务。你最想学习使用哪种电器？请找出它的使用说明书，尝试阅读说明书并使用它的各种功能。

（案例提供：周立萍，浙江省杭州市萧山区党湾镇第一小学）

【案例分析】任务驱动直接激发学生的探究兴趣，现代家庭生活有各种各样的家用电器，但有不少学生并没有亲自使用过。让学生认识到家用电器给生活带来的便利性和高效性，对使用家电产生浓厚的兴趣，此时布置任务引导学生主动学习使用这些家电，尝试使用其功能，感受家用电器给生活带来的便利，激发劳动内需，有利于活动的开展。

2. 问题解决，激活思维

基于现实问题的学习，更能引发思维冲突。开放的、复杂的生活问题，可以激发学生的深层次思考，引导学生进行主动的思维构建。在家用器具的使用与维护中，教师要注意引导学生发现问题、主动探究，可以围绕一个待解决的核心问题展开研究，激发兴趣，激活思维，引导学生真实实践。

【案例 3-4-2】学做麦糊烧之厨具认识（问题情境创设）

在学做麦糊烧之前，教师让学生先预学教材，在家尝试制作麦糊烧，并拍照片或视频。在课堂上探讨麦糊烧制作技术要点时，第一环节先探讨厨具的选择与使用。为了让学生更好地认识各种锅具的不同特性，教师提出问题让学生探讨：使用什么厨具制作麦糊烧更方便？

在问题探讨时，学生展示了自己尝试实践的照片或视频，说明使用的锅具与制作结果，表达制作感悟。然后教师带领学生比较各种厨具，从而了解了铁锅、石锅、平底锅、不粘锅、电饼铛等各种厨具的优缺点。

【案例分析】基于学生的尝试实践，围绕问题"使用什么厨具制作麦糊烧更方便"展开探讨，学生能积极地、真实地表达实践感悟：使用普通的铁锅、石锅等需要高超的技艺，注意用中小火，快速晃锅使其成形。使用不粘锅制作麦糊烧不容易粘锅、不容易烧焦，更容易制作。这样的问题情境创设，让学生围绕问题探究家用器具的特点，有利于劳动思维的培养，激励学生进行更深层次的劳动实践。

二、打造多维空间，合作深入实践

"家用器具使用与维护"这一任务群的开展，由于教学资源的限制以及劳动内容的特殊性，必须通过家、校、社有效合作，创设多种实践空间，让学生充分实践，掌握技能，养成良好的劳动习惯和品质。

1. 家为基，校为导，深度探究，夯实能力

以劳育人，要以核心素养为导向，以家庭为基地，以学校为引导，课堂内外齐聚力，有效解决"家用器具使用与维护"教学中缺乏场地、缺乏工具的问题，让学校和家庭共同担负起孩子的劳动教育，让劳动真实发生，真正提高学生的劳动素养。

把家庭作为学生劳动的尝试基地、实践基地、巩固基地、回馈基地；学校重点发挥引导作用，引导学生学会调查设计，学会技术，精准习得劳动知识与技能，学习方式以探究反馈、改进提高、设计制作为主。家校合作齐聚力，拓展教学空间和时间，解决学校劳动场地、设备不齐全问题，避免劳动虚化，突破教学重难点。

第一，在家尝试，在校夯实，提高探究深度。在家尝试劳动，可以解决在校缺乏劳动场地和工具的问题。让家长一对一指导孩子学会正确使用家用器具，安全有保障。当然，在家尝试劳动，活动之前应征求家长同意，具体告知在家活动要求，确保劳动安全。

第二，在校突破，在家巩固，有效技能反馈。学生在家尝试过不等同于劳动技能的掌握与劳动教育的结束，在校必须深入探究，精准掌握劳动能力，精益求精。同时，在校劳动更不是一种结束，学生习得技能是为了将其运用于生活，学会生活自理，成为爱劳动、会劳动的时代新人。因此，学生要将在校学会的技能运用到家中，在家每天练习，让技能越来越娴熟。

第三，在家调查，共享资源，避免劳动虚化。家用器具的学习，要让学生在家常态化进行，发现问题及时探究。要引导学生调查同一种家用器具的不同款式、不同功能，从而学会选择合适的家用器具进行劳动。在家调查、使用家用器具，为课堂探究

做好铺垫。课堂上学生一起探究在家使用器具的所思所想，共同交流调查结果。还可以共享小型的家用器具资源，解决课堂缺乏器具实践的问题。

【案例3-4-3】制作三明治子任务二：学煎荷包蛋（家校有效合作方式）

（一）劳动目标

劳动场地	劳动方式	劳动目标
家庭	实践、体验	在家长的指导下，安全使用煤气灶，认识各种锅具，选择合适的锅具，尝试煎荷包蛋和煎火腿，注意规范劳动、安全劳动。感受劳动的辛苦和快乐
劳动教室＋食堂	提升、实践	通过交流反馈，了解各种锅具的特点，初步掌握煎的烹饪技巧。认识电磁炉并学会正确使用。了解荷包蛋"不散不粘"的煎制技巧，并选择自己喜欢的锅具进行煎制。在实践过程中，培养勤俭节约、不怕困难的精神，初步养成有始有终、专心致志的劳动习惯和品质

（二）家庭实践活动

请家长指导孩子认识各种锅具，尝试用1~2种不同的锅具煎荷包蛋和煎火腿，注意劳动的规范和安全，节约食材，正确使用燃气灶。可以让孩子多次尝试实践，拍下孩子一次完整的煎蛋过程，将视频发班级群。

（三）学校实践活动

场地一：普通教室

在课堂激趣导入后，教师给学生播放煎蛋视频，指导学生认识各种不同的锅，从"色、形、味"探讨荷包蛋的煎法，然后通过微课介绍电磁炉的安全使用方法。

场地二：食堂

学生根据选择的锅具进行分组实践。组内成员做好准备工作，商量好活动顺序、注意事项后开始实践。1人操作，其他3人观察，并在评价单上做好评价。教师巡视，确保安全，观察记录。最后学生进行展示、评价和活动总结。

【案例分析】厨具的多样性及其不同的使用方式，给学生提供了一个家用器具正确使用方法的探究点，一个从课外延伸到课内的探究点。在家尝试为在学校探究埋下伏笔，学生有了尝试经验，以及成功或失败的体验，在学校才能深入探究，畅所欲言，或分享成功经验，或发现问题所在，从而夯实技术要点。小组分工使用电磁炉和各种各样的锅煎荷包蛋，有利于学生探究不同器具的使用方法，使课堂实践真实展开。

指向核心素养培养的家校合作方式，家校共聚力，构建深度学习的课堂。项目化探究，因地制宜，解决场地、工具欠缺问题。在家尝试探究，在校分析、创造、评价，共同发展学生高阶思维，培养劳动素养。

2. 请进来，走出去，多方协作，感悟精神

"家用器具使用与维护"除了高效的家校合作、共享资源外，还要注意利用好本地资源，采用"请进来，走出去，打造多维空间"的方式，让家用器具的学习更加贴近现实生活，更加专业化。大型家用电器一般很难在课堂实践。因此，学校可以把课堂延伸到社会，寻求相关家电超市、家电工厂、家电维修店等的帮助，让学生参观学习、实践操作，学习专业化家电使用和维护知识。学校也可以请专家进课堂为学生讲解专业知识，弥补家长和教师的技能短板，专业解决学生在使用家用器具时产生的疑问。

【案例3-4-4】扫地机器人的使用（专家进课堂）

教师开场导入：今天我们特邀一位学生家长带着几个扫地机器人来到我们的课堂，大家欢迎！

学生家长介绍几款不同型号的扫地机器人。

学生学习正确使用扫地机器人。学生家长指导，教师协助指导。

学生家长介绍扫地机器人的工作原理和不同型号扫地机器人的不同功能。

讨论交流：如何定期保养，才能使扫地机器人不会经常出现故障而罢工？学生家长答疑解惑，讲解机器人使用注意事项。

学生实践正确清洁和维护扫地机器人（用毛刷、软布清洁，清理缠绕的杂物，清洗集尘盒）。家长和教师共同评价。

拓展创新：了解了现有不同扫地机器人的功能，请大家对未来扫地机器人可能具备的新功能提出设想，比一比谁的设想最有创意。教师组织引导学生讨论，写下创意方案。

【案例分析】上述案例中，这位学生家长是一名扫地机器人的销售人员，他受邀带着扫地机器人进课堂，既能讲解专业知识，又方便学生进行实践操作，学生家长进行评价与指导。教师要充分寻找周边的资源，如家电行业的研发者、组装工、销售员、维修工等相关人员，都可以成为课堂的专家教师。教师要注意协助专家对学生开展家用器具使用与维护的专业教学，以产生更好更专业的教育效果。此外，教师还可以组织学生去商场调查家用器具的型号、功能，听销售员介绍不同功能的使用方法；去维修店学习师傅拆装家电和维修的方法，并动手实践；去工厂参观家用器具的生产线，观察产品的制作过程……教师要注意组织与引导学生，在学习专业知识的同时，感悟爱岗敬业、甘于奉献的劳模精神和精益求精、追求卓越的工匠精神。

三、多样实践方式，推进真实行动

"家用器具的使用与维护"最忌纸上谈兵，空讲理论，教师要创设多样的实践方式，让学生真正投入地进行实践操练，探究家用器具的使用与维修方法，不断实践，养成习惯，学会自理，感受劳动创造美好生活。

1. 尝试探究，发现问题，记录过程与反思

改变"师教生学"的模式，激发学生的探究兴趣，引导学生自主探究，会劳动，爱劳动。"家用器具的使用与维护"的主场地是家庭，最重要的实践方式就是学生在家

学习如何使用家用器具，参与家务劳动。教师要组织有效的家校合作，引导学生在家研究家用器具的使用与维护，发现问题，探究方法。

学生课前积累在家尝试实践的经验，记录问题，为课堂探究奠定基础。可以把在家实践的过程拍成照片或视频，上传到班级群等家校联系评价平台，方便家长、教师、学生共同参与评价。

【案例 3-4-5】电饭煲的使用（在家实践方式）

教师任务引导：

1. 调查家里用过哪几款电饭煲，其功能各有什么特点？

2. 研究现有电饭煲的构造，阅读其产品说明书。

3. 观察家长常用电饭煲的哪几种功能？尝试使用其中的 1~2 种功能，记录使用心得。注意使用安全。

在家实践：使用"劳动优学单"，请家长配合孩子的实践过程，保证安全，并进行评价，激励孩子认真实践。

劳动优学单

课题：电饭煲的使用
实践方式：家庭实践

劳动内容	记录过程	自我评价	家长评价
1. 调查家里用过哪几款电饭煲，其功能各有什么特点？	品牌1：　　　　主要功能： 品牌2：　　　　主要功能： 品牌3：　　　　主要功能：		
2. 研究现有电饭煲的构造，阅读其产品说明书	组成结构：＿＿＿＿、＿＿＿＿、 ＿＿＿＿、＿＿＿＿、＿＿＿＿ ＿＿＿＿等。 阅读产品说明书后，我的感悟：		
3. 观察家长常用电饭煲的哪几种功能？尝试使用其中的 1~2 种功能，记录使用心得	我用电饭煲＿＿＿＿、＿＿＿＿。 方法与步骤： 1.＿＿＿＿＿＿＿＿＿。 2.＿＿＿＿＿＿＿＿＿。 3.＿＿＿＿＿＿＿＿＿。 4.＿＿＿＿＿＿＿＿＿。		

【案例分析】 上述案例让学生在家尝试使用家用器具，培养学生的实际操作能力和解决问题的能力。通过在家使用电饭煲，学生可以学习如何正确操作、清洁和维护，了解其原理和工作方式。同时，学生还会在实践中遇到新的问题，通过解决新的问题提高解决问题的能力和创新思维。这样的经验对课堂过程分享和问题解决起着关键引领的作用。利用"劳动优学单"保障学生的实践有效开展，使家长感受到学生劳动的价值并积极配合。

2. 分析探讨，方法引领，读懂产品说明书

在学生课前尝试实践后，教师通过平台展示学生在家实践记录的"劳动优学单"，组织学生展示、交流、分享使用家用器具的过程、体会及困惑等。教师引导学生共享经验、解决困惑，教会学生读懂产品说明书。小型家用器具的使用，还要准备好场地、器具，让学生再次实践验证，巩固技能，发展劳动素养。

【案例 3-4-6】电饭煲的使用（在校实践方式）

1. 展示在家实践的"劳动优学单"，微视频展示全班实践过程，评价学生的劳动态度、劳动精神。

2. 学生汇报调查结果：电饭煲的基本构造和各种功能。

3. 研读产品说明书，了解其包含的内容；探究如何利用产品说明书解决常用故障；了解电饭煲使用的注意事项。

4. 探究使用电饭煲的主要功能：煮饭、蒸菜、煮粥。

分别请两位学生汇报主要步骤和方法，展示视频，全班交流评价，提出建议。关注：电脑版电饭煲和机械版电饭煲、普通电饭煲和高压电饭煲的不同使用方法；有蒸架和无蒸架的不同蒸菜方式。教师适时用图片、微视频引导学生掌握正确的使用方法。

真实实践：准备 4 台相同的电饭煲，分组操作煮饭，进行安全教育。

尝试不同的米水比例和煮饭时间，观察和比较不同条件下的煮饭效果，深入了解电饭煲的工作原理和使用技巧。

5. 等待饭熟的过程中，探讨解决在家和在校实践中的困惑。

【案例分析】在校实践探讨要以在家实践为基础，有的放矢。教师组织学生分享使用电饭煲的经验和技巧，提出自己的困惑，一起探讨解决。教师还要注重引导学生分析探讨产品说明书，学会通过读懂说明书来了解产品的功能、使用方法和注意事项。在条件允许的情况下，可以通过实际操作验证和理解说明书中的内容，还可以参考相关的技术资料、视频教程等，进一步了解产品的原理和使用技巧。这样的课堂实践方式理论与实践相结合，能让学生扎实掌握家用器具使用技巧。

3. 应用强化，精益求精，学会生活自理

学习使用家用器具的使用与维护，重点是应用于生活，让学生学会自理，熟练使用家用器具提升生活品质，不断探究，勇于创新。让学生养成每日参加家务劳动的习惯，在使用和维护家用器具的过程中，注重熟能生巧，精益求精。

【案例 3-4-7】电饭煲的使用（在家巩固实践方式）

在校探究引领后，要求学生每周至少使用三次电饭煲，进行劳动打卡和评价，保证劳动实践的真实练习时间，以便实现熟能生巧、精益求精；探究使用电饭煲的其他功能，熟练运用电饭煲蒸、煮、炖等功能来制作其他美食；养成认真清洁和保养电饭煲的好习惯。

【案例分析】在课堂习得方法，在家巩固应用，用劳动打卡来督促学生用电饭煲煮

饭、煮粥等，探究电饭煲的其他功能制作美食，激发学生的探究兴趣，发展劳动思维。通过督促学生经常使用家用器具，巩固课堂所学技能，逐步达到熟能生巧、精益求精，促使学生主动参与家务劳动，会劳动，爱劳动。

四、多维评价手段，推动素养发展

"家用器具使用与维护"是一项学生长期学习与实践的生活劳动，要运用多元评价，监测学生真实的实践过程，除了自我评价、同伴评价，更重要的是让家长、社会参与评价，激励学生坚持使用家用器具参与家务劳动，养成习惯，学会自理。教师需要运用作品评价表、个人反思表、项目进度表、研究日志等多种形式的评价工具，可以采取展览会、报告会、展示墙、学习报告单等分享学生的劳动成果和感悟，注意过程性评价和结果性评价相结合，主要采取以下两种方式。

1. 档案式评价，记录过程

档案式评价指的是把学生在使用和维护家用器具时的劳动过程记录下来，做成一份电子档案保存，也可以放入纸质档案袋。记录学生使用家用器具的实践过程、相关的劳动打卡表、评价表、创新发现、个人反思等，把学生学习使用家用器具的点点滴滴做成档案，记录成长足迹，让学生感悟劳动的幸福，激励学生用劳动创造美好生活。

【案例 3-4-8】洗衣机的使用（档案式评价）

为了记录学生认真使用洗衣机清洗衣物的过程，激励学生坚持劳动，教师利用线上平台设立班级展示区，让学生上传使用洗衣机清洗不同衣物的图片、视频，让学生、家长共同评价；为每位学生建立一个文件夹，让家长把劳动过程和结果存入其中。

【案例分析】档案式评价有利于全面记录学生的实践过程，同伴、家长、老师的评价让学生更能感受到劳动的快乐，积极投入家务劳动中去，成为生活的主人。档案式评价是历史的记录、成长的见证，看着档案里记录的使用家用器具的学习过程，学生间相互分享、交流，也有助于学生发现自己的不足，在使用与维护家用器具的过程中不断进行改进与创新，并记录下来，充实自己的劳动档案。

2. 表格式评价，关注素养

表格式评价可以引导学生在使用家用器具的同时，关注自己的劳动习惯和品质，提高劳动能力。表格式评价设计直观，应用广泛，可以是对一堂课、一个项目学习的全面评价，也可以是对一学期劳动表现的总体评价。表格式评价以文字记录为主，兼顾劳动的过程与结果，重点关注学生劳动素养四个方面的发展。

"制作三明治"项目学习评价单

姓名：_____

评价内容	学校劳动表现	自评	师评	家庭劳动表现	自评	家长评
劳动观念	积极愉快地参加劳动，懂得劳动创造美，感受自己做早餐的快乐			主动认真地劳动，树立"劳动最光荣、劳动最美丽"的观念		
劳动能力	正确使用电磁炉，初步掌握煎的技能			初步学会调查的方法		
	正确使用刀具，初步掌握切片或段的技能			正确使用煤气灶和刀具		
	掌握煎荷包蛋的技能，煎出的荷包蛋外形美观			选择合适的锅具，在家长指导下学习煎荷包蛋和火腿片		
	能有创意地设计和制作营养均衡的三明治			能自己准备食材，正确处理、清洗干净食材等		
	乐于动手，实现生活自理			乐于自己动手，进一步练习蒸、煮、煎的技能		
劳动习惯和品质	能够专心致志地完成劳动任务，注意用火、用电、用刀的安全			专心致志劳动，规范劳动，安全劳动		
	会清洁厨具、灶台和桌面等，正确处理各类垃圾			注意劳动卫生，养成清理灶台和厨具的习惯		
	珍惜劳动成果，节约食材			珍惜劳动成果，学会节约食材		
劳动精神	遇到困难会探究，对厨艺作品质量要求高			勤俭节约、精益求精，愿意向家长请教厨艺		
整体评价	老师评价：			家长评价：		
写下感悟	在这次的三明治制作活动中，我 _____					

注：每项评价内容，做得很好的画★，做得一般的打✓，没做到的画〇。

【案例分析】表格式评价的评价内容关注了学生劳动素养四个方面的表现。根据劳动场所的不同分别对学校劳动表现和家庭劳动表现两方面进行评价，这样能更加具体、合理、全方位地评价学生表现，体现了"家用器具使用与维护"这个任务群的特色性。运用表格式评价更加方便、快捷，在劳动之前出示素养评价表，能有效地引导学生按照评价内容进行劳动，并关注劳动品质和劳动精神的发展。

教学建议

第一，**多种情境，学习内容深入生活**。创设多种生活情境，将家用器具的学习内容与实际生活相结合，提高学习的实效性和实用性。因地制宜，深入生活实际，选择贴近学生生活的家用器具，可以激发学生学习兴趣，提高参与的积极性。引导学生主动探究家用器具的使用方法，发现问题，深入学习，在教师、家长的指导下，愿意使用家用器具参与家务劳动，用劳动提高生活效率，创造美好生活，养成每日家务劳动的好习惯。

第二，**多维空间，多方合作体现高效**。打造多维教学空间，寻求多方合作，让"家用器具的使用和维护"学习活动得到有效开展。家为基，校为导，让家用器具的学习活动得到常态化有效开展。学校的方法引领、家庭的操作实践、家校有效协作共同推进学生的劳动实践，是本任务群的学习之本。教师充分利用好周边的家用器具学习资源，积极寻求多方合作，使有关的商场、维修店、工厂等都成为学生的学习实践场地。学校邀请专家进课堂开展专业教学，开展学习劳模精神的主题活动，采用"请进来，走出去，打造多维空间"的方式，解决教学资源匮乏的问题。

第三，**多样实践，任务探究走向深度**。"家用器具的使用与维护"任务群采用多样的实践方式和任务探究活动可以帮助学生走向深度学习。学生通过尝试实践、问题探讨、微课学习、应用强化、参观学习等多样实践活动，更好地理解和应用家用器具的使用方法和原理，会正确清洁和保养家用器具；通过多样化的实践和任务探究，增强劳动实践的时效和功效，提高学习的深度和质量，发展高阶思维能力。

第四，**多方发展，素养导向趋向全面**。用素养引领学生对家用器具的学习，全面发展学生的多方面能力。教师不仅要教学生家用器具的使用与维护，更要引导学生探究为何要这样使用，发展学生的探究能力和劳动思维，引导学生养成良好的使用习惯，培养学生的安全意识、质量意识，使学生学会生活自理。同时，培养学生的创新思维、问题解决能力和团队合作精神，为未来生活打下坚实的基础。

3-4-1
正确使用锅具煎荷包蛋（教学实录）

3-4-2
制作三明治（项目学习案例）

问题提出

【现状点击】

　　学校的小农场里，教师、学生、家长带着各种工具来到自己班级的"分配地"。随着教师一声"开始"，家长身先士卒，拔草、翻地，忙得不亦乐乎。学生也拿着小锄头，东挖一下，西翻一下，看似忙得不可开交，实则毫无章法。教师拿着手机，不断寻找拍摄角度……土地整理妥当，学生围拢到园丁周围，观看园丁挖坑、种苗、浇水。园丁示范后，学生散开，在家长的带领下，纷纷模仿跟做起来……日上三竿，劳动接近尾声，全体成员在老师的组织下，拍摄合影，活动落下帷幕。此后，种下的植物就交给园丁打理，直到植物可以收获时，前面的类似场景在种植基地重现。

　　《劳动课程标准》明确了劳动教育的内容包括日常生活劳动、生产劳动和服务性劳动三大类型，共设置十个任务群。《劳动课程标准》指出："生产劳动让学生在工农业生产过程中直接经历物质财富的创造过程，体验从简单劳动向复杂劳动、创造性劳动的发展过程，淬炼生产劳动技能，体会物质产品的来之不易，认识劳动与自然界的基本关系。"作为生产劳动的一部分，"农业生产劳动"任务群下设置的教育内容从简单到复杂，贯穿一年级到九年级，主要涉及种植、养殖和农副产品保鲜与加工等内容，让学生在复杂程度逐步提升的学习中，不断认识到农业和农业生产劳动的重要意义，提升从事农业生产劳动的基本知识和技能。

　　传统农耕文化在中国源远流长，是中华优秀传统文化的主要成分之一，也是构建社会主义核心价值观的重要组成部分。农业生产劳动任务群的学习，有利于学生了解中华优秀传统文化，养成勤劳务实、脚踏实地等优秀品质。"农业生产劳动"任务群通过选择与学校和学生生活实际相匹配的劳动项目与内容，能让学生充分体验、感知农业生产的基本过程和主要方法，让学生体验工农业生产创造物质财富的过程，增强产品质量意识，体会平凡劳动中的伟大，引导学生懂得劳动最光荣、劳动最崇高、劳动最伟大、劳动最美丽的道理，树立"劳动是一切幸福的源泉"的观念，增强热爱劳动的思想感情。

　　虽然农业生产劳动的地位非常重要，但是在一线教学实践中仍然存在诸多问题，主要体现在以下几个方面。

　　一是概念理解存在偏差。很多学校认为，农业生产劳动必须在实践基地进行，没有基地就无法实施，因此不考虑学校硬件设施是否能满足需求。农业生产劳动往往被认为是种植农作物、经济作物，而其他植物种植不算是农业生产劳动。在农业生产劳动中缺失养殖方面的劳动和农产品加工销售类型的劳动。

二是学生参与点到即止。不少劳动教师在实施"农业生产劳动"任务群的过程中，对"农业生产劳动"本身的育人价值意义认识不够，只关注学生对工具的使用、对技能的学习，忽视学生农业生产劳动过程中所表现出来的积极的劳动精神、良好的劳动习惯和品质，以及正确劳动观念的形成。因此，在种植类劳动实践中，学生往往只参与播种与收获，缺少需要长期付出劳动的养护过程。在养殖类劳动实践中，学生大都是了解一些养殖的知识，同样缺少养殖过程的参与。这样点到即止的实践形式，不利于学生劳动品质的形成。

三是场地资源利用不足。很多学校对农业生产劳动的场域开发不够，主要依托劳动基地开展农业生产劳动，重视劳动基地的建设，而忽视对学校走廊、露台、花坛等空间的挖掘和利用。由于农业生产劳动一般都具有周期长、季节性强的特点，有的学校在开展农业生产劳动前，缺少规划，种植养殖类型单一，对如何有效利用养护空当合理安排种植计划，提高场地的利用效率考虑不足。还有的学校则表现为把劳动场域和劳动实践局限在校园内，忽视了对家庭和社区场域资源的挖掘和利用，限制了农业生产劳动的广度。

四是评价举措不够完善。由于农业生产劳动的劳动环境比较艰苦，养护过程时间较长，活动形式相对单一，这就需要有效的激励评价机制来引导和督促学生持续地关注作物和动物的生长。但是很多学校没有采用评价激励措施，即使一些有评价激励措施的学校，也在"谁来评""评什么""如何评""评后怎么用"等方面存在诸多问题，如评价主体单一，评价方式简单，评价内容偏失，评价功能弱化、异化等。这些因素会直接导致学生的劳动兴趣和积极性不够持久，容易产生劳动倦怠感，无法体会劳动带来的成就感，进而影响劳动课程的育人效果。

🔑 问题分析

一、农业生产劳动的内涵

农业生产劳动是劳动者按照一定的经济目的，从事农、林、牧、副、渔业生产，创造物质财富和精神财富的过程。农业生产劳动具有劳动场所分散、季节性强、生产周期长等方面的特点。农业生产劳动包含直接生产农副产品的劳动和围绕生产需要、改善生产条件为生产服务的劳动，其中既有体力劳动，又有与生产密切相关的技术、管理方面的脑力劳动。农业生产成果是各种不同劳动的综合成果。

在义务教育阶段，"农业生产劳动"任务群内容设置遵循由易到难、循序渐进的原则，并在中小学四个学段均有安排。不同学段具体内容要求设置见表3-5-1。

表 3-5-1 "农业生产劳动"任务群不同学段内容要求设置

学段	内容要求
第一学段 （1~2 年级）	根据实际情况，种植和养护 1~2 种当地常见的水培或土培植物，如绿萝、文竹等，饲养 1~2 种小动物，如金鱼、蚕等。结合具体植物养护或动物饲养活动，观察植物的生长发育情况，了解小动物的生长发育与生活习性，知道身边常见动植物养护方法，培养对动植物的喜爱之情
第二学段 （3~4 年级）	选择当地 1~2 种常见的蔬菜，如大白菜、西红柿、黄瓜等进行种植，或者根据区域相关规定，合法合规选择 1~2 种家禽，如鸡、鸭等进行饲养，体验蔬菜种植、家禽饲养的一般过程与方法
第三学段 （5~6 年级）	种植与养护 1~2 种当地常见的蔬菜、盆栽花草、果树等，或根据区域相关规定，合法合规饲养 1~2 种常见家畜，如兔、羊等。体验简单的种植、饲养等生产劳动，初步学习种植、饲养的基本方法
第四学段 （7~9 年级）	体验当地常见的种植、养殖等生产劳动。选择 1~2 种优良种植或养殖品种，开展系列化种植或养殖劳动实践，如组合盆栽、农副产品保鲜与加工、水产养殖、稻田养殖等，体验先进的种植、养殖方式和方法。了解中国传统农业特点，分析现代农业与传统农业的区别，理解种植、养殖与生活及经济的关系

从项目内容上看，从第一学段到第四学段，项目内容具有连续性、进阶性，符合学生的劳动能力和身心发展基本规律。通过设置长期化的任务，着力引导学生通过持续不断的劳动，养成尝试做、乐意做、坚持做、创造性做的良好劳动习惯，使学生在循序渐进的持续劳动中有进阶、有提升，乐于接受挑战与考验。

二、"农业生产劳动"任务群素养要求

"农业生产劳动"任务群的素养要求主要体现为：劳动观念方面，理解农业生产劳动的价值与作用，形成生命意识、安全意识、劳动质量意识、环保意识和可持续发展意识，培养热爱农业、热爱农民、热爱农村的思想感情。劳动能力方面，掌握种植、养殖的基本流程和操作方法，学会运用多学科知识和多方面经验解决种植、养殖劳动中出现的问题，提高动手能力和创造性劳动能力。劳动习惯和品质方面，通过辛勤劳动、诚实劳动、协作劳动，养成自觉自愿、安全规范的劳动习惯和吃苦耐劳、锲而不舍的劳动品质。劳动精神方面，尊重农业劳动者、崇尚劳动、爱劳动、会劳动，养成为社会发展和国家建设付出辛勤劳动的奋斗精神。"农业生产劳动"任务群不同学段具体素养表现见表 3-5-2。

表 3-5-2 "农业生产劳动"任务群不同学段素养表现

学段	内容要求
第一学段 （1~2 年级）	具有种植和养护常见植物或养殖小动物的意愿，初步了解身边常见动植物的养护方法，知道种植、养殖活动与自然界的紧密关系。能表达参与农业劳动后收获的快乐，初步具有关心、照顾身边常见动植物的责任心和农业生产安全意识，知道劳动需要长期坚持的道理

学段	内容要求
第二学段 （3~4年级）	掌握1~2种当地常见蔬菜的种植方法，或1~2种家禽饲养方法。初步形成关爱生命、尊重自然，遵循动植物生长规律和季节特点进行科学劳动的观念。初步学会与他人合作劳动，在种植、饲养过程中不怕困难，养成有始有终的劳动习惯，懂得"一分耕耘，一分收获"的道理
第三学段 （5~6年级）	能种植与养护1~2种当地常见植物，或饲养1~2种常见家畜。感受持续性劳动的艰辛和不易，懂得珍惜劳动成果，养成持之以恒的劳动品质。形成热爱自然、热爱土地的情感态度
第四学段 （7~9年级）	初步掌握根据当地条件和需求，规划设计种植、养殖劳动活动并加以实施的基本技能，形成热爱农业生产、关心农业发展，以及注重农业安全、食品安全的意识，形成辛勤、诚实、合法劳动及进行创造性劳动的劳动品质

随着学段升高，"农业生产劳动"任务群的素养表现在劳动观念、劳动能力、劳动习惯和品质、劳动精神四个方面呈现进阶发展趋势。

三、劳动素养的指导

鉴于目前绝大多数学校和教师将农业生产劳动定位为"在地里种种菜"这一狭隘的认识，教师和学校在组织学生开展农业生产劳动时，应该转变观念，正确认识和理解农业生产劳动。教师要尽可能地丰富劳动形式，使学生既要有传统劳作方式的承袭和出力流汗的体验，也要注重现代农业生产技术的渗透和手脑并用的实践。教师应积极利用现有资源组织实施农业生产劳动，既要关注学生的劳动成果，更要关注学生完整的劳动过程。引导学生经历农作物种植、养护、收获、加工以及小动物饲养的全过程，让学生充分体会劳动的乐趣和价值。在劳动过程中，磨炼学生意志，关注学生良好习惯的养成，引导学生形成正确的劳动价值观和良好的劳动品质。

🖨 问题解决

一、因地制宜，充分利用劳动场域

充足的劳动场地是学生深入参与农业生产劳动实践的必要条件。《劳动课程标准》指出"学校场地、设施及环境是劳动课程实施最基础的资源""要充分利用绿地、空隙地带、阳台或楼顶平台等安全空间，通过建设校园'小苗圃''快乐农场''智慧农场''空中农场'等，指导学生开展农业生产劳动"。

受限于现有校园空间，很多学校没有条件建立种植实践基地。这种情况下，首先，学校应该因地制宜，对校园内可用于农业生产劳动的空间进行摸底和梳理，做到心中有数。其次，可以从学校和班级两个层面对这些空间进行合理规划。一些范围比较大的校内空间，如学校已有的"小农场"、楼顶平台等农业生产劳动实践场所，可以根据班级数量进行分配，让每个班级都能得到一块"责任田"；也可以按照种植作物和养殖动物的不同，对实践场所进行分区。如果按班级不够分配，可以按年级分配。而一些较小的空间，如每个教室外的走廊、教室后的柜子等，可设置种植箱、绿植角等，便于学生开展种植实践。

【案例3-5-1】利用空间区域建设种植课程基地（劳动场域利用）

　　广东省深圳市龙华区玉龙学校通过对校园总体空间挖潜和对农业生产劳动课程实践所需空间进行统筹安排，将校内劳动教育实践基地分成三个区域。一是楼顶综合生态种植农场。小学教学楼约有1 500 m²空地用于打造综合生态种植农场，包含土培区、水培区、中药园、沙漠绿植区。二是楼层微生态种植区。在教学楼走廊的外侧安装种植箱，设置成小型种植区。三是小生态园林设计基地。学校教学楼之间、运动场和校道两侧，种了不同种类的花草、果树，将这些区域设置成园林设计课程实施基地。

（案例提供：黄美芳，广东省深圳市龙华区玉龙学校）

　　【案例分析】上述案例中，学校能对校内的空间进行有序规划和统筹安排，充分利用楼顶、楼层、楼间等区域，并能根据区域面积的大小，合理划分功能。其中，楼顶农场面积最大，通过将楼顶农场划分出来的土培区、水培区，能让学生体验和掌握不同的种植方法。楼顶农场划分出来的中药园、沙漠绿植区，能让学生了解不同植物的生长习性，并能根据习性开展种植实践。楼层微生态种植区，能让学生在教室门口就可以参与种植劳动，近距离观察植物的生长、体验种植的快乐。楼间、运动场和校道两侧的区域，既是种植区域，也是学校景观的一部分。学校非常巧妙地将这些区域设置成园林设计课程实施基地，为学生农业生产劳动实践提供了开阔的空间。

二、结合实际，合理选择劳动内容

　　在开展农业生产劳动过程中，要紧密结合当地的气候、地形、水源和土壤情况，以及学校和学生实际，选择和确定具有典型意义的劳动项目与内容。[①]

　　为了更好地实施农业生产劳动，学校需要提前做好整体的种植、养殖规划，制订每个学期的种植、养殖方案。学校及教师要重视学生的差异，根据学生的年龄特点，开发针对不同年级学生的种植和养殖项目。1~2年级学生可以依托班级植物角、动物角，开展以植物辨认，水培植物养护，金鱼、蚕等小型动物饲养等为主的种植、养殖项目。3~4年级学生可以依托班级责任田、走廊种植箱等，开展常见蔬菜种植。有条件的学校还可以开展家禽的饲养。5~6年级学生可以开展蔬菜、花草、果树等种植。有条件的学校还可以开展家畜的饲养。7~9年级学生可以走出校园，开展系列化种植

---

① 顾建军.义务教育劳动课程标准（2022年版）解读［M］.北京：北京师范大学出版社，2022：90.

和养殖实践。

学校和教师在规划种植、养殖品种时，应该和学校所在地的气候、特色动植物品种，以及季节等因素结合起来，这样既能提高种植、养殖的成活率，也能更好地体现学校和地域特色。

【案例 3-5-2】"桑蚕"系列劳动（劳动内容选择）

浙江省衢州市柯城区新华小学依托校园内七株与共和国同龄的老桑树，开展"蚕""叶""茧""枝"相关的系列劳动。春天，开展"蚕农蚕事"劳动，组织学生在桑园里采桑养蚕。夏天，开展"桑果留香"劳动，组织学生开发和制作桑葚酒、桑葚面点、桑葚果酱、桑葚饮品等各种美食。秋天，开展"茧中拾韵"劳动，组织学生制作各种茧艺作品。冬天，开展"桑茶飘香"劳动，学生在有炒茶经验的家长指导下，制作手工"叒桑茶"，并围绕"叒桑茶"开设茶艺与礼仪课程。

（案例提供：陈梅玲，浙江省衢州市柯城区新华小学）

【案例分析】上述案例中，学校能充分利用校园中的老桑树资源，设计并开发"桑蚕"系列劳动。在"蚕农蚕事"劳动中，学生不仅能掌握采桑养蚕的劳动技能，还能了解丝绸之路的辉煌历史。在"桑果留香"劳动中，学生酿桑葚酒，蒸桑葚面点，做桑葚果酱，品桑葚饮品，充分参与农产品的加工和制作，既提升了多方面能力，又体会到丰收的愉悦；在"茧中拾韵"劳动中，学生用自己的巧手装点校园；在"桑茶飘香"劳动中，学生既掌握了制茶技艺，又传承了地方传统。可以说，该学校的蚕桑系列劳动，以"春夏秋冬"四时为序，充分利用学校特色资源，对教育内容进行了合理开发和配置，学生的劳动素养也在长周期的劳动过程中充分得到提升。

三、加强过程，注重开展项目实践

《劳动课程标准》指出："劳动项目是落实劳动课程内容及其教育价值，体现课程实践性特征，推动学生'做中学''学中做'的重要实施载体。"单纯的种植、养殖活动因其周期长、过程枯燥，容易使学生产生倦怠。且单纯的种植、养殖活动，以出力流汗的体力劳动为主，学生缺乏经历判断、评价、分析、推理等脑力劳动过程，不利于高阶劳动思维的培养。

因此，在农业生产劳动实施过程中，学校和教师要重视劳动项目的开发及实施，既要改变"教师示范演示，学生跟做模仿"的传统教学方式，也要改变目前"只种植不养护""只收获不加工"的单一劳动形式。在开发和实施农业生产劳动项目时，学校要结合劳动实践场所的场域特点和原有的种植、养殖计划，进行合理规划。学习项目要包含种植、养殖、养护、收获、加工、储藏的各个环节，让学生经历和体会农业生产劳动的整个流程。学习项目还要注意和当地生产实际相结合，体现学校和地域特色。

【案例3-5-3】神奇的中草药——浙八味（劳动项目设计）

学习活动	学习目标	核心问题	学习任务
种植"浙八味"：种植、培育"浙八味"有什么注意事项？	1. 了解"浙八味"的种植、养护方法。 2. 亲自种植、养护"浙八味"	1. 种植的步骤是什么？ 2. 什么时候种植最合适？ 3. 不同品种的"浙八味"的生长有什么不同？	1. "小小种植家"：种下"浙八味"，并认真养护。 2. "一周一记"：记观察养护日记
了解"浙八味"："浙八味"的形状、药性等有什么特点？	了解"浙八味"的形状、药性等，感受中草药的丰富价值	1. "浙八味"的形状、药性分别有什么特点？ 2. 用什么方式记录比较合适？	绘制"浙八味"图谱：用"文字+图画"的形式记录"浙八味"的形状、药性等
收获"浙八味"：怎么收获、售卖"浙八味"？	1. 学会收获"浙八味"。 2. 学会策划一场售卖活动	1. "浙八味"的收获有哪些注意点？ 2. 怎么策划一场售卖活动？	1. 收获中草药：收获成熟的中草药，清洗、包装、制药等。 2. 售卖中草药：设计并制作宣传标语、海报、摊位等

（案例提供：陈芳芳，浙江省台州市路桥区横街镇中心小学）

【案例分析】上述案例中，学校依托种植基地的温室大棚，以具有浙江地方特色的"浙八味"为学习载体，开发了"神奇的中草药"学习项目。学习项目包括种植、养护、观察、收获、加工、推广等一系列农业生产劳动活动。在整个项目学习过程中，学生从被动地接受知识变为积极主动地探索知识。学生的学习不再是机械模仿和单纯的"出力流汗"，而是通过小组合作，经历信息收集和处理、方法探究和实践等多种学习方式，实现了学生学习方式的多元化，真正实现了"动手又动脑"，有效促进了学生各方面素养的培养和提高。

四、三方联动，有效挖掘劳动资源

《劳动课程标准》指出："劳动课程资源是实施劳动课程的必要条件。学校应与家庭、社会协同进行课程资源的开发，积极整合和利用各种形式和类型的资源。"在实施农业生产劳动过程中，学校可以通过与社区、家庭联动，从劳动场域、指导教师、劳动工具等方面深入挖掘教育资源。在劳动场域资源拓展方面，除前文提到的对校内空间进行挖掘外，还可以通过租用学校周边社区或村庄的土地，与学校周边的种植或养殖基地、农产品加工工厂等组成共建单位等方式，带领学生深入这些劳动场所进行实践和体验。实践和体验中，教师要特别注重现代农业生产基地、工厂资源的挖掘，以帮助学生充分感悟现代科学技术在提高农业生产效率、提升农产品质量等方面的作用和价值。在指导教师资源开发方面，有经验的家长、校园里的园丁、工厂或基地里的技术人员等都可以作为农业生产劳动的指导教师。学校可以邀请他们通过操作演示、专题讲座、实践指导等方式，指导学生学习农业生产劳动相关知识，掌握相应劳动技能。在劳动工具资源发掘方面，可以和劳动场域资源的开发和利用结合起来。在确保安全的前提下，学校应尽量争取让学生有机会尝试使用农业机械和种植养殖设备，体会机械化生产对提高农业生产效率的作用。

【案例3-5-4】非遗文化我传承（劳动资源挖掘）

浙江省义乌市义亭镇义亭小学带领学生前往该校附近的吴村甘蔗种植基地，让学生与蔗农面对面交流，向蔗农学种甘蔗。学校还组织学生前往学校附近的西楼村红糖厂，走进榨糖车间，学习红糖加工技艺，让学生跟着糖厂的师傅学绞糖、切糖等技艺。体验结束后，学生把校外劳动实践中获得的经验和成果带回学校，带领校内其他学生一同开展红糖制作与加工等活动。

（案例提供：浙江省义乌市义亭镇义亭小学）

【案例分析】上述案例中，学校能打破校内、校外之间的学习壁垒，把农业生产劳动的学习场所从校内向校外延伸。学校能充分发掘校外农业生产劳动资源，抓住学校所在地"红糖产业"这一传统特色，组织学生深入学校周边的甘蔗种植基地和红糖加工厂，让学生在真实的劳动场所中，在基地和工厂技术人员的指导下学习甘蔗种植、红糖制作的相关知识，认识种植和加工所需的劳动工具，还能亲手实践制作红糖。通过这样深入的实践体验，学生不仅能丰富劳动知识，焕发劳动热情，还能提升劳动能力，形成热爱家乡、热爱劳动的良好感情。

五、创新形式，科学推进劳动评价

《劳动课程标准》指出要"发挥教师、家长和学生等多元评价作用，依据学生的年龄特征和学习特点，制订循序渐进的评价目标。注重过程性评价与结果性评价相结合，兼顾家庭劳动实践评价与社会劳动实践评价，采用多样化评价方式"。在农业生产劳动过程中，制订形式多样且符合劳动类型的评价标准和方法，对提高劳动效果有着非常重要的促进作用。在评价过程中，要做到过程性评价和结果性评价相结合。例如，针对农业生产劳动周期长的特点，学校和教师可以通过信息化评价手段，或制订劳动清单和劳动任务单等方式，及时记录学生在劳动过程中的表现，以评价督促学生有始有终地亲历并完成整个劳动过程；还可以充分利用照片、视频等现代教学技术，记录作物和动物的生长过程，便于学生之间交流和分享劳动的经验、困惑和体会。

【案例3-5-5】"三化"评价促素养（劳动评价实施）

浙江省杭州市萧山区义桥镇第二小学采用数字化、表单化、综合化"三化"评价策略，对学生参与的农业生产劳动进行评价。

数字化，即学校教师借助第三方评价平台中的"扫码评价"功能，通过手机软件扫描平台给每位学生生成的个性二维码，配以照片、视频等，随时对学生参与劳动的表现进行评价。评价后，家长和学生马上能在家长手机端看到评价结果，评价及时高效。

表单化，即教师根据不同的劳动项目和劳动任务，设计与劳动观念、劳动能力、劳动习惯和品质、劳动精神四个方面的素养相对应的评价量表，通过同伴、教师、家长等多元评价主体开展评价，评价效果更加全面。

综合化，即劳动任务或项目完成后，学校或教师在校园或班级内举行成果展示会。学生通过制作展板、布置展台等方式，将劳动过程和成果展示出来。学校还安排公众号推送这些劳动成果，让家长、教师、学生，以及其他社会人员通过网络投票的方式参与评价。

（案例提供：曹思轶，浙江省杭州市萧山区义桥镇第二小学）

【案例分析】上述案例中，学校注重多种评价方式的使用，尤其重视将现代信息技术应用于评价过程。通过第三方平台实现全过程评价，确保了评价的时效性、全面性、科学性。评价过程中，不仅有评价结果，还能附上照片或视频作为评价的佐证，使得评价更加直观，便于家长了解孩子的劳动表现，督促孩子参与劳动。评价表单的设计，能依据劳动素养的四个方面设定不同的评价指标，提高评价的精细化水平，做到技能与素养兼顾。考虑到前两种评价方式的评价主体以学生、同学和教师为主，侧重过程性评价。因此，学校还设置了综合化评价，以评价学生的劳动成果。这种方式能将更多的评价主体纳入进来，评价覆盖面更广。通过评价，能让学生切实感受到劳动的喜悦，也能从分享和交流中了解存在的问题，明确改进的方向。

可以说，案例中学校的评价措施，不仅有效提升了评价的实效性，实现了评价主体多元、评价方式多样，而且充分发挥了评价对劳动实践的诊断和促进作用，能够较好地驱动学生深度学习，使学生形成良好的劳动素养。

🔍 教学建议

第一，**树立正确理念，关注素养落实**。学校或教师在开展农业生产劳动过程中，一定不能"窄化""简化"农业生产劳动的内涵，不能将任务群教学内容局限于农业生产劳动知识或农业生产劳动技能的一般习得，更不能把学生的"劳动体验和实践创新"简化为"机械的操作模仿与复制"。要通过创设真实情境，开展项目化学习，引导学生在苗圃、农场、果园等真实的学习环境中，自主探究种植、养殖知识，自行设计种植方案，自发参与作物、动物养护，自由进行成果展示。同时要防止农业生产劳动游戏化、内容碎片化、浅尝辄止的现象，要着力引导学生持续劳动，并在持续劳动中有进阶、有提升，养成良好的农业生产劳动习惯。

第二，**善于利用资源，加强实践指导**。学校所处地区的气候、地形、水源和土壤等情况，在一定程度上制约着学校农业生产劳动的开展，但也为各校农业生产劳动特色化提供了必要的基础。学校和教师在选择农业生产劳动教学内容时，要从学校和班级实际出发，从学生的能力水平出发，选择和确定既有典型意义又有特色的劳动项目与内容。选择内容时，要合理规划时序和空间配置。学校的农业生产劳动可以和当地的农事节日结合起来，做出特色；也可以和劳动周、劳动清单结合起来，做出深度。

此外，学校还要做好劳动实践的规划和指导，引导和帮助学生掌握农业生产的关键环节和技术要领，鼓励学生在学习和实践中大胆探索，积极思考，提高发现问题和解决问题的能力。

第三，开展科学评价，引导素养发展。作为劳动课程体系的重要组成部分，评价在促进学生认真参与劳动学习与实践、改进教师教学安排方面有着重要的作用。学校和教师要制订符合农业生产劳动任务群的评价策略，并从学生的年龄和学习特点出发，科学制订评价目标；要树立教师、家长、同伴、自身、社区工作人员都是评价者的观念；要把评价和活动结合起来，使评价方式和活动形式相匹配；要充分发挥现代信息技术在评价中的作用，将评价贯穿整个农业生产劳动的始终，不仅评价学生的劳动成果，更要评价学生的劳动过程。通过多形式、多主体的评价，充分肯定学生在农业生产劳动中的进步，促进学生不断改进和提高。此外，还要重视交流分享，让学生在分享和交流的过程中，积累劳动经验，焕发劳动热情，提高劳动能力。

3-5-1
如何开展"农业生产劳动"
任务群活动

3-5-2
神奇的中草药——浙八味
（实践分享）

问题提出

【现状点击】

　　材料框里,打好起针结的针线、裁剪妥当的布块等工具材料一应俱全。课堂上,教师的开场白直截了当:"同学们,今天我们学习缝制香袋。怎么缝制呢? 大家一起跟着老师做——"实物投影下,教师慢动作演示,一边解说一边提醒注意事项;学生纷纷拿起针线和布,跟着教师一步一步做起来……

　　生产劳动是中小学劳动教育的重要内容。其中,"传统工艺制作"是"生产劳动"所包含的四个任务群之一。"继承优良传统,彰显时代特征"是新时期劳动教育的基本理念之一,《大中小学劳动教育指导纲要(试行)》强调,要充分发挥"传统劳动、传统工艺项目育人功能"。《劳动课程标准》明确要求,新时代劳动教育要秉持"加强与学生生活和社会实际的联系"理念,"注重选择体现中华优秀传统文化和工匠精神的手工劳动内容,适当引入体现新形态、新技术、新工艺等的现代劳动内容"。

　　因此,"传统工艺制作"任务群选择与中小学生身心发展、实践能力相适应的,又充分体现中华优秀传统文化精髓、反映传统工艺人文价值与工匠精神的劳动内容,引导学生在设计、制作、试验、淬炼、探究、展示等多样的实践方式中获得丰富工艺劳动体验,习得传统工艺的劳动知识和技能,感悟和体认劳动价值,养成精益求精、追求品质的劳动精神。

　　在实践中,"传统工艺制作"任务群的劳动实践面临诸多问题与挑战。

　　一是内容定位不准。对"传统工艺制作"任务群本身的价值意义认识不足,将"传统工艺制作"简单视为"手工制作",实践内容定位不准,过于狭窄、片面,只注重单一的动手操作,忽视实践过程中的工艺体验。

　　二是目标指向缺失。仅关注劳动能力目标的达成,对劳动观念、劳动习惯和品质、劳动精神三个方面的目标重视不够,或是干脆不涉及,忽视劳动过程中所表现出来的积极的劳动精神、良好的劳动习惯和品质,以及正确的劳动观念,尤其是"传统工艺制作"任务群蕴含的工匠精神体现不够,最终会影响劳动课程目标的落实、学生劳动素养的发展。

　　三是技能指导单一。传统工艺劳动技能的淬炼,劳动习惯的培养和劳动品质的塑造简单化,过多地关注劳动结果(作品),忽视学生参与劳动实践的主体性、积极性的发挥,劳动技能学习形式单一,学习效果不好。

![问题分析图标] **问题分析**

一、传统工艺制作的内涵

传统工艺指采用天然材料制作，具有鲜明的民族风格和地方特色的工艺品种和技艺，一般具有百年以上历史以及完整工艺流程。传统工艺是历史和文化的载体，是传统文化的一个重要组成部分。传统工艺制作的从业者（工匠）在其历史传承、流转的岁月中，不断完善工艺、开拓创新，形成了包含敬业、精益、专注、创新等丰富内涵的"工匠精神"，其追求卓越的创造精神、精益求精的品质精神成为新时代劳动精神的核心内涵之一。

传统工艺承载着中华优秀传统文化，充分发挥传统工艺制作的育人功能，是劳动教育的需要，也是继承传统、发扬优秀传统文化的需要。"传统工艺制作"任务群内容设置遵循由易到难、循序渐进的原则，在中小学四个学段均有安排，不同学段具体内容要求设置见表 3-6-1。

表 3-6-1 "传统工艺制作"任务群不同学段内容要求设置

学段	内容要求
第一学段 （1~2 年级）	选择 1~2 项传统工艺制作项目，如纸工、泥工、编织等，了解制作需要的基本材料和常用工具，在教师指导下按照要求和步骤进行简单作品制作，体验传统工艺制作过程。初步运用文字及图画表达自己的方案构想，对工艺作品进行简单的评价
第二学段 （3~4 年级）	选择 1~2 项传统工艺制作项目，如纸工、泥工、布艺、编织等，了解制作的技能和方法。识读简单的示意图，尝试设计简单作品，并参考规范流程进行制作
第三学段 （5~6 年级）	选择 1~2 项传统工艺制作项目，如陶艺、纸工、布艺、编织、印染、皮影、木版画等，了解其特点及发展历史，初步掌握制作的技能和方法。读懂基本的实体图、示意图、装配图等。根据劳动需要，设计方案并选择合适的材料和工具制作简单作品
第四学段 （7~9 年级）	选择 1~2 项传统工艺制作项目，如陶艺、纸工、布艺、木雕、刺绣、篆刻、拓印、景泰蓝、漆艺、烙画等，了解其基本特点，熟悉制作的基本技能与方法。根据劳动需要，综合运用工艺知识进行设计，通过绘制规范的示意图表达设计方案，并合理选择相应的技能进行制作

从项目内容上看，从第一学段到第四学段，项目内容的范围渐次扩大，项目内容的难度随着学段升高而逐渐增加，项目内容的民族特色不断显现，传统工艺的体验不断走向深入；从劳动能力培养上看，随着学段升高，学生独立性、创造性体现更加明显，体现了由扶到放、由他主到自主的过程；从筹划思维的发展上看，设计能力的培养有序推进、梯次发展。

二、"传统工艺制作"任务群素养要求

"传统工艺制作"任务群的素养要求主要体现为：劳动观念方面，初步形成主动传

承中华优秀传统文化、传统工艺的意识和观念。劳动能力方面，具有初步的创意物化能力，能根据需要制作相应的传统工艺作品，具备一定的劳动能力。劳动习惯和品质方面，养成认真劳动、合理利用材料的劳动习惯和专心致志、乐于动手制作的劳动品质；初步了解我国常见传统工艺与手工制作，能进行简单的作品设计与表达，发展劳动思维。劳动精神方面，通过传承实践，感受传统工艺制作中蕴含的人文价值与工匠精神，初步具有勤俭节约，在传承中创新的劳动品质和精益求精、追求卓越的工匠精神。"传统工艺制作"任务群不同学段具体素养表现见表 3-6-2。

表 3-6-2 "传统工艺制作"任务群不同学段素养表现

学段	素养表现
第一学段（1~2年级）	能简单表达自己的方案构想，并使用常用工具制作简单的传统工艺作品。感受传统工艺的奇妙，初步养成认真劳动、合理利用材料的良好劳动习惯，形成乐于动手的劳动态度
第二学段（3~4年级）	能设计并制作简单的传统工艺作品，感受传统工艺技术的精湛，以及劳动的艰辛和收获的快乐，形成传承并发扬传统工艺的意识。初步养成专心致志的劳动品质
第三学段（5~6年级）	能根据劳动需要，设计并制作简单的传统工艺作品，说明传统工艺的价值，感受传统工艺劳动的智慧，初步形成传承中华优秀传统文化的意识。感受工匠精神，初步形成追求创新的劳动精神
第四学段（7~9年级）	能根据劳动需要设计与制作传统工艺作品。感受传统工艺作品中蕴含的人文价值和工匠精神，树立传承中华优秀传统文化的观念，初步养成精益求精、追求品质的劳动精神

随着学段升高，"传统工艺制作"任务群的素养表现在劳动观念、劳动能力、劳动习惯和品质、劳动精神四个方面呈现出难度和要求的递增趋势。

三、劳动素养的指导

《劳动课程标准》指出，在劳动过程中，"学生是实践任务的操作者和完成者，教师是学生实践的启发者、指导者和呵护者"。因为一些学校和教师对劳动、对"传统工艺制作"任务群的教育价值在认识上过于狭窄与片面，劳动实践过程中的指导集中在"手工劳动"的单一层面，指导过程对劳动素养的发展关注不够、支持度更不够，学生的劳动主体作用体现不足。因此，在"传统工艺制作"任务群指导中，教师要引导学生经历完整的劳动过程，既要注重技能掌握的情况，强化技能的淬炼，更要关注学生的劳动实践过程，关注劳动实践过程中学生的规范意识、质量意识、专注品质和合作意识等的培养与指导，关注劳动实践过程中精益求精、追求卓越的工匠精神的培养与指导。

一、创设真实情境，唤醒内在需求

《劳动课程标准》要求，劳动课程实施要"注重引导学生从现实生活的真实需求出发"，并指出在劳动实践指导过程中可从"真实的劳动需求"或"真实的问题"出发创设情境，明确劳动任务。因此，教师要以情境导入，促使学习产生疑惑，提出问题，从而引发学生探究传统工艺的动机和兴趣，唤醒学生自觉主动参与传统工艺制作学习的需要和内驱力。

1. 生活情境：从"书本"走向"生活"

生活是传统工艺的源头活水。《劳动课程标准》指出，劳动教育要"加强与学生生活和社会实际的联系"，可以"结合特定节日创设学习情境"。实践证明，在实际生活情境下进行学习，可以激发学生学习传统工艺制作的兴趣与好奇心，并能引导学生调取、运用自己原有认知结构中有关经验，在新旧工艺技术之间建立起联系。因此，教师要注重联系学生的实际生活，创设真实的生活情境，引导学生在学习中走向生活，在生活中学习传统工艺。[①]

【案例 3-6-1】四年级下学期"缝香袋"（任务情境创设）

端午节前的劳动课，教师与学生进行如下谈话：农历五月初五是我国民间的传统节日"端午节"。端午节有多姿多彩的民间习俗，有包粽子、赛龙舟、插艾草、挂香袋等。我们能否动手缝制一个香袋送给家人呢？

【案例分析】端午节挂香袋是民间的传统习俗之一，端午节前学习制作香袋应时应景，可以让学生更好地了解这个传统工艺及其蕴含的价值取向、美好愿望。案例中的情境设计，从学生身心特点出发，与学生生活经验相联系，激活学生心理需求，使学生处于一种主动、积极的状态，使"缝香袋"这个劳动项目很自然地从"课本"走入学生的"生活"。同时，也确保了之后的技术探究、操作实践环节，学生能保持高涨热情，全身心投入，为学习和传承传统工艺、培养专心致志的劳动品质奠定基础。

2. 问题情境：从"被动"走向"主动"

学起于思，思源于疑。实践中我们发现，当学生原有的传统工艺认知和技能同新劳动项目所揭示的高层次传统工艺知识、技能有差距、有矛盾时，学生的好奇心和求知欲最大。因此，在劳动实践中，教师应充分利用学生的求知欲望，有目的地创设情境，能启发学生积极主动地发现问题、提出问题，唤起学生求知解惑的兴趣与需要，从而产生传统工艺制作的探求之心。

---

① 金怀德，任燕芳.走向"会学"：构建指向核心素养的劳动新课堂［J］.教学月刊小学版（综合），2022（Z1）：79-81.

【案例3-6-2】三年级上学期"旧衣物作用多"（问题情境创设）

教师先利用多媒体出示不同品类、用途的布艺用品，然后拿出一件旧衣物，创设问题情境：衣物是再普通不过的常见生活物品。衣物旧了或小了，很多时候，就被清理出衣柜，被"请"出家门。我们怎样才能让普通的旧衣换新颜，实现二次利用呢？把一件旧衣物变成布艺用品，你认为可能吗？

【案例分析】心理学研究表明：兴趣是最活跃、最现实的心理成分。当学生对某个传统工艺项目发生兴趣时，他们就会积极主动地去探索。上述案例中，"旧衣换新颜""二次利用"，引发学生的探究兴趣，一头扎进头脑风暴、方案构思、工艺探究的学习中，去观察、讨论、交流、尝试……问题情境的巧妙创设，既活跃了课堂的气氛，又使学生在热烈的讨论和主动探究中掌握了方法和技能，"机械接受"式的被动学习在全体学生的主动参与中转变为"自动发现"。

二、突出主体地位，引导主动探究

《劳动课程标准》明确，劳动课程强调"学生直接体验和亲身参与，注重动手实践、手脑并用"，注重"激发学生参与劳动的主动性、积极性和创造性"。劳动学习的主体是学生，教师作为这个过程的组织者、合作者和引导者，应为学生的传统工艺学习提供充分的时间和空间，发挥学生主体作用，使学生在主动探究与亲历实践中，亲身体验、感悟传统工艺的精湛技术与价值追求，并从中习得传统工艺知识和技能，获得传统工艺的丰富体验。

1. 少"扶"多"放"，凸显自主

传统工艺学习中，"好为人师"的教师常常习惯"手把手"地教学生去学习，而低估了学生的劳动认知、经验和潜能。然而，这样恰恰束缚了学生的手脚、禁锢了学生的思维，成为学生劳动素养发展的"绊脚石"。传统工艺探究学习的关键，在于凸显学生的主体地位，让学生放开手脚、自主探究。

【案例3-6-3】四年级上学期"小网兜我来编"（探究学习设计）

学习小网兜的编织技能，可以安排如下环节。

1. 看一看：仔细观察小网兜样品，你们有什么发现？

引导观察：小网兜网眼均匀，网眼之间的间距相等，网眼比里面装的物品要小（网眼尺寸约为物品尺寸的1/3）。

2. 拆一拆：你们还可以拆一拆，看看有什么发现？

引导拆解：主要运用了单结的打结技术，相邻的两根绳两两打结。

3. 读一读：你能看懂图示吗？请同学们仔细阅读课本上的操作图示和文字解说。

自主学习：阅读课本操作图示和解说，了解操作步骤。

4. 试一试：两人一组，运用手头的材料试着编织。

5. 说一说：你学会了吗？编织的过程遇到什么困难吗？作品展示，交流编织经验。

6. 辨一辨：（出示问题作品）你发现了什么问题？（如网孔间距不等、绳结过松）应该怎样改进、调整？

【案例分析】教师必须把课堂时间交给学生，充分发挥学生的主体作用，让学生有较多的时间主动学习、主动探究。

案例中，教师把这节课要编织的小网兜样品分发给各小组，让学生以小组为单位，观察样品，分拆网兜，"拆中学"，充分发挥主人翁精神，自主探究网兜编织的方法。其间，教师用提问的方式引导学生观察、思考、讨论与尝试。学生积极动脑，大胆尝试。当网兜终于编织成功时，学生们感受到了自主探究的乐趣，更重要的是，他们学会了怎样尝试着自己去解决传统工艺学习中遇到的问题。

如果在每堂课上都能突出学生的主体地位，充分放手让学生自主探究，学生的动手能力、探究能力就会逐步发展起来，从而让传统工艺学习从"学会"走向"会学"。

2. 少"同"多"异"，分层互进

学生差异是客观存在的。由于个体所处环境、已有劳动基础及自身思维方式存在差异，在传统工艺制作学习中，自然而然会出现不同的学习结果。特别是一些劳动能力薄弱的学生，如果对难度较大的学习内容也采取"一刀切"的方式，不但不会使学生的劳动素养得到发展，甚至对传统工艺的基础知识和技能也会难以掌握。因此，为了使传统工艺探究真正具有实效，在实践中，教师应为不同层次的学生提供不同的学习材料，对传统工艺制作学习活动进行分层指导。

【案例 3-6-4】四年级上学期"平结手链创意多"（学习材料设计）

在"平结手链创意多"教学设计时，教师根据学生间个体差异，在"劳动能力"这个素养维度预设了差异化的技能学习目标：

学生情况	学习目标
A（动手能力弱）	提供制作方法、制作材料和样品，仿照样品制作
B（动手能力中等）	提供制作样品，通过分拆样品探究，自主探究制作
C（善于动手动脑）	自主确定、寻找制作材料，自主探究方法，完成创新作品

【案例分析】案例中，教师基于学生已有劳动技能基础的差异，在"劳动能力"素养维度预设了分层目标，为不同层次的学生提供不同难度的探究材料和任务，从简单模仿编织，到自主探究操作技能，再到编织创新作品，梯度明显，层次清晰。

这样的目标分层，方便学生根据自己的实际情况，选择符合自身水平的目标层次，从而能积极参与劳动探究。大多数学生都能在传统工艺课堂上"学"有所得，品尝到成功的喜悦，进一步加深了对传统工艺学习和对探究学习的兴趣。

三、凸显设计引导，发展筹划思维

设计是技术的灵魂，是技术教育的核心，工艺设计更是传统工艺的重要内容。《劳动课程标准》把"发展初步的筹划思维，发展基本的设计能力"列为劳动课程总目标之一。因此，作为一种设计的初步与启蒙，"传统工艺制作"任务群特别关注学生筹划思维的发展，在各学段均有明确内容要求，并依据学生身心特点和劳动基础，分步安排设计学习，梯次发展筹划思维。

1. 自主学习，夯实"设计"的基础

"磨刀不误砍柴工"，有效的学习必须建立在学生个体学习的基础上，充分的个体学习是学生自信地参与工艺设计的基础。在课本学习、个体思考、探索尝试等形式的自主学习中，每个学生都会不同程度地在材料认识、工具使用、操作流程、技术要领等方面有所发现、有所收获。这些发现与收获，会让之后的作品设计更有针对性、更有深度。[①]

【案例3-6-5】三年级上学期"旧衣物作用多"（自主学习）

（一）合作探讨，点拨引导

1. 观察分解样品，探究方法

引导探究：怎样利用旧衣物制作一个南瓜针插呢？

学习小组在组长的协调下，观察、分拆桌子上教师提供的南瓜针插的范作，结合课本学习，一起讨论研究。教师参与其中，引导探究。

2. 汇报探究所得，总结方法

小组派代表汇报旧衣物制作南瓜针插的方法。

（二）设计方案，实践操作

1. 设计方案：你打算把旧衣物改造成什么作品？

学生根据自己的实际需要，以及旧衣物的特征，设计旧衣物改造方案。

2. 交流修正：我们一起来看看大家都想到了什么改造方案。

集体交流设计方案，并在此基础上修改方案。

3. 实践操作：在进行旧衣物改造时，还应注意什么？根据你的经验，还有什么需要提醒大家注意的？接下来，就按照你的设计方案，进行旧衣物改造吧！

学生操作实践，教师巡视指导：关注规范操作，适时个别辅导，表扬创意制作。

【案例分析】《劳动课程标准》强调学生直接体验和亲身参与，注重引导学生通过观察、分析、尝试等探究方式获得丰富的劳动体验。案例中的自主学习设计，给学生的自主学习、独立思考留有充分的时间和空间，让学生在自主学习中提高设计的自信。学生通过探究与操作活动，亲身参与体验、感悟传统工艺的精湛技术，以及精益求精的工匠精神。

---

① 金怀德，任燕芳.走向"会学"：构建指向核心素养的劳动新课堂［J］.教学月刊小学版（综合），2022（Z1）：79—81.

案例中，学生借助实物范作、课本插图和文字解说，探索旧衣物改造的奥秘，并根据手头的材料，设计自己的改造方案。在随后的集体交流和讨论中，由于学生之前形成了一定的感性认识以及自己独特的观点和感受，因而能够各抒己见，集思广益，不仅掌握了操作流程、技术要点，还发现了一些操作小窍门。这为后面实践操作阶段"人人参与、大胆创新、圆满完成任务"奠定了扎实的基础。

2. 科学引导，把握"设计"的关键

"设计方案"就是科学实验的假设，就是盖楼前的图纸设计，是处理信息的过程。在设计学习中，应根据学生年龄、心理特征、认知能力和所掌握的技术，从实际出发，以作品为引导，有意识地培养学生学会权衡、选择、组合优化，形成作品制作的构思方案。这是"传统工艺制作"任务群设计学习的关键，是设计的实践环节。

【案例 3-6-6】五年级下学期"风筝的设计"（设计引导）

（一）合作学习，探究制作

激疑引导：同学们，风筝通常由哪几部分组成？各部分的作用是什么？制作风筝需要哪些材料？制作步骤又是怎样的？让我们带着这些问题，一起来讨论、研究。

学生以小组为单位，学习课本，观察风筝样品，讨论、研究风筝的结构、材料和制作步骤。

（二）汇报交流，分享所得

小组汇报探究所得。

（三）引导思考，设计风筝

引导设计：你看到过哪些样式的风筝？根据你手头的材料和同学的建议，你准备设计并制作一只怎样的风筝？

（四）交流设计，优化改进

改进：在制作过程中还需要注意什么？

【案例分析】任何作品的设计都不是凭空想象的，而是建立在事物之间的联系和实物的改进上。开展有效的设计性学习，关键是要引导学生学会设计。

材料是作品设计的重要因素，根据材料性能、特征选择合适的材料来开展设计学习是小学生设计能力培养的途径之一。案例中，教师引导学生一起探讨风筝的结构和材料。这种对结构和材料的了解，不仅有助于学生发散思维，设计制作出更合理的新作品，还能使学生在设计时合理选材，进一步熟悉该材料在制作加工中的工艺和作用。

作品的艺术造型，是综合产品的物质功能和技术条件而体现出的精神功能。就小学生而言，作品造型的要素主要是作品的形态、色彩、材质等。案例中，教师通过组织学生交流自己曾经看到过的风筝的式样，让学生提取以往对风筝的认识，引导学生根据材料、需求去设计不同的风筝造型，选择不同的制作工艺。

工艺是指制作过程中的程序、方法和技巧，它体现了制作活动中的技术等。教师通过范例分析，引导学生根据不同需要，以及初步尝试后的经验总结，学习他人成功的经验、实用的小技巧，从制作工艺方面对自己的设计进行修正。经历范例分析、经

验介绍等，让学生了解风筝制作的一般过程，掌握相应的制作方法。这样的工艺设计不仅能使学生更了解材料的性质和加工方法，还可以明白什么样的加工程序更有效、更经济等。

四、聚焦评价多元，落实素养目标

评价是实现课程目标的重要环节。《大中小学劳动教育指导纲要（试行）》明确，评价要发挥"育人导向和反馈改进功能"，《劳动课程标准》也指出，要"通过评价的积极引导作用，发挥劳动育人价值的实现"。因此，"传统工艺制作"任务群应充分发挥评价的导向和监控作用，及时帮助师生改进教与学的活动，不断提高传统工艺制作项目活动质量，落实素养发展目标。

1. 关注劳动过程，指向四维目标

劳动学习的评价是对学生多方面发展目标的整体性评价。传统的劳动课堂注重对学生学习结果的考查，而对学生学习过程中能力发展与否、兴趣浓厚与否等方面很少涉及，往往忽略了劳动观念、劳动习惯和品质、劳动精神方面的培养与发展是否达成目标。因此，"传统工艺制作"任务群的评价实施应特别关注劳动过程，关注四个方面素养目标的落实与达成。

【案例 3-6-7】四年级上学期"吉祥结传祝福"（教学评价）

学生编织吉祥结，在合作探究中完成了分耳、压线、穿编等步骤，只剩下内耳的抽拉。最后一步该如何操作？许多同学停下手中的活，有些不知所措。此时，小项所在的组正忙个不停：抽拉，调整，再拉回……原来，没等老师发话，他们已经在尝试最后内耳的抽拉了。

教师举起他们手头已经"伤痕累累"的吉祥结，及时肯定他们专心致志的态度、乐于探索的做法、精益求精的精神："同学们，看——小项他们组专心研究内耳的抽拉，在不断尝试中摸着了门道，在不断改进中越做越精致了！"

【案例分析】学习评价一方面可以随时随地激励学生，依据目标的指向，调节活动的实施；另一方面，关注核心素养目标的落实与达成，可以有效提高形成性评价的准确度。在课堂上，教师随时关注学生动手实践过程中的情感需要，通过不断激励，使学生体验到劳动思考的快乐和攻克挑战性问题后的精神满足，激发学生成功的欲望。

案例中，教师展示学生作品，及时肯定了学生专心致志的劳动态度，积极探究、乐于动手的劳动习惯和品质，精益求精的劳动精神，以此树立学习榜样，明确学习导向，引导学生主动参与、积极尝试、不断探索。教师的鼓励与肯定，让学生感觉到自己的努力得到承认和尊重，从而体验到传统工艺劳动的乐趣。同时，教师巧妙借用评价来推广编织经验，让学生在"兵教兵"中学习传统工艺技能，感受传统工艺的精湛技术。

2. 激活评价主体，注重自主参与

学生参与评价是知识学习的一种手段，学生从评价他人到自主学习的全过程，不

管其形式如何，都是一种积极的过程。《劳动课程标准》强调"评价主体多元"，鼓励学生参与评价。因此，教师应激活劳动学习主体、发挥自主评价，让学生成为评价的主人，让学生参与交流和评议，凸显每位学生在评价中的主体性，体现评价的自主化。

【案例3-6-8】三年级上学期"小纽扣自己缝"（教学评价）

（一）作品展示，组内评价

作品在组内展示，学生根据评价标准进行自评、互评，填写评价表，说说成功的地方，讲讲觉得遗憾的地方，相互学习、交流。

"小纽扣自己缝"评价表设计如下：

评价内容	自我评价	组员互评	教师评价	家长评价（家庭实践）
积极主动，乐于参与				
选材合理，方法适用				
安全操作，专心致志				
缝制规范，牢固美观				

注：非常出色（☆☆☆☆☆），表现较好（☆☆☆），仍需努力（☆）。

（二）集体评议，表扬激励

将小组推荐的优秀作品挂到展示栏，说一说：你们为什么推荐这件作品？

师生一边欣赏佳作，一边打分评价，评选优秀作品，包括：最佳外观奖、最佳缝制奖、最结实耐用奖、最佳作品奖等，请学生谈谈自己的经验和成功的做法或感想。

（三）优化改进，二次修正

引导思考：同学们，将这件作品怎样改进一下会更好？

学生提出改进意见，二次修正自己的作品。

【案例分析】 强调学生参与评价，就是要充分发挥评价促进学生发展和课程发展的功能。因此，在"传统工艺制作"任务群学习中，引导学生参与评价，促使学生在活动中能及时进行总结和反思，指导后续的活动。

"传统工艺制作"任务群的评价应注重劳动态度与劳动习惯、知识的学习及其应用、设计与操作技能、实践与创造能力、学习的成果质量等方面。在全面评价的同时，尤其注重学生的态度与习惯、学生的技术意识形成等方面。案例中，以评价表的形式，将评价贯穿劳动过程。评价表从目标要求出发，指向劳动素养的四个方面，对学生的劳动过程、劳动成果进行全面评价。

学生依据评价表参与学习评价：组内展示、欣赏、评价自己的作品、同伴的作品，并依据评价标准将组内最好的作品展示到全班。在自主评价中，学生从作品的功能、创新、美观等方面进行作品质量检验，评价方案设计和操作技能达到的水平，以优化和改进设计。集体交流评议时，由学生介绍自己的作品，谈谈自己独特的构思、缝制的小窍门，以激发其他学生的制作热情和创新思维。通过多种方式，确保全班每一位同学都能参与到评价中来。

第一，内容安排注重工艺体验。"传统工艺制作"任务群的重要实践内容之一就是亲历传统工艺实践全过程，在亲历实践中体验传统工艺。《劳动课程标准》指出，要"注重引导学生通过设计、制作、试验、淬炼、探究等方式获得丰富的劳动体验，习得劳动知识和技能，感悟和体认劳动价值，培育劳动精神"。"传统工艺制作"任务群并非简单的"手工制作"，在组织与指导劳动实践中，其内容更要聚焦工艺体验，要综合运用多种方式，引导学生亲历工艺实践过程，亲身体验传统工艺。

劳动课程倡导"丰富多样的实践方式"，要让学生"经历完整的劳动实践过程"。"传统工艺制作"任务群工艺体验方式多样，如信息搜集、参观访问、作品设计、操作实践、评价改进等，通过自主探究或团队协作，学生在亲历实践中体验传统工艺，获得传统工艺制作的项目特点、制作技能和工艺流程等多方面的知识和技能，感受传统工艺的奇妙、精湛，以及其蕴含的劳动智慧、人文价值和工匠精神，在工艺体验中感悟和体认劳动价值，培育劳动精神，并以此激发传承文化、动手创作的内在需求。

第二，目标设计凸显工匠精神。劳动素养主要包括劳动观念、劳动能力、劳动习惯和品质、劳动精神，这四个方面相互联系、相辅相成，构成一个整体。"传统工艺制作"任务群的重要素养表现之一，便是精益求精、追求卓越的工匠精神的培育。作为我国优秀传统工艺的代表，"传统工艺制作"任务群在引导学生学习、传承传统工艺的同时，更注重的是在亲历体验传统工艺的过程中，感悟其中所蕴含的工匠精神，让工匠精神能够在新时代传承和发扬。因此，"传统工艺制作"任务群在实施过程中，无论是目标设定、技能淬炼，还是交流评议、成果展示，都应该在目标指向上凸显工匠精神的培育，并将其作为劳动素养发展的重要内容。

第三，过程指导关注技能淬炼。《劳动课程标准》指出，劳动实施过程的指导，主要进行"劳动技能的淬炼、劳动习惯的培养及劳动品质的塑造"。在这个过程中，要通过亲历情境、亲手操作、亲身体验，引导学生"经历完整的劳动实践过程"，强化"精益求精、追求卓越的工匠精神"。因此，"传统工艺制作"任务群的实践指导，应该倡导个体自学与团队互学相结合、自主探究与集体教学相结合、视频学习与现场示范相结合、工艺再现与创新设计相结合，以丰富多样的实践方式，引导学生进行劳动技能的淬炼。在操作实践和技能探究中，教师既要注重技能掌握的情况，强化技能的淬炼，又要关注学生的劳动实践过程，关注学生在劳动实践过程中所表现出来的劳动观念、劳动习惯和品质、劳动精神方面的变化与进步。

3-6

小纽扣自己缝（微课）

问题提出

【现状点击】

在金属丝制作课上,教师首先出示制作完成的金属丝便签夹,提出问题:"金属丝便签夹是由哪几个部分组成的?又是如何制作的?"在学生了解其组成后,教师介绍尖嘴钳及其使用方法,学生模仿操作,然后跟随视频演示开始制作金属丝便签夹。

《劳动课程标准》指出,要"发挥主体作用,激发创新创造。鼓励学生在学习和借鉴他人丰富经验、技艺的基础上,尝试新方法、探索新技术,打破僵化思维方式,推陈出新"。工业生产劳动作为生产劳动任务群内容之一,为落实这一理念,引导学生"能综合运用多学科知识和多方面经验解决劳动中出现的问题,发展创造性劳动的能力",学会使用工具,掌握相关技术,感受劳动创造价值,增强产品质量意识,体会平凡劳动中的伟大。

开展"工业生产劳动"任务群活动,要以提高学生在劳动实践中发现问题和创造性解决问题的能力为导向,结合学生自身的兴趣、爱好、特长等因素,以不同的渠道实现个性化成果,掌握劳动知识、程序、规则,把握规范使用工具的方法和技术,转变体力劳动多,手脑相结合的劳动相对少的倾向,深化学生劳动过程体验,强化创造精神培养,直接经历物质财富的创造过程,体验从简单劳动、原始劳动向复杂劳动、创造性劳动的发展过程。然而,在实际实施过程中,依然存在着指导方式单一、内容选择碎片等问题。

一是囿于模仿操作的讲解练习。《劳动课程标准》指出:"在劳动过程中,学生是实践任务的操作者和完成者,教师是学生实践的启发者、指导者和呵护者。"作为启发者、指导者、呵护者的角色定位,教师应引导学生在工业生产劳动物化成果的形成过程中追求不断创新、不断探究的品质与能力。落实到具体实践,教师经常用演示文稿或视频等形式将制作方法、流程展示给学生,再配合步骤讲解,让学生模仿完成。这种"看劳动""讲劳动"的讲解练习指导,疏离了工业生产劳动面向生活情境的要求、实际问题的引领、劳动过程的分析与规划、在实践中创造性解决问题等环节,弱化了学生对工业生产劳动价值的感悟和体认。

二是畏于整体连贯的项目实施。《劳动课程标准》明确劳动课程要"围绕日常生活劳动、生产劳动和服务性劳动,以任务群为基本单元,构建内容结构"。结合工业生产劳动任务群的内容要求,其实践往往还要经历调查、探究、设计等一系列环节,要求教师做好充分的工具、材料、支架设计等课前准备,具有一定的复杂性和烦琐性。也因如此,部分教师对"群"项目的整体教学产生了畏难情绪,继而摒弃了连贯实施的原则,选择性地使用"群"项目的部分劳动任务。如"劳动成果传祝福——小贺卡大心意"这一项目安排了"制作立体贺卡""设计能亮起来的贺卡""让贺卡亮起来"三个递进式劳动任务。考虑难易程度，教师更愿意使用任务一开展教学，摒弃难度较大的任务二和任务三。这样的内容处理方式，不仅破坏了"群"项目的设置意图，也淡化了工业生产劳动的育人实效。

三是离于身心合一的劳动认知。在物质生产各环节中，学生除了遵循基本的操作规程和物质属性外，还需要充分调动主观能动性和创造性，并最终凝结于所生产的产品中。[①] 这也意味着，工业生产劳动教学评价既关注学生的物化成果，也强调学生在劳动中所体现出来的对劳动创造价值的深刻感受和深入理解。然而，在走向结果与过程融合的评价过程中，教师对物化成果评价的片面强化，致使学生劳动的"身"与"心"不断走向分离。同时，受传统劳动与技术教育的影响，教师经常将工业生产劳动等同于技术课程，聚焦学生工具使用的熟练掌握等评价要求，忽视学生问题解决过程的观察与分析，缺少对学生劳动知识技能的迁移运用与合理评价，学生也难以体验工业生产劳动创造带来的喜悦与成就感。

🔑 问题分析

一、"工业生产劳动"的内涵

"工业"是采掘自然物质资源和对原材料进行加工和再加工的物质生产部门。[②] 工业生产指的是采用物质资源制造生产资料、生活资料，或对农产品及半成品进行加工的生产部门。[③]

"工业生产劳动"任务群在第三学段（5~6年级）和第四学段（7~9年级）进行设置，主要包括木工、金工、电子、服装、造纸、纺织等产品设计与加工。不同学段具体内容要求设置见表 3-7-1。

表 3-7-1 "工业生产劳动"任务群不同学段内容要求设置

学段	内容要求
第三学段（5~6年级）	选择 1~2 项工业生产项目，如木工、金工、电子等，进行简单产品模型或原型的加工，初步体验工业生产劳动过程。熟悉所选项目的工具特点、设备特点。识读简单的产品技术图样，根据图样制作产品的模型或原型，完成产品模型或原型的组装、测试。体验工业生产劳动创造物质财富的喜悦与成就感
第四学段（7~9年级）	选择 1~2 项工业生产项目，如木工、金工、电子、服装、造纸、纺织等，进行产品设计与加工，体验工业生产劳动过程。熟悉所选项目的工具特点、设备特点、加工材料要求。根据产品使用要求选择材料并制订符合人机关系的创意设计方案，识读并绘制简单的产品技术图样，根据图样加工制作产品模型或原型，完成产品组装、测试、优化。理解工业生产劳动对人类生活、生产的重要作用

① 王飞.新时代"三类劳动教育"的系统化设计与综合实施［J］.教育与教学研究，2022，36（4）：39-53.
② 于光远.经济大辞典：工业经济卷［M］.上海：上海辞书出版社，1983：19.
③ 黄勇.现代工业［M］.南宁：广西美术出版社，2013：105.

工业生产劳动具有一定的复杂性、创新性，需要学生具有相应的认知和实践操作基础，因此，任务群在第三学段才开始安排。在内容上体现了不断进阶的要求，在劳动情感态度上也由体验工业生产劳动创造物质财富的喜悦与成就感提升为理解工业生产劳动对人类生活、生产的重要作用。

二、"工业生产劳动"任务群素养要求

"工业生产劳动"任务群的素养要求主要体现为：在劳动观念方面，能合理利用材料，养成环保节约的劳动意识，懂得爱惜日用产品；在劳动能力方面，能规范使用工具设备，根据设计加工制作产品模型或原型；在劳动习惯和品质方面，养成安全、规范进行工业生产劳动的良好劳动习惯和品质；在劳动精神方面，追求不断创新和精益求精的劳动精神。"工业生产劳动"任务群不同学段具体素养表现见表3-7-2。

表3-7-2 "工业生产劳动"任务群不同学段素养表现

学段	素养表现
第三学段 （5~6年级）	掌握某项工业生产项目工具、设备的操作方法。能依据简单技术图样，规范地使用常用生产工具、设备加工制作产品的模型或原型。理解日用产品的来之不易，懂得爱惜日用产品，初步形成安全规范地进行工业生产劳动的意识。初步形成产品质量意识和精益求精的劳动品质
第四学段 （7~9年级）	掌握某项工业生产项目工具、设备的操作方法，以及加工材料的要求。能根据需求，设计并制作、加工简单的产品模型或原型。养成安全、规范地进行工业生产劳动的良好劳动习惯，养成合理利用材料、环保节约的劳动意识，提升产品质量意识和精益求精的劳动精神

在劳动观念方面，从第三学段理解日用产品的来之不易，懂得爱惜日用产品，到第四学段养成合理利用材料、环保节约的劳动意识；在劳动能力方面，从能依据简单技术图样，规范地使用常用生产工具、设备加工制作产品的模型或原型，提升为能根据需求设计并制作、加工简单的产品模型或原型；在劳动习惯和品质方面，从初步形成安全、规范地进行工业生产劳动的意识，到养成安全、规范地进行工业生产劳动的良好劳动习惯；在劳动精神方面，从初步形成产品质量意识和精益求精的劳动品质，到提升产品质量意识和精益求精的劳动精神。可见，"工业生产劳动"任务群的素养要求随着学段的提高而提升，难度逐步加大。

三、劳动素养的指导

《劳动课程标准》强调："教师在指导时，对劳动过程中的关键步骤、技能要及时点拨，对劳动中出现的问题要指导学生及时解决，适时激励、启迪、引导学生在劳动过程中创新，强调劳动过程中的安全、规范操作。""工业生产劳动"任务群的指导，既要注重学生出力流汗的亲身参与，更要关注学生的手脑合一、知识融合、情感渗透，

扎实做好劳动前的设计构思、劳动中的实践探究与劳动后的反思交流，从工业生产劳动"只做不思"的传统实践走向对知识原理的理解，能围绕问题展开探究，不断促成经验意义的生成和创造性应用，丰富劳动体验，深化对劳动价值的理解，并在动手实践的过程中创造有价值的物化劳动成果。

🖨 问题解决

一、提炼一个问题：驱动工业生产劳动项目进程

劳动任务群作为劳动课程的大单元，群内包含了不同的项目。在"工业生产劳动"任务群活动实施中，以大单元教学为统领，用核心问题串起各个项目，引发学生将项目转化为解决问题的载体，用以驱动劳动进程，激发工业生产劳动兴趣，厚植劳动价值体认。

1. 基于问题，引领方向

以劳动问题为驱动是发挥学生的主体作用，激发学生的探究热情，使学生深入理解劳动现象背后的问题，培养学生问题意识、批判性思维、创造性能力等高阶思维和能力的有效方法。联系工业生产劳动涵盖内容多、时间跨度长等特点，从整体单元视角提炼问题，并驱动学生分析问题，是驱动工业生产劳动实践的前提和基础。

【案例 3-7-1】多彩生活劳动创——LED 灯用处大（情境创设）

七彩的灯光巧妙地将城市建筑物的轮廓勾勒出来，时而呈现深邃的蓝色，转瞬又变成热情的红色、清新的绿色，色彩变幻莫测，流光溢彩，令人目不暇接。这些绚丽的效果来自各式各样 LED 灯的设计与搭配。你是否也想一睹这光彩夺目的盛景？请欣赏这段视频，一同感受 LED 灯为我们生活带来的绚丽与精彩效果。

同学们，学校科技节就要开幕了。作为一名小小设计师，你将如何进行 LED 产品的个性化设计制作？

【案例分析】 "多彩生活劳动创——LED 灯用处大"是五年级劳动项目，包括"探索生活中的 LED 灯""LED 应用设计""LED 产品制作"三个任务。按一般的教学思路，教师会依教材编排的任务逐个进行分析、讲解、制作，或选择其中一个开展独立教学。而在核心问题引领下，结合 LED 在日常生活中的运用，以"作为一名小小设计师，你将如何进行 LED 产品的个性化设计制作？"为驱动，贯穿三个任务的实施，整合调查、分析、创制、试验等过程，将教材内容与学生生活世界联系起来，用真实的需求激发劳动兴趣，助推学生创造力、动手力、协作力，对现代技术的感受理解力在解决实际问题中得以发展。

2. 搜集信息，开展分析

基于问题的分析是将问题进行具体的解构表达，也是对解决问题的思路、限制条

件、技术方法等进一步细化的过程。通过网络搜索与其相关的资料信息，认识产品组成及操作原理，对比优劣，确认产品的价值；进而以实地调查、访问、讨论等形式对存在的问题进行分析，对建议进行数据分析、探讨，在团队协作中发散思维、分享信息，确保劳动实践的可行性。

【案例3-7-2】用 LED 灯点亮多彩生活劳动（信息收集与分析）

课前我们结合 LED 灯调查表进行了 LED 灯的调查。

物品名称	LED 灯造型	数量	用途
我的发现			

（1）请你在小组内和小伙伴们交流一下你的发现。

（2）谁愿意和大家一起分享？（学生投影展示调查表。）

（3）谁再来分享？还有补充吗？（学生分享和补充。）

小结：同学们的调查做得很细致。经过分析，我们发现 LED 灯在日常生活中很普遍，它造型多样、数量不一，可用于不同场景，能够装扮空间，让我们的生活更加美好。

（案例提供：陈圆，浙江省海宁市实验小学）

【案例分析】上述案例中，教师引导学生针对调查结果进行小组互动、协商、研讨，帮助学生学会分析问题、理解问题，使问题更加具体化。通过分析，结合问题搜集相关资料，可以帮助学生寻找尽可能多的需求点，并对其进行思维加工，从而确定一个有意义且可行的产品创制项目。

二、构建一种模式：完整经历工业生产劳动过程

《劳动课程标准》明确提出，在工业生产劳动过程中能"识读简单的产品技术图样，根据图样制作产品的模型或原型""能根据需求，设计并制作、加工简单的产品模型或原型"等要求。因而，依托设计性学习开展工业生产劳动实践，不仅可以指引学生明确解决问题的方向，还能引导学生在问题解决过程中进行探究、设计、制作、操作、试验，应用学科知识，完整经历工业生产劳动过程，提升劳动能力。

1. 工程设计，意念表达

《大中小学劳动教育指导纲要（试行）》指出，要"强化规划设计意识，充分发挥学生的积极性、主动性、创造性，引导学生对项目实践进行整体构思"。工程设计是学生批判想象、创造思考、科学决策综合运用的过程，需要从产品的功能实现出发，结合选材，从结构、外观等方面开展设计，用图文结合的形式记录和表达设计意图。

【案例3-7-3】动手动脑有创新——马达的利用（实施片段）

1. 利用马达设计一款有趣好玩的玩具，你认为需要考虑哪些因素？还需要注意什么？

预设：作品的形状、结构、功能、用途，所用的材料、工具等。

2. 出示电动玩具设计表。

姓名	
作品名称	
用途	
设计方案	（标注好每一部分的构件和所用的材料及其规格，图文结合记录）
我的设计亮点	（介绍作品设计与众不同的地方）
拟用工具和材料	（写清需要的工具和材料的数量）

3. 请同学们自主开展设计。

【案例分析】上述案例为三年级劳动项目，教师从形状、结构、功能等方面提示学生构思作品并画出草图，突破了范例定义，充分挖掘和展示了学生的创新意识，为实现物化成果提供更多选择。通过草图形式将解决方案进行可视化呈现，帮助学生获取反馈意见，进一步优化设计，探寻更有效的解决方案。学生独立或与他人合作完成一份完整的设计方案，可以最大限度地发挥创新的潜能，提升设计的技巧，为优化设计提供直观的依据，更有利于组员之间相互提出建议。

2. 组间互动，优化方案

设计作为一项创造性劳动，既可以是个人劳动，也可以是群体劳动。对群体而言，是在对某个创造性主题的思考结果、认识和意见取得一致认同后，有组织地开展的共同劳动。通过组间互动，组员沟通协作、批判思考，借力思维碰撞产生的新观点，实现设计优化。

【案例3-7-4】动手动脑有创新——马达的利用（实施片段）

1. 组内交流：请小组内分享设计方案，围绕自己设计的结构和功能说一说。比如，"我设计的结构是……设计的功能是……"

2. 班级交流：哪位同学愿意来分享？

3. 小结引导：设计的结构直接影响着功能，有什么样的结构就有什么样的功能。当然我们也要考虑材料和工具等因素，考虑越周到，后续的制作就越顺利。

4. 优化方案：接下来请你根据自身需求和大家的意见、建议来优化设计。

（1）你是从哪几个方面来优化设计的？

（2）与原来的设计相比，优化后有了什么改进？

【案例分析】多次设计有助于将知识更好地应用于实践之中。设计方案的优化能帮助学生更好地掌握和运用知识，提升实效，促进知识迁移。在不断更新设计的同时，感知从不同角度进行创意带来的设计优化，逐步实现从"被动接受"向"主动探究"的转变。上述案例中，教师引导学生在组内交流的基础上开展班级交流，有助于学生根据已有方案创造性地设计优化，确定设计方案并展示，在听取其他小组的建议后，再次修正完善并形成最终设计方案。

3. 实践创新，迭代改进

《劳动课程标准》要求，在劳动实践中"掌握某项工业生产项目工具、设备的操作方法""根据图样加工制作产品模型或原型，完成产品组装、测试、优化"，理解工业生产劳动对人类生活生产的重要性。同时，在工业生产劳动中，产品的创制与改进，不仅仅是有形作品的制作，更重要的是在问题解决中，亲历优劣比对、思考决策等迭代过程。在技术运用、资源选择、作品创制、实践测试中，形成亲近技术与工程及与其相联系的劳动规范、劳动质量等意识。[①]

【案例3-7-5】生活劳动有创意——厨房小工具（实施片段）

教师出示碗夹，提问：在劳动实践中，我们可能会遇到哪些困难？你想怎么解决？

生1：两个夹手要做到一致，可能会有困难。做好一个之后，用软尺标注尺寸会更加精确。

生2：握把的缠绕要紧密，需要我们耐心进行制作。

生3：我认为，提手与夹手之间的连接比较难，因为金属丝表面比较光滑，用铁丝缠绕很容易松脱。

……

学生初步制作。

经过循环问诊，迭代改进。

师：各组的碗夹试用情况如何？有没有实现目标？如果没有，原因是什么？

生1：我们的碗夹握把这部分缠绕得太紧，造成使用时张合有点费力，需要再重新缠绕改进。

生2：这个碗夹的问题还是之前就提出的，提手容易松脱。大家有什么好办法？

生3：对这个问题，我们是采用增大摩擦的方式加以解决的，在金属丝上用钢丝钳绞出一些毛刺再连接。

生4：要方便夹取电饭煲蒸架上的盘子，需要托架尽量小一点，可以把它做成圆弧状。

……

---

① 管光海.中小学技术与工程启蒙教育的浙江探索［N］.浙江教育报，2019-10-30（03）.

【案例分析】上述案例为八年级劳动项目，项目的实施以产品为指向，通过"实践—评估—改进"等方式，引领学生亲历完整的工业生产劳动过程，在组内、组间的交流与展示中互动，让全班参与讨论思考，收获别人的建设性意见，在锻炼批判性思维的同时寻求新的灵感，并据此再次回到设计，改进制作，重新测试，在迭代中完善，直至实现作品的最优化。学生在此过程中感受到工业生产劳动的知识性、趣味性和人文性，体会到科学的探究方法，形成创新精神和实践能力。

三、落实一个评价：深化工业生产劳动价值体认

《劳动课程标准》强调，评价应遵循发展性原则，"教师要着眼于学生劳动过程的动态发展，充分肯定学生在劳动中的进步，正确对待劳动中出现的问题，鼓励学生不断改进提高"。因此，以增值为理念，将评价嵌入学生完整的劳动实践过程，而非以单次的劳动成果为依据，更能发挥劳动过程性与结果性评价有机统一的评价诉求。

1. 锚定增值起点，关照劳动素养

《劳动课程标准》指出，劳动评价"既要关注劳动知识技能，更要关注劳动观念、劳动习惯和品质、劳动精神；既要关注劳动成果，更要关注劳动过程表现"。由于学生个体的差异性，工业生产劳动的复杂性，学生在劳动中的表现各不相同，无法用一把尺子衡量全体学生的劳动。从学生角度来说，虽然积极努力地参与劳动实践，却可能无法实现物化成果，这不仅会打击学生的劳动积极性，还会挫伤自信心。因此，工业生产劳动增值评价首先应围绕劳动课程所要培养的核心素养，设计具有可操作性的评价标准，锚定学生劳动起点，发挥增值评价在发展学生核心素养中的作用。

【案例3-7-6】精益求精保质量——制作小木器（评价环节）

1. 测一测你对木作劳动有哪些认识？

2. 出示并发放评价表：

评价指标	标准描述	劳动前测
劳动观念	知道现代生活中木材使用广泛、木器深受人们喜爱，热爱木工劳动是精致木器产生的前提	☆ ☆ ☆ ☆ ☆
	知道劳动者要善于利用自己身边的劳动资源，并以精工细作创造美好生活，珍惜劳动成果	☆ ☆ ☆ ☆ ☆
劳动能力	会精确选择与使用木工劳动的常用工具与身边的木材，精准处理原木	☆ ☆ ☆ ☆ ☆
	具备木料型材的基本加工技法，如锯切、凿槽、打磨和钻孔等，具有精确操作木工工具的技能	☆ ☆ ☆ ☆ ☆

评价指标	标准描述	劳动前测
劳动习惯和品质	能合理规划木料，标记清楚	☆ ☆ ☆ ☆ ☆
	能有条理、耐心、细致地加工木料	☆ ☆ ☆ ☆ ☆
劳动精神	能不怕困难，主动寻求解决问题的方法	☆ ☆ ☆ ☆ ☆
	能节约使用木料，追求创新	☆ ☆ ☆ ☆ ☆

【案例分析】上述案例为八年级劳动项目，评价表中"劳动前测"即是劳动素养增值评价的起点，由学生进行自主测评，了解自身的劳动素养状况。例如，"劳动观念"中"劳动者要善于利用自己身边的劳动资源，并以精工细作创造美好生活，珍惜劳动成果"，学生劳动前测的自评是一颗星，参加劳动后评价是两颗星，那么这一项与之前相比就有了进步。当然，评价中也会存在学生对标准把握不准的现象，需要组内学生共同参与并发表看法，切实保证评价的真实可靠性。

2. 彰显学生本位，深化发展认知

增值评价主张评价主体的多元性。但受限于学生的身心发展，其对劳动的获得感、成就感、荣誉感大多是基于自我的体认和体悟。因此，结合工业生产劳动涉及项目工具、设备的操作方法、加工材料的要求等众多内容，其评价更强调"不跟他人比，只跟自己比""不比结果，只比进步"等观念，凸显学生的主体地位，实现自我调适与发展。

【案例3-7-7】创新设计促环保——我是车辆工程师（评价环节）

1. 请你在评价卡上写出已经认识或已会使用的车辆拆解及制作工具。想一想，还需要用到哪些技术方法？

2. 经过本项目的学习，你对车辆制作有了什么新认识？请在原有评价的基础上补充信息，并与同学们开展小组交流。

【案例分析】上述案例中为五年级劳动项目，评价分为两个环节。环节一是了解工具，由学生在卡片上写出已经认识或已会使用的工具，标注还需要哪些工具、采用哪些方法等；环节二是车辆制作后的收获，即在环节一的基础上补充新知，包括改造使用工具、习得的新技术、对节能环保的认识、劳动感受等。结合两个环节，学生通过组内、组间分享，再次完善卡片信息，获取最真实、满意的评价，使评价成为自我激励、自我展示、自我完善的过程。

💡 教学建议

第一，立足真实问题引领思考，而非局限于技术方法的讲解运用。工业生产劳动强调"产品"结果，但也不限于实现这一过程的技术方法讲解运用，应立足于学生的兴趣和已有知识经验，形成解决问题的思路，体验劳动带来的快乐及成就感。教师应

关注劳动问题产生的情境，通过问题驱动学生主动投入思考，实现物化成果。以真实问题引领学生，不仅使学生充分发挥兴趣、爱好、特长等，建立与其社会经验、能力水平的密切联系，还可以形成除技术应用能力之外的其他认知，增强对工业生产劳动的情感、态度与责任的理解。

第二，根植"做"与"学"的统一，强调工业生产劳动实践完整性。工业生产劳动实践是一种包含知识、行动和态度的"学习实践"，强调"做"和"学"的不可分割性，不仅包含技能，也包含对知识的深度理解。并且，这种实践是带有思考、假设、验证概念性质的，是动手动脑，整合了技能、态度的行动。在指导中，教师不仅要处理好淬炼操作与学生实践的关系，倡导探究性、技术性、设计性等实践方式，鼓励学生运用不同的方法，从不同的视角处理任务，寻求不同路径的解决方案，经历完整的劳动实践过程，更要注重锤炼学生意志品质，引导学生敢于在困难与挑战中完成行动任务。

第三，构建过程本位的增值评价，提升学生自我发展劳动品质。增值评价强调对学生在学习的不同阶段表现进行考查，追踪和记录学生在不同时间节点的表现，体现单位时间内每个学生的"增值"，用以衡量学生的阶段性进步程度，克服了传统评价只看结果，忽视过程的弊端。在工业生产劳动中开展以"增值"为准则的评价，教师要引导学生在评价中认识自己在技术、知识、技能、创新创造等方面的问题和不足，并给予学生持续改进的动力，使其在可以改变的方面作出努力，从而建构满足自己学习的个性化结构；要充分尊重学生的个体发展差异，突出对学生个体已有基础进行评价，对学生"产品"的个性化表现加以认定，从而惠及每一个学生的成长，激发学生开展工业生产劳动的积极性。

3-7
多彩生活劳动创——LED 灯
用处大（教学实践分享）

问题提出

【现状点击】

在新技术体验教室里，有 3D 打印机、数控机床、激光雕刻机等设备，一位教师正在为学生讲解设备的使用方法，学生按教师提供的使用方法和操作说明，逐一排队练习，部分学生因没有掌握方法而无法体验操作，也有部分学生因设备数量有限而没有机会体验操作。教师面对学生的各种实操问题，应接不暇，忙得不可开交。

"新技术体验与应用"是"生产劳动"所包含的四个任务群之一。"发展创新意识，提升实践能力和社会责任感"是新时期劳动教育的基本理念之一。《大中小学劳动教育指导纲要（试行）》强调，"重视新知识、新技术、新工艺、新方法的运用，提高在生产实践中发现问题和创造性解决问题的能力，在动手实践的过程中创造有价值的物化劳动成果"。《劳动课程标准》明确要求，新时代的劳动教育要秉持"加强与学生生活和社会实际的联系"理念，"注重选择体现中华优秀传统文化和工匠精神的手工劳动内容，适当引入体现新形态、新技术、新工艺等的现代劳动内容"。

因此，"新技术体验与应用"任务群选择与中小学生身心发展、实践能力相适应的，又充分体现新技术在改变传统加工方法、提高生产效率和生活品质等方面带来主要变化的劳动内容，引导学生在对新技术及应用进行体验与探究的劳动过程中，习得新技术的知识和技能，感受新技术在生产、生活中发挥的重要作用，体悟劳动人民创造新技术的智慧。

在实践中，"新技术体验与应用"任务群的劳动实践面临诸多问题与挑战。

一是对内容定位不准。 学校和教师普遍对"新技术体验与应用"任务群本身的价值意义认识不足，也就是新技术的实践内容定位不准，将各种技能类项目组合成教学内容，或将一些传统工艺、工业生产劳动的内容理解为新技术，如电子、电工等，没有区分新技术体验与应用和传统工艺、工业劳动的不同，在实际应用中将其理解为新技术体验内容。

二是重设备轻素养发展。 学校和教师普遍对新技术的实践内容定位不准，具体表现为：只注重新技术的设备添置，将各种高大上的设备堆在专用教室里，对于技能操作则是走马观花地看一遍，忽视学生在实践过程中的体验应用；过多关注劳动结果，忽视学生参与劳动实践的主体性、积极性的发挥；忽视劳动过程中学生表现出来的积极的劳动精神、良好的劳动品质和习惯，以及正确的劳动观念；"新技术体验与应用"任务群蕴含的创新精神、工匠精神体现不够，最终影响劳动课程核心素养目标的落实、学生劳动素养的发展。

三是教学组织较难。由于"新技术体验与运用"任务群涉及面较广，并配有相关机器设备，需要至少一位助教辅助教学，确保整个学习过程的安全性。同时，在有限的机器设备使用情况下，劳动实践会比较耗时，容易造成在同一段时间内学生排队等待加工的现象。

🔑 问题分析

一、新技术体验与应用的内涵

新技术涉及信息技术、生物技术、新材料技术、新能源技术等领域，"新技术体验与应用"任务群是指通过引导学生对新技术及其应用进行体验与探究的劳动过程，让学生体会应用新技术创造性地解决问题，感受新技术在日常生活生产中发挥的作用。学生在亲历体验、探究实践中，提出创意想法，能利用新技术呈现一定创造性的解决方案，制订合理的劳动计划，并安全规范地加以实施，能对劳动过程与劳动成果加以反思和总结，进一步增强创造性劳动能力、合作能力。在此过程中培育精益求精、追求卓越的工匠精神，以及开拓创新、砥砺奋进的时代精神，是新时代劳动精神的核心内涵之一。

新技术在提高生产效率和生活品质等方面发挥着重大作用，充分发挥其育人功能，是劳动教育的需要。"新技术体验与应用"任务群设置遵循由易到难、循序渐进的原则，在中小学两个学段有安排，不同学段具体内容要求设置见表 3-8-1。

表 3-8-1 "新技术体验与应用"任务群不同学段内容要求设置

学段	内容要求
第三学段 （5~6年级）	选择 1~2 项新技术，如三维打印技术、激光切割技术、智能控制技术等，初步进行劳动体验与技术应用。熟悉某项新技术的主要功能及简单的使用方法。识读简单的产品技术图样，并应用某项新技术进行简单产品的加工，记录某项新技术在改变传统加工方式、提高生产效率和生活品质等方面带来的主要变化。感受新技术在提高生产效率、产品质量及创造性解决问题等方面的重要作用，感受现代劳动中的创新精神
第四学段 （7~9年级）	选择 1~2 项新技术，如三维打印技术、激光切割技术、智能控制技术、数控加工技术、液态金属打印技术等，进行劳动体验与技术应用。熟悉某项新技术的基本工作过程、常用参数设置、材料的适用范围等。根据设计要求选择某项新技术，制订合理的设计、加工方案或设计图样，完成应用某项新技术进行加工、组装、测试、优化的全过程。记录某项新技术在改变传统加工方式、降低加工成本、提高工件质量方面带来的主要变化。感受新技术在生产、生活中发挥的重要作用，体悟劳动人民创造新技术的智慧

从项目内容上看，从第三学段到第四学段，项目内容的范围渐次扩大，项目内容的难度随着学段升高而逐渐增加，项目内容的技术向纵深方向发展，新技术体验与应用的体验不断走向深入；从劳动能力培养上看，体现了由简到难的过程，动手能力的

培养循序渐进；从劳动精神培养上看，创新精神的培养梯次发展。

二、"新技术体验与应用"任务群素养要求

"新技术体验与应用"任务群的素养要求主要体现为：劳动观念方面，初步形成使用新技术劳动的意识和劳动创造伟大的观念。劳动能力方面，具有初步的创意物化能力，能根据需要制作相应的新技术作品，具备一定的劳动能力。劳动习惯和品质方面，养成认真劳动、规范劳动的劳动习惯和勤于动手动脑、勇于创新的劳动品质；了解常见的新技术在工业、生活中的运用，能进行简单的作品设计与表达，发展劳动思维。劳动精神方面，通过实践体验与应用，感受新技术在生产生活中带来的主要变化，初步形成精益求精、追求卓越的工匠精神以及开拓创新、砥砺奋进的时代精神。"新技术体验与应用"任务群不同学段具体素养表现见表3-8-2。

表 3-8-2 "新技术体验与应用"任务群不同学段素养表现

学段	素养表现
第三学段 （5~6年级）	掌握某项新技术的使用方法。能根据需要，应用某项新技术制作简单的产品模型或原型。初步具有亲近新技术的情感和使用新技术进行劳动的意愿，具有进行创造性劳动的热情
第四学段 （7~9年级）	掌握某项新技术的使用方法，知道其工作原理。能根据需要，使用某项新技术设计制作简单的产品模型或原型，并独立完成产品的技术测试。在劳动中能不断追求品质、精益求精。树立劳动光荣、技能宝贵、创造伟大的观念

随着学段升高，"新技术体验与应用"任务群的素养表现在劳动观念、劳动能力、劳动习惯和品质、劳动精神四个方面呈现出难度和要求的递增趋势。

三、劳动素养的指导

从新技术的特点来说，体验与应用过程会涉及多方位的指导与关注，只有一位教师是不够的。《劳动课程标准》指出，在劳动过程中，"学生是实践任务的操作者和完成者，教师是学生实践的启发者、指导者和呵护者"。因为一些教师对"新技术体验与应用"任务群教育价值认识上的狭窄与片面，劳动实践的指导过程对劳动素养的发展关注不够、支持度不够。因此，在"新技术体验与应用"任务群教学组织中，还应尽量保证有一位助教辅助教学，或者以小组为单位，引导学生经历完整的劳动过程，既要注重技能掌握的情况，强化技能的淬炼，更要关注学生的劳动实践过程，关注劳动实践过程中学生的规范意识、质量意识、专注品质和合作意识等的培养与指导，关注劳动实践过程中精益求精、追求卓越的工匠精神，以及开拓创新、砥砺奋进的时代精神的培养与指导。

问题解决

一、创设生活情境，激发学习兴趣

从心理学角度来说，学习兴趣是学生力求探究某种事物或从事某种活动并带有强烈情绪的认知倾向。特别是在科学技术发展水平日新月异的今天，当学生对新技术内容产生兴趣时，就会产生掌握新技术方法的意愿，集中注意力，采取积极主动的行为，提高学习新技术的效率。

在教学中，提出与学生生活紧密联系、能让学生亲身体验的生活情境中的问题，可以增加学生的直接经验，培养学生的观察能力和实际问题的解决能力，激发学习兴趣。

【案例3-8-1】3D打印笔筒（情境创设）

小张同学做的纸盒笔筒在使用一段时间后，外形变得破旧了，而且不小心被水弄湿后就损坏了。那么，我们可以用什么新技术或新材料，设计制作既个性化又持久耐用的笔筒呢？

（案例提供：陆坚，上海市嘉定区第一中学附属小学）

【案例分析】笔筒是学生非常熟悉的学习用具，亲手制作笔筒可以使学生产生成就感。案例中的情境设计，从学生生活实际出发，贴近生活，可以激活学生认知中的相应知识模块，使学生做好思考准备，有利于激发思考动机，积极主动地投入学习。学生通过一个个问题的解决，内化解决问题的规则和方法，体验与应用新技术，有助于在后续新技术探究和实践中，保持创造性劳动的热情，为树立专心致志的劳动品质、开拓创新的劳动精神奠定基础。

二、采用体验式学习，提升新技术的认识

劳动课时间有限，在较短的时间内，为了帮助学生有效地学习新技术知识、体验与应用，除了精心编排教学内容外，教师还可以采用体验式学习的模式，通过相关对比，提升学生对新技术的认识。体验式学习强调学生积极主动地参与，真正让学生在教师的引导下主动学习新技术，感受新技术的魅力。

1. 对比体验，认识新技术的优势

体验式学习可以对某一项目或产品，分别用传统工艺和新技术实现后，通过比较所用的时间、质量、成本等，认识到新技术在提高生产效率、生活品质等方面带来的变化。

【案例3-8-2】电脑绣花（体验活动设计）

"电脑绣花"体验活动设计如图3-8-1所示。

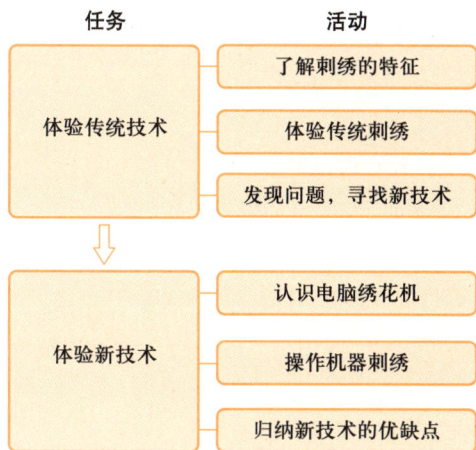

图 3-8-1 "电脑绣花"体验活动设计

（案例提供：陈梦怡，上海师范大学附属宝山潜溪学校）

【案例分析】刺绣是我国的传统手工艺术，慢工出细活，一幅刺绣作品的制作要花费的时间常以月来计算。电脑绣花机则是将电子技术应用于飞梭绣花机，通过计算机辅助设计功能，控制电脑绣花机来完成刺绣工作，快捷精准。上述案例的设计，通过传统刺绣和使用电脑绣花机的加工体验，可以让学生体会到新技术可以大大缩短刺绣时间，提高生产效率，制作的刺绣牢固细致、花样众多、色彩丰富。让学生亲历两种工艺的制作过程，对比得出新技术在生产生活中发挥的重要作用，体悟劳动人民创造新技术的智慧，树立劳动光荣、创造伟大的观念。

2. 长周期体验，体会新技术的作用

新技术在各个领域的应用都很广泛，有些项目用 1~3 课时的短周期体验即可，但大部分项目需亲历长周期的过程，使学生感受新技术在生产、生活中发挥的重要作用，体悟劳动人民创造新技术的智慧。

【案例 3-8-3】气象与创造（活动设计）

任务群	学习周期	教学内容	主要评价内容
智能育种	第一学期第 1—3 周	1. 初识智能种植设备 Farmbot 生态箱，会配置基础数据。 2. 认识生态箱育种，了解多种植物的种植习性。 3. 学习虚拟串口配置与烧录程序，烧录种子发芽程序。 4. 智能播种，完成种子育苗。并对比分析种子育苗和环境的关系	1. 劳动观念：体验农耕文化，感受劳动乐趣，懂得"一分耕耘一分收获"的道理。 2. 劳动能力：掌握选种、育种的基本方法；熟悉生态箱的主要功能、使用方法。 3. 劳动习惯和品质：形成安全、规范操作新设备的劳动习惯。 4. 劳动精神：养成精益求精的劳动精神

任务群	学习周期	教学内容	主要评价内容
智能种植	第一学期第4—16周	1. 学习常见的植物生长要素（如光照、温度、湿度、水分、营养等）对植物生长的影响。 2. 学习水、温度、湿度、光照、肥料等多种传感器和控制器的工作原理。 3. 设置各类传感器和控制器，完成生长要素对植物种植影响的探究，得出实验结论，完善种植方案。 4. 清洗和护理生态箱，养护植物	1. 劳动观念：体验农耕文化，感受持续性劳动的艰辛和不易，懂得珍惜劳动成果。 2. 劳动能力：熟悉各种传感器和控制器的主要功能、使用方法；会通过设置各类传感器和控制器，完成生长要素对植物种植影响的探究。 3. 劳动习惯和品质：养成专心致志、长周期持续性劳动的品质。 4. 劳动精神：形成不断追求品质、不断创新的劳动精神
智能舂米	第二学期第1—6周	1. 了解古代农耕舂米文化。 2. 学习舂米的过程及原理。 3. 搭建"舂米机"基本构造。 4. 学习凸轮机构的组成及作用。 5. 搭建装稻谷的装置。 6. 编写程序，智能操作简易机械，学习用电机传动装置完成舂米	1. 劳动观念：树立劳动光荣、创造伟大的观念，具有进行创造性劳动的热情。 2. 劳动能力：应用新技术。 3. 劳动习惯和品质：形成安全、规范进行创造性劳动的习惯。 4. 劳动精神：形成不畏艰难和勇于创造的劳动精神
智能仓储	第二学期第7—16周	1. 学习粮食的存储条件。 2. 学习多种智能传感器。 3. 制作智能温控设备。 4. 制作智能除湿设备	1. 劳动观念：理解粮食来之不易，懂得"改善仓储环境，爱惜粮食"。 2. 劳动能力：熟悉智能温控和除湿技术，完成应用新技术改善粮食仓储环境。 3. 劳动习惯和品质：树立不浪费粮食的意识，养成乐于思考的劳动品质。 4. 劳动精神：形成不断追求品质、勇于创新的劳动精神

（案例提供：程育艳，上海市闵行区七宝镇明强小学）

【案例分析】"气象与创造"劳动项目将现代科学技术应用于传统农耕作业，改变学生对传统劳动的认识，丰富学生对科学种植、智能种植与智能仓储的新时代农耕知识。引导学生在传承中华优秀传统农耕文化的同时，通过长周期的活动，体验当下的科学劳动，思考面向未来的智能化劳动。引导学生通过学科融合的课程体验，综合运用多学科知识和多方面经验，解决劳动中出现的问题，发展创造性劳动的能力，培养学生热爱劳动、尊重普通劳动者的积极情感。通过长周期、项目式的活动，使学生感受到新技术的作用。

三、加强劳动实践组织，落实劳动素养目标

如何在新技术体验与应用教学中有效落实劳动素养目标？在保障课程内容和劳动

场所的基础上，还需要根据实际情况从组织方式上合理安排学生劳动实践。因此，采用小组合作学习、配备助教、交流展示等形式，可以提高学生体验新技术的参与度和达成度，落实劳动素养目标。

1. 小组合作，提高达成度

小组合作学习能增加学生间交流的机会，取长补短，培养团队合作能力。小组在一定的时间内共同完成某项新技术体验任务，可以提高项目的达成度。

【案例3-8-4】电脑绣花（小组合作）

"电脑绣花"劳动项目采用小组合作的方式完成学习和体验任务，团队分工表如下：

工作安排	姓名
1. 确认绣花参数	
2. 在空白手帕上标注图案位置	
3. 电脑绣花机的初始校对	
4. 换线	
5. 操作电脑绣花机与检查	
6. 统计小组成员的学习单	
7. 记录小组工作过程	
8. 其他	

（案例提供：陈梦怡，上海师范大学附属宝山潜溪学校）

【案例分析】上述案例中，学生分别体验过手工刺绣和电脑绣花机刺绣后，以4~6人为一个小组进行小组合作，在5课时内，由组长统筹安排小组成员分工，制订劳动计划，小组完成设计制作一块电脑刺绣装饰的手帕。学生在劳动实践中，体验并应用电脑绣花技术，收获劳动成果，养成合作精神和劳动流程意识，懂得劳动创造美好生活，感受新技术在生产、生活中发挥的重要作用，体悟劳动人民创造新技术的智慧。

2. 助教辅助，提高参与度

新技术体验与应用的实践过程中，受到设备数量限制，学生很难同时操作。同时，实践过程一般由小组合作完成，且每个小组中各成员所完成的任务不尽相同。由于体验过程中每个学生的学习内容和操作进度各不相同，一位教师辅导一个班，往往难以顾及所有学生。因此，除了在设备操作上进行合理的安排外，增加一位助教现场与上课教师共同辅导，会在短时间内帮助学生完成劳动体验，提高学生的积极性与参与度，让每个学生都有机会达成学习目标，提升学习素养。

【案例3-8-5】多功能手机支架（活动设计）

环节	课时	任务	负责教师（A. 主负责教师；B. 助教）	任务实施要求和建议	设计意图
实施（淬炼操作细节，小组合作实践）	3	任务1：认识Inventor软件	A	1. 组织学生学习手绘设计，了解表达设计想法的方式。2. 组织学生学习 Inventor 软件	通过初步学会使用 Inventor 软件进行手机支架零件的设计，完成满足不同功能需求的手机支架设计图，在作品迭代更新的过程中体会开拓创新、精益求精的劳动精神
		任务2：运用 Inventor 软件建模	A	1. 组织学生运用 Inventor 软件进行手机支架建模。2. 展示部分学生的作品，鼓励创新，发现问题及时分析并解决	
		任务3：用激光切割机完成手机支架制作	A、B	1. 组织学习激光切割参数设置，体验激光切割完整过程。排版时注意材料的节约使用，切割时注意安全规范操作。2. 学生运用激光切割机制作手机支架。注意切割时功率的设置，发现问题及时分析并解决。3. 完成手机支架的组装并对手机支架进行适当的装饰，提高审美能力	学习合理排版，以节约材料。学习和运用激光切割相关技术，切割手机支架零件并完成组装，体验新技术对提高劳动效率的作用，养成规范使用劳动工具的劳动习惯，树立安全劳动、规范劳动的意识

（案例提供：葛敏霞，上海市嘉定区劳技教育中心）

【案例分析】上述案例在劳动实践阶段增加了助教，协助教师辅导学生完成手机支架制作，提高学生参与度和作品达成度。学生通过运用激光切割相关技术，切割手机支架零件并完成组装，体验新技术对提高劳动效率的作用；在学习实践中体会使用新技术设计制作木制品的一般过程，感受劳动创造美好生活，体悟成功的喜悦、劳动的快乐；在作品的制作过程中正确规范地使用激光切割机等劳动工具，具备完成一定劳动任务所需的设计能力、操作能力，初步形成安全劳动、规范劳动、团结协作等劳动习惯和品质。在此过程中，助教主要负责在学生操作区域进行巡视，及时发现问题，为学生提供技术支持与个性化指导。

3. 交流展示，提炼创新

在交流展示阶段，学生能建立与他人沟通的桥梁，在相互交流中，发现各自的优缺点，汲取他人之长，提炼出运用新技术的更好方法，并在迭代改进中提高创新能力。

【案例 3-8-6】创意木工激光切割（交流活动设计）

实践意图	学生活动	教师组织	学业要求
在分享交流中进一步感悟劳动创造价值，劳动创造美好生活的道理	入选最受欢迎储物盒的小组，谈学习收获及获奖感言。 预设：在有难度挑战的小组合作中会遇到更多困难，学生讲述的可能是软件学习、结构设计、分工合作等环节的收获和感悟	组织获奖的团队交流获奖感言，鼓励同学表达真实感受	能够表达自己的体验，能感受智慧劳动带来的成就感
优秀作品展示和后续任务布置，让学生感受到光荣的背后是更大的责任	学习套材排版方法和连接点的添置，尝试撰写拼装说明书。 预设：入选的小组会感到高兴，他们的作品将作为全年级的毕业礼物。光荣的背后是更大的责任与担当	讲解入选作品的后续优化方向，并让学生感受到自己能写说明书，添加连接点，自己的设计作为年级毕业礼物是一种光荣	在作品迭代更新的过程中体会开拓创新、精益求精的劳动精神

（案例提供：曹霞，上海市开元学校）

【案例分析】在交流评价阶段，各组用演示文稿展示手绘稿与实物，分享制作过程中如何解决难点，小组合作中如何人人出力，以及对作品的满意度和心情感悟；各组完成自评和互评，评选最默契小组和三个最佳储物盒；了解最佳储物盒的后续工作，包括按套装板材大小进行排版，添加连接点，写作品说明书等。在作品迭代更新的过程中，引导学生体会开拓创新、精益求精的劳动精神，从中感悟劳动创造价值，劳动创造美好生活的道理。

🔆 教学建议

第一，内容安排贴近生活，关注亲身体验。"新技术体验与应用"任务群重要实践内容之一便是亲历新技术实践全过程，在亲历实践中体验各种新技术的工艺。《劳动课程标准》指出，要"注重引导学生通过设计、制作、试验、淬炼、探究等方式获得丰富的劳动体验，习得劳动知识和技能，感悟和体认劳动价值，培育劳动精神"。"新技术体验与应用"任务群不能只注重高大上且操作难度较大的内容，要聚焦新技术在生活中的体验与应用，综合运用多种方式，引导学生体验与应用新技术，感受其为生活带来的便捷。

劳动课程倡导"丰富多样的实践方式"，要让学生"经历完整的劳动实践过程"。"新技术体验与应用"任务群体验方式要多样，如信息搜集、参观访问、作品设计、操作实践、评价改进等，学生在亲历实践中体验新技术的应用，获得新技术项目的特点、制作技能和工艺流程等诸多方面的知识和技能，感受新技术带来的生活品质等方面的变化及其蕴含的劳动智慧和创新精神，在新技术体验中感悟和体认劳动价值，养成精益求精、不断创新的劳动精神。

第二，目标设计落实劳动素养培养。"新技术体验与应用"任务群的重要素养表现之一，是精益求精、追求卓越的工匠精神的培育和开拓创新的时代精神。作为"新技术的体验与应用"任务群，引导学生学习应注重的是亲历体验新技术的过程，使学生感悟其中所蕴含的工匠精神和创新精神。因此，"新技术体验与应用"任务群在实施过程中，在目标设定、实践体验、交流评议、成果展示等方面，都应在目标指向上凸显工匠精神的培育和开拓创新的时代精神，并将其作为劳动素养发展的重要内容。

第三，教学组织关注多种形式。"新技术体验与应用"任务群的教学组织，应倡导个人自学与团队互学相结合、探究尝试与适时模仿相结合，充分利用数字化资源，以丰富多样的实践方式，引导学生完成新技术的体验与应用。在尝试探究、实践体验方面，教师既要注重学生对新技术掌握的情况，加强相关技能的辅导，又要关注学生的劳动实践过程，关注学生在劳动实践过程中所表现出来的劳动观念、劳动习惯和品质、劳动精神方面的变化与进步，尤其关注劳动实践过程中精益求精、追求卓越的工匠精神和创新精神的培养与指导。

3-8

多功能手机支架（教学设计）

问题提出

【现状点击】

课堂开始,教师问:"同学们,你们了解快递员这个职业吗?你们知道他们是如何工作的吗?"学生众说纷纭。教师说:"同学们,让我们一起观看视频,了解一下快递员这个职业吧!"接着教师开始播放从网络上搜集来的一个个视频片段让学生观看……

"现代服务业劳动"是"服务性劳动"所包含的两个任务群之一。服务性劳动主要是让学生学会利用知识、技能等为他人和社会提供服务,在服务性岗位上见习实习,树立服务意识,实践服务技能,在公益劳动和志愿服务中强化社会责任感。

"现代服务业劳动"任务群根据学生的年龄特征、自身兴趣与实际条件,在批发和零售业,交通运输、仓储和邮政业,住宿和餐饮业,信息传输、软件和信息技术服务业,金融业,房地产业,教育,卫生和社会工作,文化、体育和娱乐业,公共管理、社会保障和社会组织等现代服务行业中,选择与日常生活密切相关的项目进行实践、体验,认识社会、提升服务意识,体悟劳动中人与人、人与社会的关系,强化社会责任感。

在实践中,"现代服务业劳动"任务群的劳动实践面临诸多问题与挑战。

一是概念认识模糊。学校和教师对"现代服务业劳动"任务群本身的价值意义认识不足,将"现代服务业劳动"与日常生活劳动、生产劳动中的任务群混为一谈。如将"三百六十行"按"工业生产劳动"任务群来教学,让学生重点掌握各行各业的劳动技能;将"社区娱乐设施设计"按"新技术体验与应用"任务群来教学,让学生运用各类新技术制作社区娱乐设施的模型。实践内容定位不准,往往过于狭窄、片面,只注重单一的动手操作,忽视学生在实践过程中的职业认知和服务体验。

二是目标定位不准。"现代服务业劳动"任务群在引导学生学习服务技能的同时,更应注重学生在劳动实践的过程中认识服务性劳动的特点,增强服务意识,培养认真、规范、诚实的劳动品质,形成爱岗敬业、乐于奉献的劳模精神。但实际教学中存在现代服务业的劳动意识、劳动习惯与品质、劳动精神缺失或弱化的现象,最终影响劳动课程素养目标的落实、学生劳动素养的发展。

三是实践体验缺乏。现代服务业劳动重在职业体验和劳动实践,让学生在真实的劳动情境或创设的劳动场景中经历完整的劳动过程,体验不同职业的特点,了解不同职业的工作流程。在实际教学中,由于受活动场所、外出安全、活动经费等问题的影响,经常出现以课堂讲授和视频辅助为主,重理论、轻实践体验的现象,未能真正体现劳动教育的核心内涵。

四是劳动评价"外化"。实现劳动的"育人功能",在于劳动观念内化于心,外化于行。"尊重现代服务业劳动,感知爱岗敬业、乐于奉献的劳模精神,进一步增强公共服务意识"是现代服务业劳动的"内化","服务技能的培养"是现代服务业劳动的"外化"。在实际教学中,教师往往只注重对"外显"的或"可量化"的服务技能的评价,而忽略对"服务者"的内在进行观照和评价。例如,对参与现代服务业劳动的体验和态度,对现代服务业劳动创造便利、美好生活的重要意义的体悟,对现代服务业劳动、劳动者和劳动成果的观念,以及劳动过程中的挑战与乐趣等,都没有进行评价。只有将学生的劳动观念"内化于心",才能激发其源源不断的创造力。

🔑 问题分析

一、现代服务业劳动的内涵

现代服务业是以现代科学技术特别是信息网络技术为主要支撑,建立在新的商业模式、服务方式和管理方法基础上的具有高技术含量和高文化含量的服务产业。包括交通运输业、邮电通信业、商业、饮食业、物资供销、仓储业、金融业、保险业、公用事业、居民服务业、旅游业、咨询信息服务业等。现代服务业既包括新兴服务业,也包括对传统服务业的技术改造和升级,其本质是实现服务业的现代化。

现代服务业劳动主要是让学生学会利用知识、技能等为他人和社会提供服务。旨在培养学生的社会责任感和奉献精神,提高学生对生存意义和社会价值的认识,为未来自觉服务社会、服务他人奠定基础。"现代服务业劳动"任务群内容设置遵循由易到难、循序渐进原则,分布在中小学二、三、四学段,不同学段具体内容要求设置见表3-9-1。

表3-9-1 "现代服务业劳动"任务群不同学段内容要求设置

学段	内容要求
第二学段 (3~4年级)	根据学生的年龄特征、自身兴趣与实际条件,在批发和零售业,交通运输、仓储和邮政业,住宿和餐饮业,信息传输、软件和信息技术服务业,金融业,房地产业,教育,卫生和社会工作,文化、体育和娱乐业,公共管理、社会保障和社会组织等现代服务行业中,选择1~2项与自身日常生活密切相关的项目进行实践、体验,如开展班徽设计等文化创意服务活动
第三学段 (5~6年级)	根据学生的年龄特征、自身兴趣与实际条件,选择1~2项现代服务业劳动项目进行参与、体验。如基于学校或社区条件体验现代物业管理,基于学校文化和师生需要开展学习用品设计等文化创意服务劳动。初步了解新兴现代服务业的类别、内容及其劳动过程与特征
第四学段 (7~9年级)	根据学生的年龄特征、自身兴趣与实际条件,选择1~2项现代服务业劳动项目进行参与、体验。例如:结合学校食堂的信息化管理需要,为学校食堂提供基于数据分析的现代信息服务;基于当地地理、文化、历史等情况,提供旅行景点设计等现代旅行服务;针对当地某一特色产品提供基于营销方案设计的现代销售服务。根据所参与现代服务业劳动的特征与过程,开展符合相应要求的劳动。在劳动过程中主动发现有价值的问题,并设计合理的、具有一定创意的问题解决方案

从项目内容上看，从第二学段到第四学段，项目内容的范围逐渐扩大，项目内容的难度随学段升高而逐渐增加，现代服务业劳动的体验不断走向深入；从劳动能力培养上看，随着学生年龄的增长，逐步提升对劳动知识和能力的要求，在实践中提高智力和创造力，培养学生完成一定劳动任务所需要的设计能力、操作能力及团队合作能力；从筹划思维的发展上看，设计能力的培养有序推进、梯次发展。

二、"现代服务业劳动"任务群素养要求

"现代服务业劳动"任务群的素养要求主要体现为：劳动观念方面，能主动为身边人提供服务，形成初步的服务意识和社会责任感，逐步形成主动服务、关心社会、扶助弱势、热心公益、关爱生命、热爱自然的意识，进一步增强公共服务意识和社会责任感；劳动能力方面，在学校、社区的服务性劳动中，初步掌握现代服务业劳动的基本知识与技能，提升运用相关劳动知识与技能服务他人、学校、社区的基本能力；劳动习惯和品质方面，养成自觉自愿、认真负责、专心致志、有始有终、诚实劳动、合法劳动的劳动习惯和品质；劳动精神方面，形成不怕困难、积极探索、追求创新、精益求精、无私奉献的劳动精神。"现代服务业劳动"任务群不同学段具体素养表现见表3-9-2。

表3-9-2 "现代服务业劳动"任务群不同学段素养表现

学段	素养表现
第二学段 （3~4年级）	获得参与现代服务业劳动的初步体验，对服务性劳动的类型与特征具有初步认识。体悟现代服务业劳动对于创造便利、美好生活的重要意义，形成尊重现代服务业劳动、劳动者、劳动成果的观念，以及积极参与现代服务业劳动的态度。体验服务性劳动中的创造性及其带来的挑战与乐趣
第三学段 （5~6年级）	理解1~2项现代服务业劳动的过程与特征，以及智能技术等对服务行业发展带来的促进作用。增强公共服务意识、与他人协同劳动的意识。对现代服务业劳动中所涉及的个人信息安全问题具有初步认识。初步感知服务性劳动中的契约精神，形成诚实劳动的品质。感知爱岗敬业、乐于奉献的劳模精神
第四学段 （7~9年级）	参与现代服务业劳动，提升现代服务技能，充分认识现代服务业劳动的特征与独特的社会价值。了解现代服务业劳动所具备的优势与面临的挑战，能说明现代服务业劳动的革新与发展趋势。能在劳动过程中认真履行职责，养成规范劳动、安全劳动的习惯与品质。进一步增强公共服务意识，形成以自己的劳动创造美好生活的社会责任感

随着学段升高，"现代服务业劳动"任务群素养表现的四个方面均呈现出难度和要求的递增趋势，学生对职业的认识逐渐丰满，服务能力渐次提高，对劳动习惯和品质、劳动精神的要求也逐渐提高。

三、劳动素养的指导

《大中小学劳动教育指导纲要（试行）》指出："强调身心参与，注重手脑并用"是

新时期劳动教育的基本理念之一。因为对"现代服务业劳动"任务群教育价值认识上的狭窄与片面，也因为"现代服务业劳动"在实际开展过程中受场地、资源等条件的制约，在实际教学中，劳动实践过程指导多集中在"情景模拟"的单一层面，对劳动素养的发展关注度不够、支持度更不够。服务性劳动教育旨在培养学生的社会责任感和奉献精神，提高学生对生存意义和社会价值的认识，为未来自觉服务社会、服务他人奠定基础。在服务性劳动中，真实的、具身的服务体验尤为重要，在"现代服务业劳动"任务群指导中，教师要引导学生经历完整的劳动过程，既要注重服务技能掌握的情况，更要强化服务意识的培养，关注学生的公共服务意识和社会责任感、职业意识和职业规划意识的培养与指导，关注勤俭、奋斗、创新、奉献的劳动精神的培养与指导。

🛠 问题解决

一、赋予职业角色，激发服务意识

激发学生对现代服务业劳动的好奇心，启发劳动学习的愿望，是学生劳动学习的前提和基础。心理学研究表明，情境是唤醒学习需要、引发学生主动参与的最为有效的方法之一。《劳动课程标准》指出，要让学生"获得参加现代服务劳动的初步体验，对服务性劳动的类型与特征具有初步的认识"。赋予学生职业角色，创设服务情境，可以激发学生的服务意识，引发学生劳动探究的动机和兴趣，唤醒学生自觉主动参与现代服务业劳动学习的需要和内驱力。

1. 转换角色，激励岗位体验

职业体验是指学生在实际工作岗位或模拟情境中见习、实习、体验职业角色的过程。创设职业体验的情境，让学生在情境中转换角色，由课堂上的学习者转变为职场体验者，让学生获得对职业生活的真实理解，发现自己的专长，形成正确的劳动观念。

【案例3-9-1】八年级上学期"勤劳奋斗的快递员"（岗位体验情境）

如今网上购物非常流行，快递员把邮件送到家门口，消费者足不出户就能"买遍全球"，享受快捷的购物体验。快递员是我们在生活中非常熟悉、非常重要的人。一件快递需要经历快件收寄、快件处理、快件运输和快件派送四个环节。教师出示快递运单，提出任务：运单填写是快递收寄的一个重要环节，假如你现在是一名快递员，应该如何提醒寄件人填写快递运单呢？请仔细研究一下运单上的栏目和注意事项，想一想哪些方面需要提醒寄件人注意。

【案例分析】现代生活中，成千上万的快递小哥、外卖骑手穿梭在大街小巷，争分夺秒，风雨无阻，给人们带来工作和生活上的便利。可以说，"快递员"是我们身边非常熟悉、非常重要的人。"非常熟悉、非常重要"的人，迅速拉近了学生和劳动者的距离，激发了同学们的好奇心和求知欲。案例中的情境与学生生活密切相关，"假如你是一名快递员"的设计，让学生转换角色，以快递员的身份去思考问题，激发了学生的探究兴趣，促使学生保持学习热情，全身心投入，为后续了解现代服务业劳动，养成吃苦耐劳的劳动品质奠定了基础。

2. 任务驱动，引导主动发现

好奇是少年儿童的心理特点，它往往可以促使学生作进一步深入细致的观察、思考和探索，继而提出探究性问题。这是创造个性的具体表现，我们应加倍爱护和引导。学生产生疑问才会进一步思考问题，才能有所发现、有所创造。爱因斯坦说过："提出问题比解决问题更重要。"通过自己独立思考、判断，提出自己独特的见解，对学生的思维发展更具重要意义。任务驱动式的情境能激发学生的好奇心，让学生从被动接受知识向主动发现转变。

【案例3-9-2】四年级下学期"家乡旅游我推荐"（任务驱动情境）

教师：同学们，马上就要"五一"小长假了，家乡的乌镇景区又将迎来旅游的高潮，景区急需一批小导游，所以想请同学们假期去当一回"小小讲解员"，给游客介绍咱们的古镇。同学们愿意接受这样的挑战吗？作为"小小讲解员"，我们可以从哪些方面给游客介绍呢？

【案例分析】以"小小讲解员"为任务驱动，学生能较快地共情，进入"我是小小讲解员"的身份情境中，能更加积极主动地了解景区的历史、地理位置、地域文化等信息，在教师的引导下主动思考如何把这些信息介绍给游客，怎样使游客更喜欢听、更容易接受。任务驱动情境能改变学生被动接受知识的弊端，更好地激发学生独立思考、主动发现，提出自己的独特见解。

二、发掘活动空间，营造育人环境

中共中央、国务院《关于深化教育改革全面推进素质教育的决定》指出："教育与生产劳动相结合是培养全面发展人才的途径。各级各类学校要从实际出发，加强和改进对学生的生产劳动和教育，使其接触自然，了解社会，培养热爱劳动和艰苦奋斗的精神，建立青少年参与社区服务和社区建设的制度。中小学要鼓励学生参加形式多样的课外实践活动，培养劳动能力。"由于现代服务业劳动的特殊性，学校、家庭、社区应三位一体，提供实践场所和基地，全方位配合学校的劳动教育，将作用单一的场所变为有意义的潜在课堂。

1. 整合校园资源，提供实践场所

《劳动课程标准》指出：学校场地、设施及环境是劳动课程实施最基础的资源。要充分利用教室、食堂、图书馆、科技场馆等，为学生提供进行值日劳动及其他日常生活劳动的场所。整合校园可利用资源，多方位营造育人环境，可为学生提供更多的实践场所。

【案例3-9-3】七年级上学期"学校食堂餐饮服务"（教学片段）

民以食为天，学校的食堂跟我们的校园生活息息相关。你知道食堂的工作人员每

天都要做些什么吗？他们每天早晨从检验菜品质量开始，然后清洗、切配、烹饪、分餐、配送，再到最后的餐具回收清洁，全校这么多师生，他们的工作量还真不小。其实学校食堂有许多劳动岗位，正是我们进行劳动体验的好地方！食堂有哪些岗位是我们学生可以胜任并开展劳动体验的呢？让我们根据自己的特长，选择合适的岗位开展劳动体验，为学校食堂的餐饮服务尽一份力吧！

【案例分析】充分利用学校资源为学生提供安全参与劳动体验的机会，可以大大提升劳动教育的实效性。学校食堂的餐饮服务是学生开展现代服务教育的一个优质场所。学校食堂工作量大、工作岗位多，跟学生的校园生活密不可分。案例中，教师引导学生认识食堂工作的重要性，介绍食堂中的多个工作岗位，引导学生选择自己喜欢的岗位进行服务体验，检验自己的岗位服务是否能得到他人的认可。充分整合校园资源，既能为学生开辟更多的劳动场所，也能让学生了解现代服务劳动所具有的优势和面临的挑战。

2. 挖掘家长资源，开辟体验场所

在劳动教育中，家长和学生是密不可分的两大主体，家长对学生的影响是全面且持久的。《劳动课程标准》指出："学校可以指导家长结合自己的职业，让学生有机会观察家长真实的工作情况，了解家长职业的劳动特点，体会家长在生产劳动中或服务性劳动中的精神面貌，培养学生的劳动精神。"因此，教师要和家长加强沟通，合理挖掘并开发家长资源，从而更好地开展学校劳动教育。

【案例3-9-4】五年级上学期"身边的职业我体验"（教学片段）

1. 说说父母的职业：引导学生说说自己的父母从事的是什么职业。

2. 交流对父母职业的认识：你知道爸爸妈妈每天上班都在做些什么吗？你对他们的职业有哪些认识？

3. 体验父母职业：接下来我们将开展"陪父母上一天班"的职业体验活动，大家可以近距离观察爸爸妈妈工作时的状态，了解他们的职业特点，感受他们工作的辛苦。

【案例分析】家长专业资源在劳动教育中具有丰富性、亲情性、便利性等优势，能弥补学校教育资源的不足，共同促进学生全面发展。上述案例在开展教学时，有一部分学生不知道父母从事的是什么职业，也有一部分学生知道父母的职业，但不清楚父母每天上班做些什么，大部分学生对父母职业的了解很有限。利用家长资源开展"陪父母上一天班"的职业体验活动，能让学生有机会接触社会，了解更多的职业，从而开阔视野，拓展思维，挖掘潜能。通过不同的职业体验，让学生有机会获得多元发展。

3. 依托社区资源，拓宽劳动途径

学校劳动教育资源单一，劳动时间有限，建构全社会全领域的劳动教育资源，形成多元立体、丰富适切的劳动教育学习空间，是加强劳动教育的重要途径。社区是学校开展劳动教育的重要资源之一。《劳动课程标准》提出学校与社区协同开展劳动教育的建议："学校根据社区资源情况，系统地安排社区劳动，开展有针对性的劳动教育。"依托社区资源，可拓宽学生的劳动途径。

【案例3-9-5】六年级上学期"社区娱乐设施'我调查'"（教学片段）

学生通过实地观察、问卷调查、访问社区健身的居民等方式对社区的娱乐设施进行调查，了解这些设施是否能满足不同年龄居民的需求，有哪些地方需要改进。在调查中学生发现，社区娱乐设施存在损坏后没有及时修理的现象；部分场所设施偏少、式样单一；有些场所卫生没有及时打扫，环境不够美观。学生通过学校联系社区，把调查结果反馈给社区，得到社区的支持与配合，社区安排人员及时修理损坏的娱乐设施，增加卫生保洁的次数，学生也利用课余时间和保洁人员一起清洁打扫。此外，学生还根据调查情况，着手进行社区娱乐设施的设计，并把合理、优秀的设计方案推荐给社区。

【案例分析】劳动教育要探索建立"家庭—学校—社区"三位一体的系统合作机制，促进全社会劳动教育各方力量的有效整合。案例中，学生对社区的娱乐设施进行了情境式的调查，通过调查发现了存在的问题，如设施维修不及时，设施偏少、式样单一，场地环境卫生有待改进等，将这些问题反映给社区后，得到社区的回应与配合。社区对学生劳动教育的支持与配合，大大提高了学生的劳动积极性。学生在调查的基础上进行社区娱乐设施的优化设计，优秀的设计方案只有得到社区的认可，并投入实际应用，学生付出的劳动才更有价值。依托社区资源，把社会的力量融入学校劳动教育中，可以更好地拓宽学生的劳动途径，提高劳动教育的实效性，提升学生的劳动意愿。

三、引导主动参与，注重服务体验

劳动教育具有的特征为思想性、实践性、社会性。突出学生的主体地位，就是激励学生的劳动意识和劳动观念。劳动意识反映劳动者自身的价值判断、价值追求及社会主体价值意识。学生自身劳动意识不断增强，有助于形成正确的劳动价值观，进而指导劳动实践，养成服务人民、奉献社会的劳动行为习惯，也有助于劳动精神培育取得实际效果。思想影响行动，观念决定未来，人的思想观念一旦形成，就会影响人的理念认知和行为。主动参与劳动实践不仅是树立正确劳动观的重要环节，更是学生培育劳动精神的必要途径。

1. 竞聘上岗，增强岗位认知

现代服务劳动需要学生在不同的岗位上进行服务体验，增强对不同岗位的认知。不同的岗位具有各自的专业性和特殊性，学生在上岗服务前，需要对岗位类型和岗位的专业知识有清晰的认识。以"竞聘上岗"的方式开展岗位知识学习活动，可以激发学生的好奇心和好胜心，引发学生的学习兴趣，增强学生对不同岗位的认知。

【案例3-9-6】八年级上学期"勤劳奋斗的快递员"（认识岗位）

1. 明确任务，竞聘上岗。教师明确提出开展"当一天快递员"的劳动任务，布置学生提前了解快递员的工作流程和操作规范，准备竞聘上岗。

2. 分头行动，学习岗位知识。学生通过上网查阅资料、实地考察、访问等方式了解快递员的工作流程和操作规范，并着手准备竞聘材料。

3. 竞聘演说，认识岗位。学生进行竞聘演说，交流操作流程：寄件下单—上门取件—快件入库—分拨转运—出库派送—客户签收—回单等。教师和学生共同对竞聘人员进行评价。注意发现问题及时引导、及时纠正。

【案例分析】教师是学生实践的启发者、指导者和呵护者，要对劳动过程中的关键步骤、技能要点及时点拨，适时激励、启迪和引导。上述案例中，学生在明确任务后通过多种途径了解快递员的工作流程，进行竞聘演说。在竞聘演说中，教师发现问题引导学生及时纠正。学生通过积极主动参与，深入了解快递员的岗位知识和岗位特征，知晓规范的操作流程，为"当一天快递员"的岗位体验提供了知识的支撑。

2. 岗位体验，提升服务能力

纸上得来终觉浅，绝知此事要躬行。劳动实践最主要的是引导学生从现实生活的真实需求出发，亲历情境、亲手操作、亲身体验，经历完整的劳动实践过程，获得丰富的劳动体验。开展"当一天快递员"的岗位挑战活动，能让学生亲身体验快递员这个职业，培养尊重普通劳动者的情感，养成认真履行劳动职责，规范劳动、安全劳动的习惯和品质，进一步增强公共服务意识，提升服务能力和运用方面的经验，解决实际问题。

【案例3-9-7】八年级上学期"勤劳奋斗的快递员"（岗位体验）

教师：同学们已经了解了快递员的工作流程，通过竞聘顺利上岗！接下来，我们就要进行"当一天快递员"的岗位挑战了。同学们分批跟随一名快递员完成从"寄件下单，上门取件"到"客户签收回单"的整个流程，由快递员对你们的工作表现进行评价。挑战结束后，请说说自己的挑战感受。

【案例分析】岗位体验活动有很多价值，能让学生了解职业特点，知晓不同职业的工作流程，能使学生在岗位实践中综合运用劳动知识和技能，提高智力和创造力，能让学生了解不同职业劳动者的辛苦与快乐，理解"三百六十行，行行出状元"的道理，体会普通劳动者的光荣与伟大，树立劳动创造美好生活，劳动最光荣的观念。上述案例中，"当一天快递员"的岗位挑战，可以为学生提供真实情境的实践经验，引导学生体验服务性劳动中的创造性及其带来的挑战与乐趣，感知智能技术等对快递服务行业发展带来的促进作用，提升现代服务技能。快递员需要与寄件人和收件人耐心地沟通、交流，把快件准确无误地送达，岗位体验过程能引导学生认真履行职责，养成规范劳动的习惯与品质，进一步增强公共服务意识，培养学生积极参与现代服务业劳动的态度，形成以自己的劳动创造美好生活的社会责任感，提升学生的服务能力。

四、"双化"劳动评价，落实素养

在劳动教育评价体系的构建过程中，教师首先应该明确进行劳动教育的主要的目的和核心就是培养学生的劳动素养，让学生可以在劳动教育的实践过程中提高劳动实践能力，形成正确的劳动观念、积极的劳动态度和品质、甘于奉献的劳动精神。评价的核心意义是为了促进教与学。要围绕"培养什么人、怎样培养人、为谁培养人"等内容，外化于行，内化于心，进行多元评价，落实素养目标。

1. 外化于行，锤炼劳动技能

评价是为了促进学生更好的发展。《劳动课程标准》指出："评价内容要紧扣课程内容和劳动素养要求，客观准确地反映学生在真实情境下劳动素养的表现水平。"在服务业劳动中，评价要关注学生是否能综合运用多学科知识和多方面经验，解决劳动中出现的实际问题，外化于行，锤炼劳动技能，发展创造性劳动的能力。

【案例 3-9-8】四年级下学期"旅游文创产品我设计"（评价环节）

在文创产品设计环节，教师引导学生可以将家乡的旅游资源和文创产品结合起来，设计展示家乡特色的文创产品。学生结合家乡的名人丰子恺先生以及学校的特色非遗课程麦秆画和蓝韵布贴等元素，设计了古风扇子，扇面用蓝印花布或麦秆拼贴出丰子恺先生的漫画《瞻瞻的脚踏车》《红了樱桃，绿了芭蕉》等，同时还设计了麦秆画书签等文创产品。教师把学生的优秀设计作品展示给大家看，引导学生对作品的创意和可行性进行评价。对于设计不合理的作品，教师用优秀的作品进行引导，鼓励学生设计更多有意义的作品。设计完成后，学生把获得同伴认可的文创产品通过自己的双手制作出来。

【案例分析】评价一方面是为了肯定学生综合运用多方面的知识和经验解决实际问题的能力，另一方面是鼓励学生向榜样学习，促进学生更好地发展。案例中，学生能结合学校的特色及自己的特长，与家乡的名人相结合设计文创产品，非常富有创意。优秀设计作品的展示和教师的引导为更多的学生打开了思路，提升了学生对文创产品的设计能力。通过团队合作，学生设计和制作文创产品，真正落实了综合运用多学科知识和多方面经验，解决劳动中出现的实际问题的教育目标，使劳动技能和创造力得到进一步的提升。

2. 内化于心，提升劳动品质

在劳动评价中，教师既要注重技能掌握的情况，强化技能的淬炼，又要关注学生的劳动实践过程，关注学生在实践中表现出来的劳动观念、劳动习惯和品质、劳动精神方面的变化与进步，同时注重引导学生劳动品质的提升，培养学生的社会责任感和奉献精神，让劳动内化于心。

【案例 3-9-9】五年级下学期"制作共享服务产品"（评价环节）

学生从发现需求、发挥创意，到设计并制作班级图书共享服务产品，各小组根据测试不断分析问题，改进服务，使班级共享图书活动更加顺畅。教师引导学生思考：通过项目学习活动，你对共享服务有哪些认识？为同学设计了贴心的班级图书共享服务，你有什么感受？

【案例分析】服务性劳动的评价更侧重服务意识和社会责任感的评价。教师既要注重对"外显"的，或者"可量化"的服务技能的培养，也要重视对学生"内在"的劳动意识和社会责任感进行评价。案例中，学生完成班级图书共享服务任务后，教师引导学生思考就是引导学生将劳动内化于心，加深学生对现代服务劳动的认识，强化尊重现代服务业劳动的观念，积极参与现代服务业劳动，体验服务性劳动的创造性及其带来的挑战和乐趣，体悟现代服务业劳动创造便利、美好生活的重要意义。

💡 教学建议

第一，**内容安排着眼现代服务。**"现代服务业劳动"任务群的内容要求，是让学生对现代服务业劳动项目进行实践、体验、参与，旨在让学生获得参与现代服务业劳动的初步体验，对服务性劳动的类型与特征具有初步认识。在组织与指导劳动实践时，内容上要更多聚焦职业体验，引导学生全程参与、全面体验。学生通过职业体验，了解现代服务行业，掌握服务技能，形成尊重现代服务业劳动、劳动者、劳动成果的观念，以及积极参与现代服务业劳动的态度，增强公共服务意识，感知爱岗敬业、乐于奉献的劳模精神。

第二，**目标设计体现服务意识。**"现代服务业劳动"任务群的重要素养表现之一，是尊重现代服务业劳动、劳动者和劳动成果，形成诚实劳动的品质，进一步增强公共服务意识，形成以自己的劳动创造美好生活的社会责任感。"现代服务业劳动"任务群在引导学生学习服务技能的同时，更为注重的是让学生在劳动实践的过程中，感悟其中所蕴含的服务意识，目标设计应指向体现服务意识的培养。

第三，**过程指导注重实践体验。**"现代服务业劳动"任务群的实践指导，要注重学生的实践与体验，让学生在真实的劳动情境或创设的劳动场景中经历完整的劳动过程，体验不同职业的特点，了解不同职业的工作流程。教师不仅要关注学生服务技能的掌握情况，还要关注学生在劳动实践过程形成职业规划意识、公共服务意识和劳动创造美好生活的社会责任感，养成诚实劳动的品质，进一步增强爱岗敬业、乐于奉献的劳模精神培养与指导。

3-9
校园服务劳动（内容创建与指导）

问题提出

【现状点击】

　　某学校组织 5~6 年级学生开展 "敬老院送温暖" 志愿服务活动,在志愿服务活动前,教师启发同学们以不同的方式关爱老人。学生纷纷发言,决定采取送礼物、送水果、打扫卫生、表演节目、简单护理、谈心等多种方式送温暖。之后教师让大家依据各自的特长进行分工,并决定第二天去敬老院进行志愿服务。

　　服务性劳动是劳动课程三大内容之一,"公益劳动和志愿服务" 是 "服务性劳动" 中的一个任务群。《劳动课程标准》强调 "将劳动教育与学生个人生活、校园生活和社会生活有机结合,丰富劳动实践体验,让学生养成良好的劳动习惯和品质,深化对劳动价值的理解"。课程标准对服务性劳动的素养要求明确指出,要让学生知道尊重劳动、尊重普通劳动者;主动为身边人提供服务,形成初步的服务意识和社会责任感;在服务性劳动中,运用已有劳动技能服务他人、服务学校、服务社区;体验服务性劳动中的创造性及其带来的挑战与乐趣。

　　《劳动课程标准》明确 5~6 年级学生的素养表现:"了解公益劳动与志愿服务中的调查、准备、组织、实施、反思等环节,在服务性劳动过程中形成发现问题、关注他人需要与服务他人的意识与能力,进一步发展筹划能力。"

　　因此,"服务性劳动" 教育过程,不仅要引导学生运用所掌握的劳动技能为学校、社区等身边的人提供服务,培养学生服务社会的意识,还要引导学生通过观察、调查了解被服务对象的真实需求,在积极准备后,有计划地组织、实施、反思、交流。这样的过程让学生尊重服务对象,增强社会责任感,也更能培养学生的筹划能力,提高学生的服务意识和服务能力,增强学生对劳动价值的认知。

　　在教学实践中我们发现,"服务性劳动" 的教学存在如下问题。

　　一是忽视服务对象需求。学生的服务意识和社会责任感是学生在体验服务性劳动过程中形成的。学生只有在充分了解服务对象真实需求的基础上,才能提供行之有效的帮助。只有符合服务对象意愿和需求的帮助,才能真正让他们感受到社会的关爱与尊重,才能让学生深切体会到服务性劳动的价值。很多教师和学生对服务性劳动认识还不充分,缺少实际的调查而忽视服务对象的真实需求,如敬老活动不顾及老人需要什么,为了服务而 "一窝蜂" 去帮助老人,扰乱了需要安静的老人的正常作息。这种志愿服务是为了服务而服务,学生能感到活动的热闹,却很难理解活动的真正意义,也难以体验服务他人、幸福自己的成就感,因而很难形成社会责任感。

二是缺少多样化服务内容。目前中小学生对参加公益活动的自觉性显得不足。学生更习惯在学校的组织下参加公益劳动。而且中小学生志愿服务活动大多在校园内进行，服务对象比较单一，大部分是本校教师和同学，不利于学生服务社会意识的培养，难以形成社会责任感，也不利于学生沟通能力、交际能力、服务能力的提升。学校组织的社会服务较少，而且服务内容较单一，单一的志愿服务容易让学生志愿者产生倦怠感，影响劳动育人的效果。

三是忽视劳动素养形成。"公益劳动和志愿服务"的教学组织，往往只关注学生服务技能的淬炼以及活动项目本身的服务效果，而忽视劳动之前的策划过程中对学生思维的培养、对学生劳动观念的塑造，同时，对劳动过程中学生的服务态度、服务的目的和意义、服务行为的规范性和安全性缺乏系统的指导。还有很多教师担心学生经验不足，就代替学生策划，造成学生的劳动技能目标轻松达成，而学生筹划思维的培养、劳动观念的形成、劳动习惯和品质的养成以及劳动精神的培养都有不同程度的缺失。《劳动课程标准》倡导丰富多样的实践方式，指出："劳动课程强调学生直接体验和亲身参与，注重动手实践、手脑并用，知行合一、学创融通。""注重引导学生通过设计、制作、试验、淬炼、探究等方式获得丰富的劳动体验，习得劳动知识与技能，感悟和体认劳动价值，培育劳动精神。"教师代替或过多主导策划志愿活动方案，学生的劳动创造力和筹划思维能力就会搁浅。教师过度关注技能培养而忽视价值引领，学生的劳动综合素养就难以形成，也就难以形成服务社会的意识。

🔍 问题分析

一、公益劳动和志愿服务的内涵

公益劳动和志愿服务是现代社会条件下产生的新型劳动，是指人们在社会交往中对他人有益或对社会有积极影响的行为。对于学生而言，它是以团队组织等形式自愿做好事、行善举而给身边的人或社会公众提供的无偿服务，是一种不求回报，为改善社会、促进社会进步而自愿付出个人的时间及精力所作出的服务劳动。"公益劳动和志愿服务"任务群重视学生参与社会的主动性和实践能力，旨在培养学生的服务意识和服务能力，促进学生的社会化，增强学生的社会责任感，从而实现劳动实践的育人功能。这个过程中要尊重志愿者的主体地位，尊重志愿者的自主性、自觉性。学生作为志愿者，要维护自身的合法利益，抵制损害自身权利的行为，理性思考自身服务行动，自愿、无偿地参与，促进自身成长和发展。"公益劳动和志愿服务"任务群不同学段具体内容要求设置见表3-10-1。

表 3-10-1 "公益劳动和志愿服务"任务群不同学段内容要求设置

学段	内容要求
第二学段（3~4 年级）	以校园、社区为主，参加 1~2 项力所能及的公益劳动与志愿服务，利用自身的知识与技能、创造的物质产品与精神产品等，满足他人需要、帮助他人解决问题。例如：担任学校校史馆小向导，向访客介绍学校历史等；担任运动会、艺术节等学校重大活动的志愿者，作出自己的贡献；参与社区环境维护，为他人创造更好的公共空间。初步了解学校与社区中公益劳动与志愿服务的需求、形式与内容，体验多种服务性劳动过程
第三学段（5~6 年级）	参与 1~2 项公益劳动与志愿服务劳动项目。例如：参与校园绿化环境维护、卫生监督等学校事务管理，为同学和老师提供劳动服务；以小组为单位，在老师或父母的帮助下，为当地养老院老人制作节日食物，分享节日的喜悦；为公共图书馆、科技馆、纪念馆、植物园、动物园、流浪动物救助站等公共空间与社会机构提供服务性劳动，以自己的实际劳动参与社会公共空间建设；在学校、家庭、社区中开展疫情防控等公共卫生服务宣传活动，关爱他人的健康等
第四学段（7~9 年级）	利用学生已有的日常生活劳动、生产劳动经验，选择 1~2 项具有一定挑战性的学校、社区公益劳动与志愿服务项目进行实践。例如：以小组或班级为单位，在学校或社区建立移动书亭、物品捐赠资源共享站，以自己创造性的劳动服务更大范围的群体；参与科技馆、博物馆、纪念馆、植物园、动物园、流浪动物救助站等公共空间与社会机构的服务性劳动，担任讲解员、特定活动志愿者等；参与社区环境治理，进行社区公园环境优化、公共健身设施维护等；参与社区公共卫生服务，进行疫情防控宣讲等。根据服务对象（包括个体和集体）的实际需要，确定公益劳动与志愿服务的形式、内容与过程，制订合理的服务性劳动方案并加以组织与实施

二、公益劳动和志愿服务任务群素养要求

"公益劳动和志愿服务"任务群的素养要求主要体现为：劳动观念方面，形成主动服务他人、服务社会的意识和社会责任感。劳动能力方面，掌握服务他人、积极参与学校、社区建设的基本能力，具有一定的筹划能力。劳动习惯和品质方面，养成主动遵守劳动纪律和安全规范，养成自觉自愿、认真负责、专心致志、有始有终的劳动习惯和品质。劳动精神方面，初步形成不畏艰辛、积极探索、追求创新的精神，劳动中能不断追求品质、精益求精，牢固树立乐于奉献的劳动精神。"公益劳动和志愿服务"任务群不同学段具体素养表现见表 3-10-2。

表 3-10-2 "公益劳动和志愿服务"任务群不同学段素养表现

学段	素养表现
第二学段（3~4 年级）	认识到学校、社区中存在多种公益劳动和志愿服务的需求与机会，初步具有以自己的劳动服务学校、服务社区的信心与能力。初步形成主动关心他人的意识和公共服务意识，体悟以自己的服务性劳动为他人创造便利的自豪感与幸福感。初步学会与他人合作劳动，形成尊重劳动和普通劳动者的态度，以及感恩他人劳动付出的劳动情感

学段	素养表现
第三学段 （5~6年级）	了解公益劳动与志愿服务中的调查、准备、组织、实施、反思等环节，在服务性劳动过程中形成发现问题、关注他人需要与服务他人的意识与能力，进一步发展筹划能力。形成积极主动参与学校公共事务管理的劳动态度。体会服务社区的意义，增强公共服务意识，初步形成社会责任感
第四学段 （7~9年级）	熟悉公益劳动与志愿服务组织、实施，具有运用相关的劳动知识与技能服务他人、学校、社区的基本能力。经历服务性劳动的付出过程，理解个体劳动与学校、社区发展之间的直接关系，形成对学校、社区发展负责任的态度，提升以自己的劳动关心他人、服务他人的公共服务意识与社会责任感，体认参与学校建设、社区建设的自豪感与幸福感。养成精益求精、不断创新的劳动精神

三、劳动素养的指导

传统的公益活动和志愿服务与《劳动课程标准》中的"公益劳动和志愿服务"任务群定位有所不同。《劳动课程标准》颁布之前的公益活动定位于培养学生的"扶贫帮困、乐善好施"传统美德和社会责任感。《劳动课程标准》除了要求学生形成服务他人和服务社会的劳动观念以外，还要培养学生服务社会的能力和良好的服务习惯、服务品质，以及不畏困难、积极探索、精益求精、追求创新、乐于奉献等劳动精神。因此，在"公益劳动和志愿服务"任务群的学习指导中，教师既要关注学生服务意识和服务技能的培养，又要关注学生筹划能力的发展，可以在每次活动前组织学生讨论研究服务计划，调查服务对象的真实需求，学习相应的劳动技能，研究制订活动方案；在服务过程中尊重服务对象需求，注重劳动安全，重视劳动习惯的培养；在适当的环节设计交流活动，引导学生深入反思劳动过程，逐步培养不怕脏不怕累、乐于为他人服务，不怕困难、勇于担当的劳动精神品质。

问题解决

一、创设情境，尊重需求，注重真实服务效果

"公益劳动和志愿服务"任务群的劳动项目不同，其服务对象不同，对服务的需求也不同。这些服务项目需要提前计划并设计方案，有的还需要经过调查分析后才能制订科学合理的服务方案。在"公益劳动和志愿服务"任务群教学中，教师一定要提醒学生怀着尊敬和感恩之情去做公益和志愿服务，避免在志愿服务中轻视服务规则，忽视服务对象的真实需求，自以为是地根据自己的喜好去提供服务，甚至会破坏规则，给服务对象带来负担和麻烦。教师创设真实的服务情境，引导学生在实地观察调研的基础上，从服务对象的真实需求出发，激发学生自愿服务的兴趣，唤醒学生内心的服

务热情，让学生在积极的情绪体验中，设身处地关注服务对象的真实需求，提供符合服务对象意愿的高质量服务，这样才能提升服务效果。

在活动过程中，教师还要抓住时机，不断引导学生感悟志愿服务不仅是一种"利他"行为，更是一种"自利"行为，在以善行给他人带来益处和温暖的同时，也在愉悦自己，改变和提升自己。

【案例3-10-1】尊老敬老在行动（活动准备环节）

"尊老敬老是中华民族的传统美德。重阳节是老人节，重阳节就要到了，同学们有什么打算？"在教师引入真实情境后，学生纷纷依据自己的实际情况，提出多种关爱老人的方式。这个环节中教师发现，部分学生只关注赠送一些物品，而不了解甚至不考虑老人的真实需求。

这时教师先赞扬了学生的服务意识和善良品质，接着播放了提供过度服务的视频或漫画，引发学生的思考。在学生热烈的交流后，教师提醒大家："任何志愿服务，都要尊重服务对象的真实需求。不同的老人有不同的爱好和生活习惯，因此服务需求也就不同。了解他们最真实的需求，给他们最需要的关爱和帮助，你的服务才最有价值。否则会给他们带去负担和麻烦。"

于是，教师组织学生和家长志愿者一起去敬老院做了一次调查。通过调查，学生惊讶地发现那里的老人不缺乏物质，他们更需要的是陪伴和交流。之后，教师"退居二线"鼓励学生积极参与。学生依据不同老人的不同需求筹划准备，安排了合适的服务时间，设计了贴合老人实际需求的游戏、表演、聊天等服务。

（案例提供：刘雪娇，河南省安阳高新技术产业开发区银杏南校）

【案例分析】"公益劳动和志愿服务"项目具有公益性质，创设真实的服务情境，可以提高学生的服务兴趣和热情，是培养学生服务意识的关键，同时也能激活学生积极筹划活动的动力。上述案例中，教师在情境导入后，观察学生的表现，及时提出问题，再配以生动的漫画和视频，并因势利导，启发学生深思，引起学生对服务对象真实需求的重视，达到规范学生服务行为的目的。

敬老院的调查经历，触动了学生心底最真切的情感，让学生切身体会到缺乏亲情陪伴的老人真实的处境、心境和需求，这种真切的情感体验触发了学生对老人的尊敬和爱护，激发了参与志愿服务活动的欲望。在策划活动时，学生根据调查结果确定要求，安排服务时间和服务方式和服务内容，进而大大提高了服务实效，增强了社会责任感。

二、拓宽渠道，拓展内容，增强学生服务社会的能力

中小学生志愿者的服务区域一般在校园和社区，内容主要是清洁、宣传、看护、陪伴等简单的服务项目，内容和形式相对单一，学生难以从多方面提升志愿服务能力。因此，教师要大胆拓宽志愿服务的渠道，在有限的较为成熟的服务内容基础上，拓展公益劳动的内容，鼓励学生利用掌握的服务技能扩大服务范围，并强化安全教育和具

体的防护措施，给予学生更多接触社会、服务社会的机会，培养学生服务社会的意识，锻炼学生服务社会的能力。

【案例 3-10-2】小小图书管理员（项目实施环节）

在"小小图书管理员"劳动任务中，学生完成了班级图书管理任务，教师赞扬了小志愿者的服务技能、服务质量、服务态度和服务精神。接着，教师引导学生思考：图书管理志愿服务还可以在哪里进行？经过讨论，学生提到学校图书馆、社区图书阅览室、便民图书亭、市图书馆等不同的场所。然后，教师启发学生调查不同区域、不同规模的图书馆在服务形式和服务内容上的不同，并引导学生确定一处场所进行志愿服务，积极策划服务方案，注意考虑活动中的安全问题。最后，学生自主学习服务技能，根据活动方案分组进行服务活动。

（案例提供：高琳，河南省安阳高新技术产业开发区银杏南校）

【案例分析】 除了图书管理服务项目之外，清洁公共设施、小小讲解员、运动会志愿者、公益植树活动等，每一项公益劳动和志愿服务活动都可以由校内走向校外，由社区走向更广阔的社会，依托一种或多种服务技能开拓志愿服务的内容和范围。志愿活动的多样性，有助于学生在沟通能力、交际能力和服务能力等多方面得到锻炼，并充分感受志愿活动的意义和乐趣，切实达到劳动育人的效果。

三、巧妙设计，关注筹划，精准达成素养目标

劳动课程十大任务群中，"公益劳动和志愿服务"任务群在培养学生的筹划能力方面占据明显优势。每一个公益劳动和志愿服务项目都需要提前计划并设计科学合理的服务方案。教学实践中，教师大多能准确制订劳动教育的课程目标，但在实施过程中往往只关注学生服务技能的淬炼以及活动项目本身的服务效果，而忽视劳动之前的策划过程对学生思维的培养，劳动过程对学生劳动观念的塑造、劳动习惯和品质的养成，以及劳动精神的培育等方面。教师由于担心学生经验不足、组织能力弱，而代替学生策划活动的现象比较常见。劳动课程的教学目标定位于学生劳动素养的培养，因此，教师既要在活动前培养学生服务技能，引导学生自主设计服务方案和策略，又要关注学生劳动观念、劳动技能、劳动习惯和品质、劳动精神等综合劳动素养的形成，巧妙设计教学环节，在服务过程中适时对学生进行价值引领。

【案例 3-10-3】红领巾义卖活动（活动前准备和交流评价环节）

在红领巾义卖活动前，教师带学生到社会福利院调查，学生观察到残疾儿童生活不便，在交流中感受到福利院儿童的实际需求。教师用"我们可以怎么帮助他们？"开启学生的思维，启发学生对义卖活动产生浓厚的兴趣。接下来，学生开始策划，依据各自不同的特点分组、分工，确定义卖主题、义卖产品及价格、义卖的地点和方式等。

义卖活动结束后，教师启发学生谈感受和收获，学生更多谈到的是用什么方式可以多卖、卖了多少钱，以及劳动的辛苦。此时教师因势利导，引导学生回顾活动过程，

总结方法和经验，使学生在反思中不断提高技能、规范自己的劳动行为，养成劳动习惯。接着，教师又引导学生思考："我们为什么要义卖？义卖后干什么？你觉得这样辛苦值不值得？因为自己的善举，可能会给家庭贫困的孩子带去什么？"学生畅所欲言，懂得了义卖是一种公益活动，自己的善举可以给别人带来帮助，使生活变得更美好，自己也感到很满足、很幸福。

（案例提供：卜晓丽，河南省安阳高新技术产业开发区银杏南校）

【案例分析】案例中，教师不仅让学生积极地参与了义卖活动，还在准备环节带学生亲临服务对象生活，感受残疾儿童生活的不易，激起学生的服务意愿。这时教师给学生充分的自主权，让学生积极主动策划活动准备、服务内容、服务方式，并合理安排时间、分组分工，在这个过程中，学生梳理信息、运用信息的综合能力得以发展，学生的筹划能力得到发展，社会责任感也会增强。

在交流评价中因势利导，反思总结，使学生规范自己的劳动行为和习惯，提升劳动技能。接着，教师引导学生深入思考活动目的和意义，对义卖后的延伸活动进行了拓展，使学生深刻地感受到公益劳动具有不计个人得失、为他人或社会提供服务的特点，进一步体验公益性劳动的价值，弘扬"奉献、友爱、互助、进步"的志愿者精神，从而更加热爱公益劳动和志愿服务活动，更加自觉自愿参与服务性劳动。这个过程中，学生的劳动习惯得到培养，劳动技能得以提升，持续关爱弱势群体的社会责任感和不怕吃苦、不畏艰难的劳动精神等综合素养得到了增强。

💡 教学建议

第一，目标设计注重劳动素养。"公益劳动和志愿服务"任务群的教学目标不能只定位于服务的结果，而要注重学生劳动素养的形成。教学中，教师要关注服务活动之前学生的策划过程，服务过程中学生的表现，以及交流评价过程中学生对服务的理解和认识。劳动前的策划要发展学生的筹划能力，树立劳动最光荣、劳动最崇高、劳动最伟大、劳动最美丽的观念。服务过程中，教师要观察学生的服务态度，注意学生行为的规范性和安全意识，促使学生养成安全规范、有始有终的劳动习惯，并学会与他人合作劳动，形成尊重劳动和普通劳动者的态度，以及感恩他人劳动付出的劳动情感。交流过程中，教师要引导学生正确理解公益劳动和志愿服务的本质，培养甘于奉献的劳模精神。这些都有利于学生劳动素养的形成。

第二，服务内容符合实际需求。《劳动课程标准》明确提出素养要求："了解公益劳动与志愿服务中的调查、准备、组织、实施、反思等环节，在服务性劳动过程中形成发现问题、关注他人需要与服务他人的意识与能力。"志愿服务的项目取决于学生生活中能接触到的需要帮助的社会机构和特殊人群。观察他们的真实需求，结合学生自身的条件和能力，才能制订合理的服务方案。活动前，教师首先要引导学生在家长或教师的带领下，到相关部门调查、访问，作好记录，再组织学生分析研究，制订方案。学生在充分了解服务对象真实需求的基础上，提供行之有效的帮助，才能真正让服务对象感受到社会的关爱与尊重，才能让学生在服务过程中真切体会到服务性劳动的价值，体悟以自己的服务性劳动为他人创造便利的自豪感与幸福感，进而形成以自己的劳动服务学校、服务社区的信心与能力，提高参与志愿服务的主动性，并以更加积极的态度、更规范的行为去参与更多的志愿服务。

第三，过程指导关注筹划思维。《劳动课程标准》总目标强调："能从目标和任务出发，系统分析可利用的劳动资源和约束条件，制订具体的劳动方案，发展初步的筹划思维，发展基本的设计能力。"教师要引导学生了解公益劳动与志愿服务中的调查、准备、组织、实施、反思等环节的作用，在服务性劳动过程中形成主动策划、善于发现问题、关注他人需要与服务他人的意识与能力。"公益劳动和志愿服务"任务群不同于单一的劳动项目，在人员分工、活动准备、服务项目、服务方式等方面都需要精心策划和安排，提前计划并设计方案。教师要引导学生通过调查、分析服务对象的需求，了解可利用的劳动资源，然后制订科学合理的服务方案。这个过程要让学生亲身参与调查，具体分析条件，主动研究制订方案，形成积极主动参与学校和社区各种公共事务管理的劳动态度。这样既有利于服务活动的顺利开展，也有利于发展学生的筹划能力，还有利于学生劳动习惯和品质等劳动素养的形成。

3-10-1
小小图书管理员（教学案例及点评）

3-10-2
尊老敬老在行动（教学案例及点评）

第四章
劳动课程的评价

问题提出

【现状点击】

在劳动周的总结课上，师生关于劳动课程评价有下面一段对话。

师：同学们，老师看到大家在过去的一周里都选择了适合自己的家务劳动，提交了图文并茂的劳动小结。谁愿意和大家分享一下自己的劳动经历？

生1：这是我在扫地。通过这周的劳动，我知道我的房间比较小，用扫把和簸箕打扫更合适；我家的客厅比较大，用扫地机器人更方便！

师：太棒了，老师给你评10分！

生2：……

师：太棒了，老师也给你评10分！

师：同学们，经历了这周的劳动，大家都成为"劳动新手"啦！老师真为你们感到高兴！

劳动课程评价是劳动课程体系建设的重要组成部分，对于促进劳动课程目标的实现、保障劳动教育的实施效果等具有重要意义。[1]劳动课程评价主要包含平时表现评价和阶段综合评价，遵循导向性、发展性、系统性等基本原则，学校应依据课程目标设计劳动课程、任务及活动。评价内容要紧扣课程内容要求和劳动素养要求，客观准确地反映学生在真实情境下劳动素养的表现水平。此外，还要充分发挥多元主体的评价反馈功能，帮助学生在劳动过程中了解自己的劳动学习与实践状况，提出改进策略。

我们发现，在实践过程中，教师设计与实施劳动课程评价面临一系列的问题与挑战。例如，上述案例存在以下三个问题。

一是没有很好地发挥劳动课程评价的作用。案例中，教师掌握了评价的绝对主动权，学生只是劳动成果的展示者和被评价者。教师简短的评语中也并未体现该项劳动任务对学生劳动素养发展提出的目标是什么，学生通过怎样的努力、在何种程度上达到了预期目标，学生接下来应如何深化或改进等。

二是评价的内容维度单一。教师没有紧扣课程标准对劳动素养提出的要求，且未明确评价的是学生的劳动参与、劳动成果，还是劳动坚持，甚至没有甄别哪些算是"劳动"，哪些只是学生坚持的兴趣爱好。

---

① 顾建军，管光海. 系统建设劳动课程　落实劳动教育：义务教育劳动课程标准（2022年版）解读 [J]. 基础教育课程，2022（9）：65-71.

三是评价方式上存在着形式化的问题。教师虽然在课堂中给出质性和量化相结合的"评语+分数"，但是"真不错""太棒了"意味着什么？两位同学为什么得 10 分？我们都不得而知。没有明晰的评价标准，即使在案例的基础上增加学生自评和互评等多元主体评价，学生也很难从这样的评价中获得有价值的反馈，很难在一周劳动的基础上有更深入的反思，也无法获知劳动实践迭代的方法。

究其原因，主要有以下三点：

第一，教师对课程评价的价值意义理解有偏差，将单方面的鼓励和打分简单地理解为评价，忽视评价的导向性、发展性、系统性，未能充分发挥劳动课程评价的教育、诊断、改进功能。

第二，课程评价的目标及内容单一，如在劳动周的评价中，教师仅关注学生是否参与劳动，对学生的劳动能力、劳动观念、劳动习惯和品质、劳动精神等素养的达成情况并没有全面了解和认识，或是由于时间有限没能深入，或是在评价设计过程中未充分考虑。

第三，评价标准和过程管理缺位，教师将评价理解为"一次性的事件"，而非促进学生学习的手段。没有师生共建的评价标准来指导实践，也没有过程管理工具来调节学生的劳动过程，造成劳动评价没有起到实质性作用。

🔑 问题分析

结合上述分析与日常的教育教学实践，我们发现，当前的劳动课程评价主要存在以下几个问题：价值定位不清，未能基于素养目标进行劳动课程的评价设计；评价方式多样甚至泛滥，但与评价目标、评价任务的匹配不当；评价结果使用效果不佳，未充分发挥其反馈和改进功能。为此，教师需要重新理解劳动课程评价的内涵，明确劳动课程评价的方法，充分发挥劳动课程评价的作用。完整的劳动课程评价体系应该涵盖评价的各要素，解决"为什么评价""评价什么""如何评价""评价结果如何使用（怎样基于评价结果改进）"等问题。

课程评价是检验课程有效性的重要环节。通过评价可以确定课程实效与课程目标符合的程度，还可以为调整课程内容、转变教学方式起到反馈作用。关于劳动课程评价目标的定位，2020 年以来，中共中央、国务院先后印发《关于全面加强新时代大中小学劳动教育的意见》（以下简称《意见》）、《深化新时代教育评价改革总体方案》（以下简称《总体方案》）等政策文件，《意见》提出要"健全劳动素养评价制度。将劳动素养纳入学生综合素质评价体系，制定评价标准，建立激励机制，组织开展劳动技能和劳动成果展示、劳动竞赛等活动，全面客观记录课内外劳动过程和结果，加强实际劳动技能和价值体认情况的考核。建立公示、审核制度，确保记录真实可靠。把劳动素养评价结果作为衡量学生全面发展情况的重要内容"。《总体方案》提出要"加强过程性评价，将参与劳动教育课程学习和实践情况纳入学生综合素质档案"。2022 年，教育部颁布的《劳动课程标准》明确将劳动课程从原来的综合实践活动课程中完全独立出来，强调劳动课程评价要"注重综合评价"，并提出劳动课程评价的基本原则，以及平时表现评价及阶段综合评价的内容、方法、操作要点等。

学校劳动课程的评价应先从政策文件中理解劳动课程评价的重要价值，结合课程标准梳理劳动课程评价的目标，再结合学校的现实情况，确定劳动课程评价的指标体系。以发展学生的劳动素养为锚，一般包括但不限于通过课程发展学生的劳动能力、劳动观念、劳动习惯和品质、劳动精神。

为了更好地基于目标开展劳动课程评价，教师可以汲取《劳动课程标准》中"课程实施"部分"课程评价建议"的做法，集中力量，开发评价工具，形成不同类型劳动可用的资源清单和各类评价表单。针对劳动课、家庭劳动、劳动实践周、劳动测评任务等不同劳动场景，开发适切的评价工具（含表单）。

课程标准给出的劳动课任务单（示例）如表 4-1-1 所示，其中，涵盖劳动过程记录、劳动成果、劳动体会等。该任务单既是劳动任务单，也可以作为劳动任务评价单。通过综合分析要解决的问题、劳动计划、劳动过程、劳动成果、劳动体会等方面的内容，师生可以共同根据评价标准，对学生的劳动素养发展进行评价和反馈。

199

表 4-1-1　劳动任务单（示例）

劳动任务名称	
要解决的问题	
所需材料、工具与设备	
方法与步骤	
团队成员	
完成时间	
劳动计划或设计方案	
劳动过程记录	
劳动成果	
劳动体会	

此外，还可以灵活运用评价量规、成长档案袋等评价工具帮助学生判断现阶段劳动素养的发展现状。在评价过程中，学生自身要理解劳动教育目标和评价框架，能描述自己的现状。例如，针对评价框架中劳动素养的描述，学生能将自己的行为与描述或示例进行比较，然后寻找表现证据来判断自己目前的劳动素养（如劳动能力、劳动观念等）处于哪个水平。

在形成明确的评价目标之后，教师要设计具体的评价任务，并开发相应的评价工具，还要积累用于评价学生过程表现和取得成果的证据，用以评价学生达到劳动课程目标的程度。正如学生劳动素养的养成不是一蹴而就的，劳动课程评价也并非学生体验了劳动或收集到学生素养发展的证据后就"戛然而止"，关键在于通过有效的反馈来真正推动学生劳动素养的发展。

劳动课程评价应坚持发展性原则，发挥评价的反馈和改进功能，通过评价促进学生持续积极地投身于劳动的学习与实践中。为了让评价成为学生的自觉行为，劳动课程评价的关键行为在于"反馈"。例如，鼓励学生在课中或课后对同伴的劳动参与表现进行快速的口头反馈；又如，针对学生的阶段性成果和最终成果给出针对性的评价与反馈。通过反馈让学生了解现状、确定下阶段的努力目标、形成个性化的改进方案。

📠 问题解决

一、明示学习目标，发挥劳动课程评价的导向作用

在劳动课程落地的过程中，学校需要切实承担劳动课程实施的主体责任，做好劳动课程评价的顶层设计，发挥学校在劳动教育中的主导作用，将劳动教育置于学校教育的重要位置，根据政策法规的要求、现实需求和学生发展的特点，制订学校的劳动教育目标和课程实施计划，突出不同学段学生劳动教育目标的阶段性；建立科学的劳动教育素养测评体系，将学生劳动素养纳入学生综合素质评价，规范评价内容，制订评价标准，建立激励机制；加强对教师劳动教育参与度、劳动教育能力、实践指导能力等劳动教育考核；引导家长认识劳动教育对学生发展的重要意义，培养家长成为学生家庭劳动的指导者和协助者。此外，学校还要在区域的支持下，统筹经费预算，盘活场地设施，合理调配师资，建立工作机制。

【案例 4-1-1】聚焦素养目标，发挥劳动课程评价目标的引领作用

学校架构以促进学生思维多样化为核心的劳动教育评价体系，将"多角度思考问题，多途径解决问题，在创造性思维引领下进行劳动创造"作为劳动教育评价的核心目标。结合课程标准的要求，具体划分为劳动观念、劳动能力、劳动思维和劳动品质四项子目标。其中，劳动观念考查学生在实践中对于"劳动创造美好生活""劳动最光荣"的认同度，劳动能力考查学生设计能力、操作能力、团队合作能力及创造能力的达成度，劳动思维考查学生在筹划性思维、设计思维、工程思维上的创造度，劳动品质考查学生在诚实守信、吃苦耐劳、勤俭节约、敬业奉献等方面的内化度。

（案例提供：浙江省宁波市海曙区古林镇中心小学）

【案例分析】上述案例展现了学校聚焦评价目标，自主延展素养目标的有益尝试。劳动教育的开展需要聚焦学生劳动素养提升这一根本目标，学校以评价改革助推课程建设与实施。

浙江省在新课标劳动核心素养的基础上，创新性地提出了涵盖劳动观念、劳动能力、劳动品质和劳动思维的素养目标，将新课标劳动核心素养中相对抽象的劳动精神转化为指向思维能力提升的劳动思维。该校把握要点，在顶层设计时，立足素养目标，整合学校的课程与活动资源，建构起完整的劳动课程评价体系。

二、以量规引导学习实践，放大劳动课程评价的教育作用

学校劳动课程评价的重点是要关注劳动教育课程设计、劳动活动组织实施、劳动拓展课或劳动实践基地建设、劳动专兼职教师研修发展等方面；对学生劳动素养的评价，学校要依据《劳动课程标准》中的课程评价建议，将学生的平时表现评价和阶段综合评价结合起来。评价内容紧扣课程内容要求和劳动素养要求，客观准确地反映学生在真实情境下劳动素养的表现水平，在日常生活劳动、生产劳动、服务性劳动中，考查学生的劳动观念、劳动能力、劳动习惯和品质、劳动精神。评价方法以表现性评价为主，灵活采用劳动任务单、劳动清单、劳动档案袋等工具，针对具体的劳动学习与实践的目标和内容，采用相应的方法进行评价。

【案例4-1-2】师生共建劳动评价量规，发挥劳动课程评价的教育功能

学校以劳动项目"吃苦耐劳勤耕种——小神农种植园"为基础，在校园农场组织学生进行种植。种植前，教师与学生共议形成兼顾种植关键环节和劳动素养发展的评价量规——种植项目评价表，在种植计划、种植过程、种植成果三个环节进行阶段性展示与基于素养分类的分项等级评价。

评价项目	劳动素养表现水平	劳动观念	劳动能力	劳动习惯与品质	劳动精神	独特点滴
种植计划	A	勤思考、精打算，懂得制定科学、合理的种植计划	根据农作物的生长习性等，选择合适的农作物，合理安排，科学规划布局	同伴有效合作，探究节气和农作物的关系，初步形成吃苦耐劳的劳动品质	—	
种植计划	B	能思考并合理制定种植计划，理解计划的重要性	能够比较合理地选择农作物，规划种植	能够多方面了解种植知识，储备基本的农作物知识	—	
种植计划	C	在教师的协助下，制定种植计划	在教师的协助下，选择农作物，进行分工安排	在教师的协助下，了解农作物的知识	—	
种植过程	A	懂得科学合理规划，热爱劳动、尊重劳动	根据种植计划，合理分区，科学管理，分工协作，能创新地解决种植问题	积极记录农作物生长过程：具有节约用水、爱护环境的劳动习惯	坚持不懈地参与劳动，探索蔬菜种植的创新技术，具备艰苦奋斗和勇于探索的精神	

评价项目	劳动素养表现水平	劳动观念	劳动能力	劳动习惯与品质	劳动精神	独特点滴
种植过程	B	理解规划的重要性，能够承担种植任务	比较合理规划种植，有管理意识，能使用工具解决种植问题	主动养护农作物，具有一定的责任感	主动提出创新种植的初步想法，努力付诸行动	
	C	种植态度认真，明白从事种植工作的艰辛	在教师的帮助下，规划种植空间	在教师的帮助下，完成农作物的养护	有意识承担自己的种植任务	
种植成果	A	出色地完成种植项目，种植产量高，能分享自己的成果				
	B	顺利完成种植项目，有一定的产量				
	C	在教师的帮助下，完成种植项目				

此外，教师提供检核表供各小组使用，以便学生做好种植的过程管理，部分学生还运用劳动日志等方式进行写实记录（图4-1-1）。

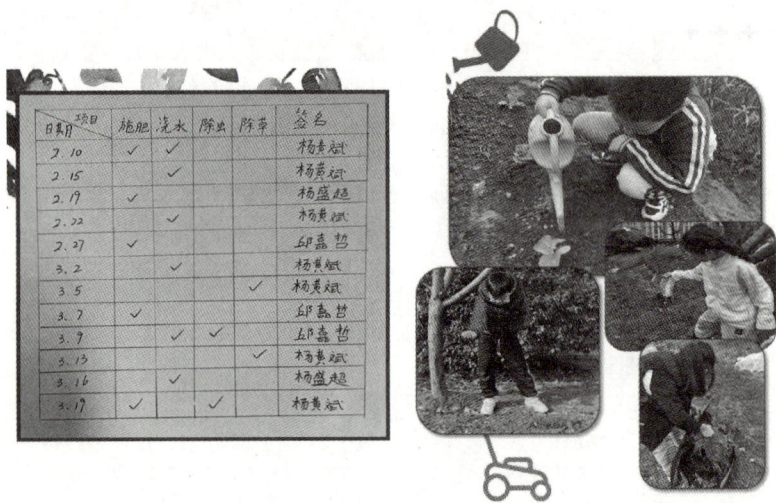

图4-1-1 "我是小神农"种植项目种植过程管理

（案例提供：浙江省杭州市夏衍小学）

【案例分析】上述案例中，学校巧设评价任务，创新评价工具。注重实践体验的劳动教育评价是天然的表现性评价，学生所经历的劳动过程应当是一个个基于素养发展的、具有挑战性的任务或项目。

为了让学生的经历与体验更有价值，教师应有意识地设计劳动任务，与学生共商、共研、共建基于素养目标的评价标准，选择适合的过程管理工具，进而对学生的劳动过程进行及时的反馈与评价。

科学合理的劳动课程评价对教师和学生具有一定的教育作用。在实施劳动任务时，教师向学生说明要经历的劳动阶段，基于素养目标，与学生共商形成各阶段劳动素养不同水平的"预期表现"，使素养目标不再是空中楼阁，而是教师、学生共同知晓的行动标准。在知晓行动标准（量规）的基础上，为了在劳动的各阶段达成目标，学生会积极主动地投身劳动实践，教师适时予以适当的评价工具支持，便能达到事半功倍的效果。

三、以工具支持过程数据的积累，发挥劳动课程评价的发展作用

学校要通过建立劳动清单、劳动教育评价手册等工具，明确劳动课的具体内容和要求，设计劳动教育相关任务、项目来收集学生的过程性表现证据，客观公正地观察、记录学生在个体或团队劳动中的表现和状态，以及学生在劳动中产生的积极变化，使劳动教育过程性评价有章可循；优化劳动教育过程监测与纪实评价，规范公示、审核制度，使劳动教育结果性评价真实可靠；真正将劳动素养评价结果作为衡量学生全面发展情况的重要内容，做真做实综合素质评价在评优评先、高一级学校录取升学中的重要作用，使劳动教育素养评价发挥实际作用。

【案例 4-1-3】记录学生劳动过程表现的"劳动成长存折"

学校以"劳动成长存折"为载体，学生和教师共商存入劳动存折的内容包括但不限于学生的课堂表现、作品完成情况、劳动日志、劳动叙事、劳动成果等过程表现与成果作品，真实地反映学生劳动素养的发展过程（图 4-1-2）。

图 4-1-2 "劳动成长存折"样例

（案例提供：浙江省衢州市柯城区鹿鸣小学）

【案例分析】上述案例中，学校汲取课程标准中"课程评价建议"的做法，开发形成不同类型劳动可用的资源清单、任务清单和系列评价表单，借助"劳动成长存折"这一载体，将学生在不同阶段参加劳动学习和实践的资料保存下来。

劳动课程评价不是为了评价而评价，而是以评价为手段，让学生获得必要的劳动能力，理解劳动的价值和意义，综合发展劳动素养。这个过程需要有适配的评价工具作为支持，记录学生的素养发展过程和关键事件。

四、以实证驱动学习真实发生，发挥劳动课程评价的激励作用

在目前的劳动课程评价实施过程中，数据采集、评价反馈、结果应用机制都还不完善。学校对学生的劳动往往仅有终结性评价，没有过程性评价，且评价主体往往是教师，很少通过有效反馈推动学生劳动素养的发展。评价的参与者很难获得及时、有效的反馈，更难在结果的基础上应用和改进。

为了更好地发挥评价的诊断作用，教师需要设计并运用丰富的过程性评价工具评价学生的学习过程、学习方法与学习态度，通过评价工具提供评价依据与记录载体；通过学生自评、同伴互评、师生互评、家长反馈、社区与社会评价等途径，多层面、多角度采集劳动教育过程性评价数据，将过程性评价与教学融为一体，发挥过程性评价对学生的诊断、引导、反馈和激励作用。

【案例4-1-4】以多层进阶的评价机制激励学生持续深度投入劳动

学校通过搭建多元化劳动教育评价载体，发挥劳动教育评价的激励作用，以劳动币、劳动章、劳动技能竞赛、成果展示等为载体激发学生的劳动热情，以评价促进劳动教育高质量发展。

一是劳动章。劳动章包含家务章、自理章、服务章、手工章、种植章等，由教师根据学生具体劳动任务完成情况、劳动成长情况进行颁发。学校通过劳动章进行过程性评价，激发学生的劳动积极性。在此基础上促使学生对劳动过程进行反思和总结，开展学段综合评价，争选五育全面发展的"小俊才"。

二是劳动币。学校以自主设计的劳动币作为全员劳动教育的评价载体，使劳动币成为学生获得劳动成果报酬、使用劳动报酬，并在校园范围内流通的特殊货币。学生通过积分打卡的形式获取劳动币，劳动币可用以交换学习用品或农作物种子。

三是劳动技能竞赛。学校每学期组织劳动技能竞赛，每个年级根据劳动清单设定竞赛项目。在竞赛中，充分发挥个人特长及团队力量，增强学生的劳动自信，提高学生的劳动技能，使学生养成良好的劳动习惯。

四是成果展示。针对劳动教育过程中产生的物化结果，如研究报告、绘本集、自然笔记、科学小论文、摄影摄像等，分主题举办成果展；开办劳动讲坛，请有特长的学生进行专题报告，以榜样的力量营造热爱劳动的氛围。

（案例提供：浙江省杭州市富阳区富春第七小学）

【案例分析】学校设置促进劳动素养发展的外在激励，提供劳动技能竞赛、劳动成果展示等多种展评方式，充分激发学生劳动积极性，尝试刻画学生劳动素养的发展与进阶路径，使得劳动教育评价有据可依、有迹可循。

第一，**深入研读课程标准，理解劳动课程评价的内涵**。指向发展学生劳动素养的课程体系是学生劳动素养发展的土壤。学校需要根据课程标准的要求，将劳动教育融入学校课程建设，构建具有育人特点的劳动教育课程。学校通过建设专兼职教师队伍和利用家长劳动资源库，开设"三类课程"（日常生活劳动课程、生产劳动课程、服务性劳动课程），依托"四个园地"（家、校、社、田），针对不同年级的学生制定相应的劳动课程学习要求，创新劳动教育教学方法，建立兼顾过程性评价和结果性评价的劳动课程评价体系，以劳动课程评价体系建设助推劳动课程的设计和实施，发挥劳动课程评价的积极作用。

第二，**紧扣素养目标，重视劳动课程的过程性表现**。学校应紧密结合时代发展要求，以培养德智体美劳全面发展的社会主义建设者和接班人为目标，更新劳动素养要求，重塑劳动育人目标。通过整合校内外资源，创设真实劳动情境，结合知识与实践，培养学生的团队精神与合作能力，实现劳动课程的有序推进。评价任务设计要体现梯度和序列化，以任务和目标为导向，通过表现性任务促进学生劳动素养的发展，最终实现以评促学的目的。

第三，**师生共同研制对标课程标准、体现水平进阶的评价量规**。劳动课程评价的主体不是教师，而是在教师指导下的学生。劳动课程评价可采用教师、学生、家长多主体参与，诊断性评价、过程性评价、结果性评价多维度结合，劳动能力、劳动观念、劳动习惯和品质、劳动精神等多方面渗透，进行主体多元化、内容多维化、方法多样化的评价方式改革。在日常教学中，师生在面临真实的劳动任务时，共话、协商形成对标课程标准、体现学生劳动素养进阶的量规，是指导学生素养发展和评价改革的一种有效做法。

第四，**有机融合转换，体现素养评价的育人功能**。劳动课程评价除了具有导向、教育和激励功能之外，还有一定的诊断功能。为了全面刻画学生的劳动素养发展水平，学校应把劳动素养评价结果作为衡量学生全面发展的重要内容，将劳动素养纳入学生综合素质评价体系，制定有梯度、可达到的评价标准，建立激励机制，做好基于素养评价的过程性评价，组织开展形式多样的劳动技能、成果展示和劳动竞赛等活动，全面、真实、丰富地记录学生参与课内外劳动的过程和结果，以完善的课程评价助推学生的劳动素养发展。

4-1
"我是小神农"种植项目展评活动

205

【现状点击】

　　劳动课堂里，教师引导学生欣赏各种图案的水果拼盘，感受拼盘图案的丰富多彩、造型美感。学生结合自己的欣赏感受和生活体验，尝试用各种水果拼摆出色彩多样、不同寓意的造型。学生使用评价量表进行互评和自评，在合作中感受劳动的快乐。评价量表设计如下：

评价指标	A	B	C	劳动素养指向
参与合作	快乐主动	一般	不参与	劳动观念
使用工具	熟练规范	会使用	指导使用	劳动能力
色彩搭配	美观明快	一般	不协调	劳动能力
拼盘造型	独特巧妙	一般	简单	劳动能力
主题寓意	个性创意	构思简单	缺少想法	劳动思维

　　《劳动课程标准》明确指出："劳动课程的评价方法以表现性评价为主。"义务教育劳动课程以培养学生的核心素养为导向。劳动教育的素养目标在注重发展学生劳动技能的同时，更应注重对学生劳动品格的塑造。同时，劳动素养的进阶性意味着表现性评价应体现劳动实践的进阶过程，不断提升学生的劳动能力和水平，最终实现对学生正确、积极劳动价值观的塑造。

　　《义务教育课程方案（2022年版）》提出："创新评价方式方法。注重动手操作、作品展示、口头报告等多种方式的综合运用，关注典型行为表现，推进表现性评价。"表现性评价是通过设计真实的任务反映学生的真实表现。通过对学生掌握、运用知识和能力情况进行过程性反馈和指导，收集实证数据来反映学生的学习收获。促进学生学会评价，在反思中发展高阶思维。这都表明，在劳动教育的评价过程中要多用表现性评价，注重学生在劳动过程中的实际表现，实现劳动教学评价的优化与创新，促进学生核心素养的提升。

　　从中小学劳动课程评价的实践来看，还存在诸多与新时代劳动教育政策导向不相符的现象。

　　一是劳动评价重技能轻素养。一些教师习惯性地将纸笔测试和分数联系起来，认为分数能直观有效地衡量学生的劳动成绩。学校劳动教育往往重视用量化的方式直接测试学生的劳动知识和劳动技能，而很难将观念、品质、习惯等维度的劳动教育培养目标量化，因而离评价体系渐行渐远，使得劳动教育评价内容简单片面。显性的劳动知识和劳动技能并不等同于劳动素养，学生是否形成正确的劳动价值观，是否提升了劳动素养，并在劳动中形成健全人格与良好道德品质，是新时代劳动教育的价值追求和劳动评价的重点所在。

二是劳动评价重物化轻体悟。劳动过程中突出"物化"特点，即过于强调获取成果，而忽视劳动过程中劳动体验与劳动价值体悟，缺少对劳动精神的培养与内化。长此以往，劳动教育的育人价值必将大打折扣。学生在劳动过程中表现出的对问题的思考、好奇心及探究欲望具有重要价值，其劳动成果是蕴含学生劳动知识、劳动技能、劳动观念等的智慧结晶。课程目标既要求学生体验劳动过程，又要求学生形成劳动成果，二者是学生在开展劳动、参与劳动、形成劳动素养的过程中不可偏废的整体。

三是劳动评价重结果轻过程。当前的劳动课程更多关注的是静态的结果性评价，使用劳动成果来评价劳动教育的成效。这种评价方式造成劳动课程评价的过程和结果割裂。劳动重在过程，但目前很多学校的劳动教育只注重劳动作品展示，以此彰显学校劳动教育的成功。《劳动课程标准》对劳动习惯和品质是这样定义的：劳动习惯和品质是指通过经常性劳动实践形成的稳定行为倾向和品格特征。可见，关注学生在常态化的劳动过程中的体悟尤为重要。

🔑 问题分析

表现性评价是核心素养背景下逐步推行的评价方式。该评价方式强调关注学生在整个学习过程中的表现。从表现性评价的过程看，主要包括以下几个方面：一是劳动课程评价是建构中小学劳动课程体系的一个重要环节，评价的目的是引导学生树立正确的价值观、审美观，使劳动课程更好地达成劳动育人的素养目标；二是制定评价量表，据实记录学生在学习过程中的实际表现；三是尽量创设真实的情境，运用评分工具对学生完成复杂任务的过程表现或结果做出判断，较完整地反映学生的学习成果。

一、素养观：目标应指向学生劳动素养的发展

表现性目标要关注人，关注人的素养，体现高阶认知。表现性评价要评的目标就是劳动素养要求。在明确完成劳动课程学习后学生需要达到的劳动素养目标后，根据劳动素养要求来预期学生达成素养表现的总体刻画，以终为始，逆向设计。目标是我们期望学生能表现出来的成果，也是设计表现性任务和评分规则的依据。劳动教育课程评价目标应指向劳动教育课程目标是否有效达成，学校课程体系中各模块指标要指向总体目标，在各模块内容下设置的主题目标要指向各模块目标。各层级目标的确立都应力求做到明确、具体、可测、关联、可达成等目标设计原则和要求。

二、实践观：任务应指向真实情境的实践

《劳动课程标准》指出，在劳动过程中，"学生是实践任务的操作者和完成者，教师是学生实践的启发者、指导者和呵护者"。在学段目标的表述中，"体验"一词共提到 8 次，如适当体验金工、木工、电子、陶艺、布艺等项目的劳动过程。指向劳动素养的劳动教育应以任务为主要载体，让学生在劳动实践过程中使用劳动工具和技术，取得预期的劳动成果。指向劳动素养的表现性任务要注重任务展开的情境性、知识运用的整合性、问题解决的建构性，要有利于学生"建构反应"，给学生"创生答案"提供机会。劳动情境的设计应尽可能具体、真实，能激发学生的劳动动机和劳动兴趣，增加学生真实的劳动体验。

三、过程观：评价应体现科学性和发展性

劳动课程的表现性评价关注评价的科学性和发展性，从结果性评价模式向过程形成性评价模式转变。教师既要关注学生的劳动成果，给予学生结果性反馈，也要关注劳动过程及劳动体会，充分肯定学生在劳动中的进步。评价从不同的维度来推进劳动教育，形成学生在各个阶段成长和发展的重要资料。评分规则描述的是学习过程与结果的质量标准，要有指标分解、区分度描述，制定相应的评价量表。[①]教师要设计不同类型、不同阶段的劳动任务清单，构建涵盖整个劳动过程中的多维度、多角度、多人评价的综合模式。通过写实记录、学生自我陈述和重要观测点等定性与量化相结合的方式开展评价，记录学生在日常生活劳动、生产劳动、服务性劳动中表现出的意识、能力和成果等，并将它们作为学生发展、学校育人评价的依据，发挥评价的育人导向和反馈改进功能。

🖨 问题解决

表现性评价应该观什么、测什么、评什么？教育评价是一个获取、收集和解释学生学习证据，从中描述、解释学生学习或为教育决策提供信息的过程。这意味着包括表现性评价在内的教育评价重心在学上，从根本上它是为了描述、解释、改进学生的学习（不限于认知学习，还有情感社会性、身体运动学习等），并由此反思和改进与之相关的教的各环节、各层面（包括课堂、学校和区域）。

一、把劳动素养表现作为评价首要指标

《劳动课程标准》指出"劳动课程要培养的核心素养，即劳动素养"。劳动素养是

---

① 张晓东.真实情境下的劳动教育评价：定位、设计与实施.现代教育［J］，2021（11）：12–15.

对劳动知识、劳动技能、劳动态度的超越与统整。以劳动素养的四个方面来表述劳动课程目标，其优势在于劳动课程实施紧紧围绕学生劳动素养，推动核心素养落地。因此，设计基于学生视角的清晰有效的评价目标是实施表现性评价的基础。表现性评价要求逆向设计实践，以终为始，将所追求的结果前置。表现性评价使评价从"对学习的评价"转向"为学习的评价"，遵循学生的成长规律，以全面育人为导向，在劳动课程评价中发挥其独特的作用。

【案例 4-2-1】吉祥结传祝福（落实核心素养的评价设计）

在传统的劳动单元教学中，课与课是相互独立的，学习方法、知识内容是不连贯的，学生只能零散地掌握。而指向核心素养的整体设计，将整个项目看作一个学习整体，"吉祥结传祝福"是"巧手编织中国结"项目的第三个劳动教学任务，通过该项目前两个任务和其他劳动实践活动，学生已掌握了一些传统工艺制作的基本劳动技能，但多数学生都不熟悉传统手工编织的"吉祥结"的编织方法。本项目以"传承传统工艺，传递美好祝福"为总目标、大任务、分任务落实教学目标，帮助学生在项目劳动的引领下，通过用一根绳进行循环有序地编结，制作简单的吉祥结挂件，懂得传承传统工艺制作，传递美好祝福。

"吉祥结传祝福"属于传统工艺制作任务群。课程标准对这一任务群在第二学段（3~4 年级）的素养表现阐述如下：能设计并制作简单的传统工艺作品，感受传统工艺技术的精湛，以及劳动的艰辛和收获的快乐，形成传承并发扬传统工艺的意识。初步养成专心致志的劳动品质。以"小学第二学段（3~4 年级）的劳动评价标准"为基础，确定"吉祥结传祝福"任务学习素养目标如下：

核心素养	质量标准描述	评价
劳动观念	在吉祥结编制中，认识流行千载的中国传统手工编织饰结，从实用的绳结演变成为精致的艺术品。懂得传承传统工艺，传递美好祝福	A□ B□ C□ D□
劳动能力	了解常用中国绳结和配件材料，认识并使用钉板、珠针、打火机等劳动工具。通过用一根绳进行绾、结、穿、绕、缠、编、抽等多种工艺技法循环有序地进行编结，完成左右对称的吉祥结，制作简单的吉祥结挂件	A□ B□ C□ D□
劳动品质	通过不断地发现问题和解决问题，养成专心致志、有始有终的劳动习惯和品质	A□ B□ C□ D□
劳动精神	形成不怕困难的精神	A□ B□ C□ D□

本项目分解为"认识吉祥结""编制吉祥结""制作吉祥结挂件"三个子任务，并逐层递进。

分任务	任务名称	教学支架
子任务1	认识吉祥结	欣赏吉祥结+微课感知
子任务2	编制吉祥结	学生自主劳动+教师示范+微课指导+学生讲解、示范
子任务3	制作吉祥结挂件	学生自主劳动、导师互助

结合项目的任务目标分解，进一步细化评价指标，形成劳动任务完整的评价标准，让评价有据可循。

评价维度	A	B	C	自评	他评	师评
使用与维护	正确选择工具，安全规范使用，主动及时收纳整理	基本正确选择工具，安全使用，及时整理	基本正确选择工具，会使用会整理	A☐ B☐ C☐	A☐ B☐ C☐	A☐ B☐ C☐
规划与表达	设计有新意，草图美观，乐于表达	设计完整，草图工整，愿意表达	设计简略，草图简要，简单表达	A☐ B☐ C☐	A☐ B☐ C☐	A☐ B☐ C☐
实施与物化	线条长度适宜，固定牢固	线条长度略有不足，基本牢固	线条长度明显不足，不牢固	A☐ B☐ C☐	A☐ B☐ C☐	A☐ B☐ C☐
	使用叠压法正确编织，绳结主体紧凑不松散，内外耳大小适宜、美观	使用叠压法正确编织，绳结主体基本成形，内外耳齐全	基本会使用叠压法编织，绳结主体未成形			
	挂饰完整美观	挂饰完整	挂饰基本完整			
反思与体验	积极参与完成编织，遇到困难主动解决，乐于创造	耐心参与编织，能在帮助下解决困难	参与编织，在他人帮助下基本解决困难	A☐ B☐ C☐	A☐ B☐ C☐	A☐ B☐ C☐
总评	☐优秀（10A以上）	☐良好（6A~9A）	☐合格（3A~5A）			

（案例提供：陈洁琼，浙江省舟山市普陀区六横镇中心小学）

【案例分析】上述案例中，劳动项目与劳动任务的评价设计，统筹教学内容，把握整体目标。立足课程标准和学情，探索指向核心素养的课程实施模式，在实践中落实"教—学—评"一体化。首先，对项目和学生的认知状态进行系统分析，初步确定学习任务和需求。其次，结合课程标准，对劳动教学资源及其所承载的劳动素养有清晰的认知。最后，素养目标要基于对学生情况、教学内容和劳动资源的分析进行设计，明确学科知识目标和劳动素养目标的达成度，即学生项目或任务学习的"终点"。

上述案例在整体设计下，总目标分解为若干个小目标，每个项目分为三个任务。每个任务由大任务驱动完成，进而实现总目标。通过一根绳多种技法循环有序地编结，并采用比例协调、创意实践、审美判断提升工程思维与设计思维，使学生在思辨中形成对吉祥结更精准的概念理解、文化传承、知行合一的高度体悟，用多种路径达成培养学生劳动素养的目标。

二、把实践体验表现作为评价的重要考量

《劳动课程标准》指出，劳动课程实施要"注重引导学生从现实生活的真实需求出发"，在劳动实践指导过程中可从"真实的劳动需求"或"真实的问题"出发创设情境，明确劳动任务。劳动情境和劳动任务的设计应聚焦关键目标点，基于兴趣、认知和实践等维度，确保项目实践目标明确、方法到位、指向清晰，评价证据真实充分。结合真实的劳动情境，确定真实的劳动任务，通过具有驱动性的任务，提供学习支架，引导学生亲历劳动过程，建构可迁移应用的劳动知识和劳动技能，开展重点实践，解决实际问题，促进学生真实劳动和深度学习。

【案例 4-2-2】垃圾分类从我做起（项目任务群、学习地图及评价标准设计）

大街小巷随处可见垃圾分类桶。垃圾分类已经走入校园，正在改变我们的生活。作为校园的小主人，我们怎样践行校园垃圾分类呢？

"垃圾分类从我做起"项目任务群设置如下：

任务链	子任务	支架
校园垃圾我知晓	调查了解校园里有哪些垃圾	1. 课间观察记录校园内各个角落，特别是垃圾桶附近的垃圾丢放情况 2. 学生通过发放调查问卷了解教室垃圾丢放情况，向班级汇报
垃圾分类有妙招	确定校园垃圾分类举措	1. 根据校园垃圾丢放情况，结合垃圾分类相关知识梳理校园垃圾分类情况，制作表格并记录 2. 利用统计图直观展示校园各类垃圾占比情况，确定科学分类举措
垃圾分类我践行	全面践行校园垃圾分类	1. 通过倡议书、手抄报、知识讲座等多种方式宣传校园垃圾分类 2. 课间在其他班级教室督促垃圾分类工作，引导其他班级学生养成良好的垃圾分类习惯
垃圾分类成果展	学生的项目成果展示	1. 创意设计垃圾分类桶，在项目成果分享会上展示 2. 班级开展"变废为宝 DIY"，借此呼吁更多同学节约资源，减少浪费

表现性任务可以说是学习目标的具体化，评价任务的设计能够引发学生的表现行为，因此任务设计应该是含有高阶思维、环环相扣的有效问题，从而引发学生积极参与。为了使校园垃圾分类项目的表现性任务实践更为清晰和深入，学生根据任务梳理出项目实践方向，预设项目学习内容，绘制出项目学习地图（图 4-2-1）。

根据项目实践特点，着重对探究性实践部分进行评价标准的设计引领。探究性实践包含调查分析和解释数据、计划和实施举措、活动践行与成果展示等环节，评价表包含分析、设计、实践、反思四个方面表现的评价，评价证据真实充分。

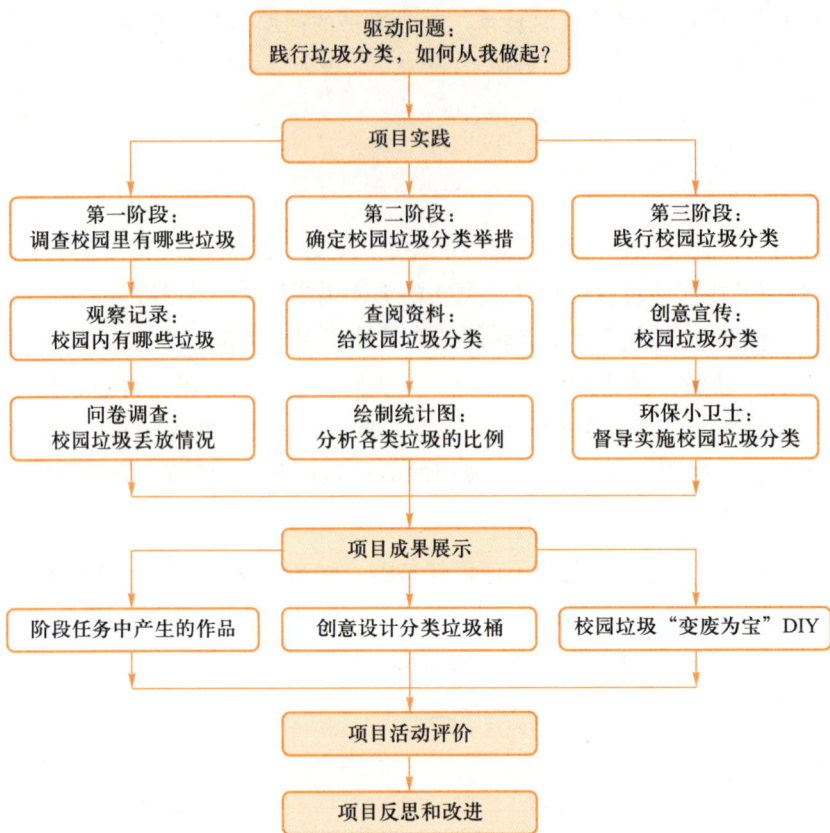

图 4-2-1　项目学习地图

"垃圾分类从我做起"探究性实践的评价标准设计如下：

评价要素	评价标准			等级		
	优秀（A）	良好（B）	达成（C）	自评	生评	师评
使用与维护	积极搜集手工材料，正确使用与收纳整理	协助搜集手工材料，使用与收纳整理	在同伴指导下使用材料与简单整理	A □ B □ C □	A □ B □ C □	A □ B □ C □
规划与表达	能热情真诚地和小组成员分享自己的想法，并带动其他成员共同交流	能分享观点，愿意和小组成员一起交流	简单表达观点，简单交流	A □ B □ C □	A □ B □ C □	A □ B □ C □
实施与物化	能迁移运用综合知识解决问题。在制作过程中常有新想法并乐于尝试，有丰富动手实践体验	能与同伴一起想办法解决问题，并愿意实践体验	在同伴帮助下参与制作	A □ B □ C □	A □ B □ C □	A □ B □ C □
反思与体验	积极参与设计与实践，遇到困难主动解决，乐于创新，认真负责	参与设计与实践，遇到困难协助解决	能参与实践体验	A □ B □ C □	A □ B □ C □	A □ B □ C □
总评	□优秀（10A 以上）	□良好（6A~9A）	□合格（3A~5A）			

（案例提供：江珊珊，浙江省舟山市普陀区沈家门第一小学）

【案例分析】相较于单一的任务，表现性单元任务群呈现体系化、完整性的特点。构建表现性单元任务群，可以将整个单元的表现性任务串联，对学生的学习过程表现进行多维度、全方位的评价，获取真实的信息，提高评价的全面性、准确性。学生在这一过程中，从初步了解到深入思考，再到实践行动，在意识和行动上都有所改变，真正做到了学以致用。

此项目学习地图将整个项目活动各阶段的任务具体、清晰呈现。学生按照项目学习地图科学安排探究活动，每一阶段在项目学习地图上前后衔接、有序推进。通过有计划、成体系的项目重构，形成"研—学—做—获"教学链，使学生深入劳动实践的各环节，深化劳动认知和能力，努力解决劳动过程中遇到的关键问题，将单一的学习方式转变成手脑并用的综合性劳动实践。

在表现性评价过程中，学生基于表现性任务的实践过程，对照评价标准进行全面、综合的评价，从而促进学生的收获与反思，深化价值体认。劳动教育需要在劳动情境中真实发生，学生在亲历劳动的过程中体验到服务活动的艰辛，提升自觉自愿、认真负责的劳动素养品质。

三、把完整的学习历程纳入评价体系

随着核心素养的提出，课程评价迎来了重大变革，将劳动素养全程贯穿于课程评价之中，从理念上来说确实更加注重学生的全面发展，增强了评价的育人功能。当前，在公益劳动项目的评价中，我们常常关注技能大于素养、关注结果大于过程、关注教学割裂评价，形成有劳无育的单边教学形态。究其根本就是窄化了劳动素养，将劳动教育等同于劳动技术或综合实践活动，忽视了劳动观念与品质，而这对于公益劳动与志愿服务来说是至关重要的，所以我们需要建立更加平衡、细化的评价指标，依托量规直观呈现评价结果。

【案例 4-2-3】注重细节好习惯——校园标识牌我设计（评价设计）

"注重细节好习惯——校园标识牌我设计"为四年级劳动项目，是一个典型的公益劳动项目，包含三个循序渐进的任务，从校园标识牌问题出发，引导学生通过调查、分析发现校园标识牌的实际需求，进而设计方案，制作完善标识牌，增强服务意识。

在评价方式的选择上，考虑到第二学段学生的认知能力，评价方式不宜过于复杂，根据学生劳动表现进行星级评价较为适合。具体表现标准参考"第二学段（3~4 年级）服务性劳动评价内容与标准"，再结合项目适当补充，形成一份完整的评价标准，让评价有据可循。

"校园标识牌我设计"劳动表现评价标准设计如下：

核心素养	★★★	★★	★	对应第二学段服务性劳动评价要素
劳动观念	热爱劳动，主动为他人提供服务，形成初步的服务意识；尊重劳动，认真开展劳动实践，珍惜劳动成果	参与服务劳动，有一定的服务意识；尊重劳动，较珍惜劳动成果	很少参与服务劳动，对服务性劳动的重要性有一定认识	反思与体验：尊重劳动者，乐于合作，形成初步的服务意识和社会责任感
劳动思维	主动发现标识牌问题，结合校园实际，提出合理建议，进行详实的方案设计，并能清晰表述	明确标识牌问题，完成设计方案，设计要素基本明晰，并能简单分享	基本完成标识牌设计，初步表达设计思路	规划与表达：主动发现问题，根据需求，设计方案，规划服务流程，清晰分享
劳动能力	依据设计方案，合理选择材料与工具，完成标识牌制作。制作中遇到问题，能主动解决；能根据标识牌使用的实际反馈，及时对标识牌进行改进	选择材料和工具制作标识牌，选择基本合理。能参与收集标识牌使用反馈，尝试改进标识牌	能使用材料与工具完成标识牌的基本制作或在同伴的协助下完成制作	实施与物化：积极主动参与学校、社会的公益劳动与志愿服务，满足他人需求，做到服务有始有终
劳动品质	善于合作劳动，做到服务有始有终	乐于合作劳动，基本做到服务有始有终	能参与合作劳动，努力坚持不放弃	

（案例提供：方露，浙江省舟山市普陀区沈家门第四小学）

【案例分析】项目化学习进程的各环节都可以嵌入表现性评价。在教学设计和评价设计时，要提前考虑评价嵌入的时机与形式，确定评价实施的方式方法。公益劳动项目大多呈现明显的时间轴，因此可以引导学生在系统分析环节后利用时间轴将各子任务进行拆分与串联，便于将评价点对点落实在劳动中。"校园标识牌我设计"可以分为三大任务十个子任务，劳动思维和劳动能力部分的指标都可以在相关的核心任务中着重体现，而劳动观念、劳动精神则应该贯穿整个劳动过程。

表现性评价量表一般在具体的教学活动前提出，这样能最大限度地保证学生在开展劳动实践前明确本次劳动的素养要求。学生对这个任务群的评价指标比较熟悉后，还可以自主尝试设计评价量表。量表的呈现让评价更加系统严谨，操作有难度且比较枯燥，因此在实际使用中应尽可能采用多种形式。例如，"规划与表达"指标中评价学生设计图稿的绘制，要求考虑周全、内容翔实、图稿清晰、表达清楚。学生先借助学习支架明确图稿的设计要素与要求，再进行自主设计。试着对其中1~2个设计要素进行修改，对评价的内容与标准形成较深刻的认知，借助"循环问诊"的方法，让学生在帮助他人改进的同时完成互评。

鉴于现代服务业的特殊性，学生需要各自进入劳动场域进行实际的服务劳动，场域范围广、涉及人数多、实践性强、轮动性高，经常会出现遗忘评价或粗略评价，尤其是对指导教师或其他评价主体而言，评价很容易滞后，因此最好适时记录学生的表现，保证评价有迹可循。公益劳动中的方案制订、设计规划、学习笔记等都属于此类依据，学生记录的劳动时间、地点、参加人员、过程描述、新奇发现、心得体会、自我评价等都可以用来辅助表现性评价，学生把内在的变化和成长转化成直观文字、图表等，促使劳动教育评价直抵学生内心。应鼓励学生将记录整理成活动手册，对于第二学段的学生，教师需要给予一定的参考与辅助。还可以通过一些数字评价平台，将评价结果和反馈智能化地呈现学生各方面的数据，为每个学生生成个性化的"劳动肖像"，实现学生个体多元发展的可视化劳动画像。

🔑 教学建议

《关于全面加强新时代大中小学劳动教育的意见》指出，要"健全劳动素养评价制度"。学校应健全和完善学生劳动素养评价标准、程序和方法，以学生掌握实际劳动技能和价值体认情况为重点，积极建构表现性评价课程实施新样态，助推劳动素养养成。

第一，建构评价体系，明确劳动素养培育的目标性。劳动素养取向的劳动教育，区别于单一的劳动德育，也区别于单一的劳动知识和劳动技能教育，更区别于"教育缺场"的"有劳动无教育"的劳动活动，是基于劳动素养培养意义上劳动教育的"整体教育""完整教育"。正因为如此，劳动课程评价体系建构必须着眼于学生在劳动领域的整体发展、终身发展的结构性特征和阶段性特征。依据新课改理念，劳动素养要求体现了核心素养培育的连续性和阶段性。义务教育九年分为四段，劳动课程目标由低到高呈现螺旋上升的结构，劳动素养评价也应根据目标进行相应的设计。

第二，设计劳动任务，促进劳动素养发展的充分性。针对具体的劳动学习与实践的目标和内容，可采取相应的方法进行评价。小学低年级注重围绕劳动意识的启蒙，侧重评价学生日常生活的自理能力和劳动乐趣的基本感知，其评价形式呈现以劳动任务清单为主要依据。小学中高年级注重围绕劳动习惯养成，适当参加生产劳动，使学生初步养成认真负责、吃苦耐劳的品质，学会与他人合作，体会劳动最光荣，其评价以劳动任务单为主要依据，结合劳动任务的完成过程和劳动成果情况进行综合评价。初中阶段注重围绕劳动知识与技能，开展家政学习和社会服务，增强职业意识，培育学生精益求精的工匠精神，适合采用劳动档案袋式评价，可以更多采用浸润式评价。

第三，强化多元评价，注重劳动素养发展的过程性。在日常劳动实践过程中，通过评价及时反馈，采用档案袋评价方式，记录劳动教育活动情况，收集整理有关制品、作品等，纳入综合素质档案。同时，关注结果性评价，通过作品制作评价学生的劳动能力，通过劳动技能展示评价学生的劳动技能，开展反思性评价，让学生以反思清单或报告形式明确自身在劳动知情意行等方面的进步情况。《大中小学劳动教育指导纲要（试行）》提出，劳动教育的关键环节包括反思交流。在劳动课程评价中，教师应引导学生分享劳动的体验和收获、反思与改进，结合活动表现完成表现性评价表，通过自评、互评、师评等方式进行多元化评价。完成评价后，将表现性评价表放入"劳动档案袋"，以此记录学生完整的劳动成长轨迹。

　　第四，实施以评促学，保障劳动素养的发展性。教育不能只停留于原地不动，而是要以评价目标为中心，以评价指标为路径绘制出评价量规，以此激发评价的导向功能。新版课程标准指出要强化过程性评价，更加关注发挥其激励和改进功能。在表现性评价过程中，学生基于表现性任务的实践过程，对照评价量表进行全面、综合的评价，有助于唤起学生参与学习的热情和积极性。用动态的、发展的眼光看待劳动教育评价，有利于发挥评价的导向和激励功能，深化价值体认。

4-2-1
吉祥结传祝福（教学设计）

4-2-2
吉祥结传祝福（教学课件）

问题提出

【现状点击】

当一个劳动项目教学结束后，教师依据学生的劳动作品完成情况，记录学生的劳动成绩。学期结束前，劳动任课教师整理相关劳动成绩，发给班主任老师。班主任老师根据已有的学业报告单，结合学生的劳动课表现，并从"劳动态度、劳动能力"等方面对学生进行回忆式评价。学生拿到学业报告单也不清楚自己一学期的劳动表现的真实情况。这样的评价，劳动综合评价主体单一，评价过程不清晰，结果不真实，反馈不到位。

基于劳动素养的阶段综合评价是劳动课程主要的评价方法之一。中共中央、国务院《关于全面加强新时代大中小学劳动教育的意见》指出："将劳动素养纳入学生综合素质评价体系，制定评价标准，建立激励机制，组织开展劳动技能和劳动成果展示、劳动竞赛等活动，全面客观记录课内外劳动过程和结果，加强实际劳动技能和价值体认情况的考核"。《劳动课程标准》指出要"注重综合评价"，"重视平时表现评价与学段综合评价结合，定性评价与定量评价结合"。

劳动课程阶段综合评价能够反映学生劳动课程学习的水平和劳动素养的阶段达成情况。阶段综合评价能为学校劳动教育和学生劳动课程学习提供反馈和改进的信息，帮助教师及时调整教育教学方法和策略，提升劳动教育的质量。因此，开展劳动课程阶段综合评价，促进"教—学—评"一体化发展，是促进学生全面发展、提高劳动教育质量的关键之一。

劳动课程阶段综合评价的实施依然存在一些问题与不足。

一是过程性评价不全面。劳动课程的过程性评价内容不全面主要体现在重视日常生活劳动或生产劳动，而忽视服务性劳动。评价标准不明确，缺乏统一的标准，学校在操作过程中容易把评价内容窄化或泛化。不同学校和教师的评价标准可能存在差异，从而导致评价结果不够公正客观。同时，评价内容被窄化，更多关注学生劳动能力的综合评价，忽视学生在劳动意识、劳动精神、劳动品质等方面的评价。

二是结果性评价方法单一。劳动素养的评价以静态评价为主，存在轻过程、重结果的现象，一般以作品评价代替结果评价，学生的劳动过程、心得体会、研究报告等过程性评价难以引起重视。评价主体相对单一，主要是教师评价，较少或没有学生自主参与的评价，更没有家长参与的评价。

三是过程性评价与结果性评价分离。劳动课程阶段综合评价应采用过程性评价与结果性评价相结合的方式，但在实际过程中，由于没有明确的评价标准，或二者评价标准不一致，教师常常将劳动过程和劳动成果混为一谈，仅注重最终成果，忽视学生在劳动过程中的表现和能力培养。有时，由于学生或教师过度关注劳动成果，而忽略了劳动过程的重要性，从而出现结果性评价比重过大，过程性评价比重过小的情况。有时也会出现过程性评价比重过大，结果性评价比重过小的情况。甚至有的过程性评价没有延续到结果性评价，或只有过程性评价，或只有结果性评价，造成阶段综合评价分离。

问题分析

一、劳动课程阶段综合评价的内涵

劳动课程阶段综合评价是根据劳动素养要求、劳动教育目标和内容，在学期、学年或学段结束时对学生的劳动观念、劳动能力、劳动习惯和品质、劳动精神等进行综合评定的过程。这种评价应该综合考虑过程性评价和结果性评价。

过程性评价是在教学过程中对学生学习的各种信息进行即时、动态的解释，用于优化学习过程、调整教学策略，从而增加教学过程的价值。在劳动课程中，过程性评价旨在确定学生在劳动过程中所付出的努力和表现，并评估他们在劳动技能、创新能力、团队协作等方面的发展情况。过程性评价不仅关注学生的最终成果，还关注学生在劳动过程中的努力程度和成长情况，能够更全面地评价学生的劳动素质和综合能力。

结果性评价则是在教育活动结束后对其效果进行评价。在劳动课程中，结果性评价通过量化评价学生的劳动成果，以了解他们的劳动素养发展情况，并为进一步学习提供反馈信息。结果性评价可以是对一个单元、一个模块或一个学期、学年、学段教学结束后的评价。

综合运用过程性评价和结果性评价，在劳动课程的评价中可以更全面、准确地了解学生的劳动表现和发展情况，从而提供有针对性的反馈和指导，促进学生的劳动素养全面发展。

二、劳动课程阶段综合评价的价值与目的

劳动课程阶段综合评价是在学生完成某一阶段的劳动课程后进行的综合评价，是对学生进行全面、系统、科学的评价，以全面了解学生在劳动课程中的表现。其价值和目的是发现学生的优点和不足，帮助学生提高劳动能力和水平，促进学生全面发展，为教师和家长提供参考。

1. 发现学生的优点和不足

在劳动课程中，学生的表现往往受到多种因素的影响，如个人兴趣、能力、态度等。通过阶段综合评价，教师可以全面了解学生在劳动课程中的表现，包括优点和不足。这有助于教师更好地了解学生的特点和需求，为学生提供个性化的指导和帮助。

2. 帮助学生提高劳动能力和水平

劳动课程的综合评价可以深入分析学生在各种实践活动中的表现，如精确测量、熟练工具操作、项目规划和执行等。通过对学生操作细节的观察、作品完成度的考查以及过程记录的评价，可以确切地识别出学生在实际操作和理论知识掌握方面的优势与不足。通过评价，教师可以全面了解学生在劳动课程中的表现，并及时提供个性化的指导和帮助，帮助学生构建起实际操作和问题解决的能力，同时提高他们的自我反思意识和劳动素养。

3. 促进学生全面发展

阶段综合评价不仅关注学生的学业成绩，还关注学生劳动素养和综合能力的发展。通过评价结果的分析，教师可以了解学生在劳动课程中的表现，包括学习态度、团队协作能力、创新思维、自我管理等。教师可以结合评价结果，引导学生注重全面发展，提高学生的劳动素养和综合能力。

4. 为教师和家长提供参考

阶段综合评价结果可以为教师和家长提供参考，让他们更全面地了解学生在劳动课程中的表现。教师可以根据评价结果，对学生进行有针对性的指导和帮助，促进其全面发展；家长可以了解孩子在劳动课程中的表现，为其提供更好的支持和帮助。

📖 问题解决

开展劳动课程阶段综合评价，要让学生亲历劳动实践过程，在出力流汗、动手锻炼的过程中形成科学的劳动观念，掌握基本的劳动技能，养成良好的劳动习惯和高尚的劳动品质，弘扬伟大的劳动精神。开展阶段综合评价，要以全面评价学生的劳动素养为标准，通过过程性评价和结果性评价体现，采用合理的评价方式，以量化的形式呈现学生的劳动素养发展情况。

一、过程性评价的操作与实施

过程性评价是劳动课程阶段综合评价的一种方式，通过记录学生的劳动能力表现，鼓励学生写学习日记并进行反思，结合劳动清单进行评价，全面了解学生在劳动教育过程中的表现、成长和进步。

1. 用档案袋记录学生的劳动能力表现

档案袋评价又称成长记录袋评价，是指在某过程中为达到某个目的而有组织地呈现所收集的相关资料，通过这些资料，可以展示事情的进展过程或者个人的成长经历，客观而形象地反映出学生某方面的进步、成就及其问题，以增强学生的自信心，提高学生自我评价、自我反思的能力。学生劳动的过程性评价档案袋是一种用于记录学生在劳动课程中的表现和成长的工具。学生会根据任务，不断产生学习成果与相关资料，通过档案袋及时收集劳动过程的材料，随时更换或增加的档案袋内容，用于记录与评价。

2. 鼓励日记、反思，展现学生劳动观念变化

鼓励学生写学习日记和进行反思是丰富过程性评价的有效方式。学生可以写劳动学习日记或进行反思，记录他们劳动的经历、遇到的问题及解决方法、取得的进步。这样可以激发学生的主动性和自主学习意识，加深学生对劳动技能的理解和应用，并形成更丰富的过程性评价材料。

3. 结合劳动清单，促进学生劳动习惯养成

结合劳动清单进行评价可以促进学生劳动习惯的养成。教师可以设计劳动清单及综合评价表，采用学生自评、小组互评、教师评和家长评等方式，对学生的学习成果、工作成果和团队合作等方面进行综合评价。将评价结果及时反馈给学生，帮助学生了解自己的优势和不足，并指导他们进一步改进和提高。同时，评价结果也可以为今后的教学实践提供参考，提高教学质量。

4. 结合日常生活场景观察，了解学生劳动素养发展

教师通过日常生活场景的观察，可以深入了解学生的劳动素养发展情况。观察项目包括技能表现、工作态度、团队协作、自主学习和安全操作能力等方面。实际观察有助于评估学生的实际表现。

例如，对于小学低年级的学生来说，他们的劳动技能仍处于初级阶段，刚开始接触各种劳动活动，正在逐步学习和掌握基本的劳动技能，如整理和清扫等。这些活动不仅可以培养学生的基本生活能力，还能促进其协作意识和团队合作能力的发展。在进行阶段综合评价时，教师可以设计日常生活场景，以观察的方式记录学生在劳动过程中的表现，帮助他们形成过程性评价，将记录保存在学生档案袋中，以便进行最终的结果性评价。

【案例 4-3-1】整理书包（日常生活场景观察）

整理书包是小学一年级学生进入小学阶段生活后必须掌握的一项技能。教师和学生家长可以利用劳动课程阶段综合评价观察表，以日常观察的形式记录学生在整理书包过程中的表现，并存入学生的档案袋。

劳动课程阶段综合评价观察表（示例）			
学生姓名	张 ××	年级	一年级
劳动任务	整理书包		
学校观察			
项目	表现		星级评价
分类存放	能把书本、练习本、练习纸等单独整理，并用夹子夹住容易散的练习纸		★★★★★
摆放整齐	能按类摆放，但书本的大小摆放不合理		★★★★☆

空间利用	知道利用书包的大小格放合适的物品，大格放大书，小格放小物品	★★★★★
拿取方便	能把常用的书本放在上面，但没考虑取用的方便性，如常用的语文、数学书按厚薄放在了底层	★★★☆☆
记录人		
家庭观察		
项目	表现	星级评价
按需整理	能根据第二天的课表整理书本	★★★★★
主动整理	需要经过提醒才去整理书包	★★★☆☆
长期坚持	最近一个多月能在完成作业后就整理书包	★★★★☆
记录人		
总结与评价	通过学习，知道了整理书包的重要性，基本掌握了整理书包的方法，并能主动整理书包，做到分类、有序	
劳动评定	★★★★ 劳动达人	

221

【案例分析】劳动课程阶段综合评价观察表主要用于考查学生日常生活劳动中的表现。上述案例中，以"整理书包"为考查内容，教师通过创新生活场景，在学校观察学生在"分类存放、摆放整齐、空间利用、拿取方便"等现场操作方面的技能表现情况，并且延伸到"家庭观察"，从而进一步了解学生在按需整理的劳动习惯、主动整理的劳动态度、长期坚持的劳动精神等方面的整体表现。将记录、总结与评价和"星级评价"相结合，通过学校观察与家庭观察，多角度了解学生在劳动过程中的表现。这样的记录为评估和指导学生的发展提供了有力依据。

二、结果性评价的操作与实施

结果性评价是劳动课程阶段综合评价的主要形式。劳动课程的结果性评价可以采用劳动测评或劳动成果展示的方式开展。

1. 劳动测评

劳动测评是一种常见的劳动课程结果性评价方式。教师可以通过组织学生参加劳动游园会、劳动技能测试或劳动技能比赛等，以劳动考核的形式，检验学生的劳动素养。劳动测评可以通过构建一定的劳动场景，给学生呈现一个具体的测试任务，考查学生在完成劳动任务中的表现以评价其劳动素养与能力。教师可以根据劳动素养的四个方面形成测试任务的评价标准，然后依据标准对学生完成测试任务的情况和成果进行评价。

（1）劳动游园会

《劳动课程标准》指出，劳动课程阶段综合评价要根据学生年龄特征和培养目标，差异化设置评价内容。对不同年级劳动实践和劳动教育评价进行细致规划，使不同学年段的劳动评价体现不同的内容设置梯度。

"劳动游园会"根据学生的个性特点与劳动要求，以游戏和考查相结合的形式开展劳动课程阶段综合评价，丰富了劳动评价的形式，受到学生的喜爱。

以"六一劳动游园会"为例，根据事先预设的不同的劳动项目，设置不同的劳动场所，开辟劳动项目游园场所，教师在现场进行观察和考查，对学生的劳动表现做出评价。学生根据评价表获取劳动星级评定。评价结果作为本学期劳动课程综合评价的主要指标之一。

【案例 4-3-2】六一劳动游园会（劳动测评）

学校结合六一活动开展劳动游园会，分学段开展劳动项目挑战，具体安排如下：

年段	活动主题	内容	挑战规划
1~2 年级	萌娃大闯关，自理小达人	系鞋带、叠衣服、穿衣服、穿针、收雨伞、整理文具	1. 根据自己的劳动能力，选择不少于三项劳动项目进行体验。 2. 每完成一项劳动，获得一枚"星星"贴纸
3~4 年级	劳动最光荣，巧手在行动	剥花生、扫地、剥葱、垃圾分类、拖地、制作折扇	
5~6 年级	少年初长成，高手在民间	缝扣子、刨土豆、串珠子、叠被子、挑箩筐、剥毛豆	

学生领取劳动项目挑战卡，根据自己的劳动能力，选择不少于三项劳动进行体验。

劳动项目挑战卡			
年级		姓名	
项目一（　　）	项目二（　　）	项目三（　　）	项目四（　　）
项目五（　　）	项目六（　　）	项目七（　　）	得星总数

以 5~6 年级"刨土豆"为例，学生要选用合理的工具，如勺子或刨刀，刨干净一个土豆，要求过关时间为 1 分钟。学生完成规定要求即可获得一枚"星星"贴纸。学生通过完成劳动项目争取星级奖励，并参与六一小奖品兑换。

【案例分析】劳动游园会的形式创新，活动丰富多样，根据不同年级学生的个性特点、课程标准要求，合理选择与日常生活、生产劳动相关的项目作为劳动游园会的主要内容，着重培养学生的劳动热情和良好劳动习惯。活动与六一儿童节紧密结合，有效整合劳动课程综合评价体系，学校根据年级特点设置了丰富多彩的劳动项目，这些项目不仅符合劳动课程标准要求，还结合学生的特点进行分层和分类设置，确保项目的可行性和趣味性。在实施过程中，教师鼓励学生根据自身的劳动能力选择适合自己的项目进行挑战，以此展现学生良好的劳动态度。每个项目都设定了明确的劳动操作技能和结果要求，以评估学生的劳动能力和劳动习惯。本活动将教育与娱乐相结合，激发学生参与劳动的积极性，丰富了劳动的形式，为劳动评价提供了丰富的过程材料。

（2）劳动技能测评

劳动技能测评是通过设定一项劳动任务，明确相关劳动要求，依据相关劳动评价标准开展的劳动课程阶段综合评价，适用于一个主题活动结束或学期结束时进行评价。

例如，五年级"风筝制作"这一劳动任务，要求学生按照相关要求完成任务。教师根据评价标准对学生的劳动素养进行评价，然后根据评价结果对不同学生进行有针对性的指导。

【案例 4-3-3】风筝制作（劳动技能测评）

（一）任务描述

风筝是中国传统工艺之一。本任务以我国传统技艺——风筝为载体，引导学生从风筝的制作和造型中了解历代劳动人民的聪明智慧，启发学生从艺术形式、制作技艺等方面进行创新。本次任务需要学生学会风筝的制作和放飞技能，用实际行动开展创新劳动，感受中华民族深厚的传统文化。

（二）任务要求

1. 提前准备制作风筝所需的材料。

2. 二人合作完成任务，根据"劳动篇、亚运篇、红色篇"进行设计，简要说明设计意图。

3. 利用现场的材料制作各型风筝，主要突出扎、糊、栓三种制作技法，并根据主题对风筝进行美化。

制作时间：1 小时。

（三）材料与工作准备

竹篾、绵纸、绘画工具、剪刀、白胶、尺子、棉线等。

（四）现场放飞

1. 放飞时间为 1 小时。

2. 两人合作起飞风筝并完成收线。

（五）任务测评

教师根据风筝制作评价标准，对学生的设计、作品，以及学生在劳动过程中的表现进行评价。

核心素养	主要表现特征	教师评价
劳动观念	积极、愉快地参与劳动，树立劳动分工与合作意识	□优秀 □良好 □合格 □不合格
劳动能力	设计与美化合理，突出主题；熟练使用剪刀等工具；会运用扎、糊、栓三种技法制作风筝，捆扎、粘贴牢固；风筝能起飞	□优秀 □良好 □合格 □不合格
劳动习惯和品质	认真完成劳动任务，劳动过程专注；能规范摆放剪刀等工具，能主动整理桌面，将废弃的材料投到相应的垃圾桶，自觉养成统筹规划的习惯；劳动过程安全规范	□优秀 □良好 □合格 □不合格
劳动精神	能在合作探究中形成创造性想法，具有勇于创新、不怕困难、精益求精的精神	□优秀 □良好 □合格 □不合格

（案例提供：朱玲霞，浙江省海宁市谈桥中心小学）

【案例分析】劳动技能测评是一种常见的劳动课程结果性评价方法。它以一个具体的劳动任务为基础，通过考查学生在完成该劳动任务过程中的表现来评价他们的劳动素养。上述案例中，首先，创建了一个真实的劳动环境，明确了任务的主要内容为制作和放飞风筝。其次，提出了劳动任务的要求。要求学生准备所需材料，通过合作的方式完成劳动任务，体现劳动主题，并对劳动成果提出具体要求。这样的评价要求不仅关注学生的劳动能力，还能反映学生对劳动的理解。要求学生在规定的时间内完成劳动任务，并对学生进行限时劳动测评，可以更好地考查学生在有限时间内的操作和运用劳动技能的能力。最后，使用劳动技能考查量表明确核心素养的表现特征。评价标准主要包括对学生设计、制作、成果和劳动过程中的表现等方面。教师通过观察评价，全面考查学生的劳动素养水平。通过明确的评价内容、可行的操作方法和统一的评价标准，可以对学生进行有效的阶段综合评价，全面了解他们的劳动素养表现。

（3）劳动技能比赛

阶段综合评价还可采用劳动技能比赛的形式进行。学校提前发布劳动比赛通知要求，确定劳动技能比赛内容及评价标准。学生可以个人参赛，也可以小组团队参赛。比赛采用选拔机制，择优参加更高一级比赛，如学校比赛或市县区比赛。通过比赛评价学生的劳动观念、劳动能力、劳动习惯、劳动品质情况，记录在学生的个人档案袋中，作为综合评价的重要参考指标。

2. 劳动成果展示

劳动成果是指学生通过劳动过程而形成的劳动结果。教师可以通过展示与评议的形式对学生的劳动成果进行阶段综合评价。

学校和教师可以针对学生在劳动过程中产生的物化结果，如研究报告、绘本集、自然笔记、科学小论文、摄影摄像等，分主题举办劳动成果展示；开办劳动讲坛，由各方面有特长的学生进行专题报告，以榜样的力量营造热爱劳动的氛围。

例如，七年级"校园劳动作品展评"，组织学生将自己一学期或一学年的劳动作品在全校进行展示，采用师生共评的方式对作品进行评定。

【案例4-3-4】校园劳动作品展评（劳动成果展示）

活动地点： 学校多功能厅。

参与学生： 全校七年级学生。

展示准备： 学生提前准备好劳动作品，如手工制作品、绘画作品、实验模型等。学校将为每位学生分配展示区域，并提供展示桌、展示板等必要设备。

展示环节： 学生在指定区域陈列作品，并准备摆放展示说明和展示素材。现场可进行演示或说明。

评议环节： 评议团由学校教师、校外专家和其他学生组成。评议团成员根据评选标准对劳动作品进行评议和记录。评议团从作品创意、技能表现、工作质量和呈现效果等方面进行评价，并记录评价结果。

（案例提供：宋薇，浙江省海宁市海昌初级中学）

【案例分析】 劳动成果展示是一种通过作品展示进行评价的方式。学生可以展示自己在劳动过程中所取得的成果和努力，并获得他人的认可和评价。上述案例是针对初中学生的劳动作品展评，以学生劳动中的手工作品、绘画作品、实验模型为主要内容，突破了常规的劳动范畴，将劳动与不同学科的作品整合在一起。

展评的形式多样，既展示劳动作品，也进行作品的演示与说明，丰富了劳动成果的表现形式。对劳动成果的评价也包括多个方面，除了评价学生在作品创意、技能表现、工作质量和呈现效果等方面的表现外，还鼓励学生互相参与评议，形成群体评价效应，促进学生之间的相互学习和成长。

学生通过劳动成果展示活动，充分展示了自己在劳动中的才华和努力，同时接受来自教师、专家和同学们的全面评价。这样的评价方式不仅激发了学生的创造力和积极性，也帮助他们更好地理解与应用劳动知识和技能。同时，学生之间的相互评价也促进了合作学习和交流，加强了彼此的互动与成长。

三、劳动课程阶段综合评价的结果呈现

劳动课程阶段综合评价的结果刻画了学生完成阶段性劳动课程学习后的劳动素养表现。结果的呈现既要注重过程记录，也要注重结果展示，通过劳动评价单、劳动报告单等形式，量化展示学生的劳动观念、劳动能力、劳动习惯和品质及劳动精神的发展情况。

下面以"学生劳动综合评价报告单"为例，通过跟踪记录学生在劳动必修课、劳动周表现与劳动测评中的表现，综合评定学生在劳动观念、劳动能力、劳动习惯和品质、劳动精神四个方面素养的达成情况。

【案例 4-3-5】学生劳动综合评价报告单（综合结果评价）

劳动课程	劳动观念	劳动能力	劳动习惯和品质	劳动精神
	□A □B □C	□A □B □C	□A □B □C	□A □B □C
劳动清单	□A（完成 80% 及以上）　　□B（完成 30%~79%） □C（完成 29% 及以下）			
劳动成果	＿＿＿＿＿条			
劳动周	□A（完成劳动周实践）　　□B（未完成）			
劳动测评	劳动项目	任务表现		表现水平
	（　　）项目	（优点与不足）		□A □B □C
特长表现				
综合评价结果	□A　　　　□B　　　　□C			
教师评语				

学生劳动综合评价报告单填写说明：

劳动课程	任课教师根据学生的课堂表现与学情记录册，对学生的劳动观念、劳动能力、劳动习惯和品质、劳动精神进行 A/B/C 等级评价
劳动清单	班主任根据学生家校联系本中记录的劳动清单完成情况进行填写
劳动成果	学生、家长或班主任对取得的劳动成果进行记录
劳动测评	根据具体项目评价标准进行劳动表现水平的总评，并对学生的任务表现的优点与不足进行一句话描述评价
特长表现	根据学生在劳动项目中的特长表现进行描述性评价，作为学生评选劳动标兵等的重要指标
综合评价结果	A：劳动课程有 3 项及以上为 A；劳动清单完成 80% 以上；有 2 条及以上劳动成果；劳动测评为 A。 B：劳动课程没有 C；劳动清单完成 30% 及以上；有 1 条及以上劳动成果；劳动测评不为 C。 C：未达到 B 等级要求
教师评语	对核心素养发展情况进行肯定与建议的描述性评价

（案例提供：浙江省杭州市大学路小学）

【案例分析】上述案例将过程性评价与结果性评价结合，实现对学生劳动素养全面、可靠的测评。案例中的评价报告单包括三个部分的结果呈现。第一部分围绕学生在劳动课程、劳动清单、劳动成果、劳动周中的表现，从核心素养的四个方面呈现过程性评价。第二部分依据劳动测评及特长表现呈现结果性评价。第三部分是综合评价，根据学生劳动发展水平，以量化形式和教师评语相结合，对学生的劳动素养进行整体评价。

此外，"学生劳动综合评价报告单填写说明"明确了各项内容的具体操作方法。其中，将综合评价结果量化，各项指标在劳动课程综合评价中占比也有所不同。综合评价结果（劳动发展水平）根据过程记录进行对应换算，并结合劳动测评结果，形成学生的阶段性综合评价结果中的劳动发展水平等第评价与描述性评价，较全面地评价了学生的劳动素养。

💡 教学建议

第一，评价要聚焦劳动素养要求，突出学生年龄特征和培养目标。首先，劳动课程阶段综合评价要根据学生的年龄特征和培养目标，差异化设置评价内容，充分考虑不同阶段、不同类型学生在劳动态度的稳固性、劳动强度的适应性、劳动难度的可靠性、劳动长度的坚持性、劳动广度的覆盖性等方面的差异。在内容上要注重理论知识和实践知识结合，基于国情与社会现实、时代变化等进行选择。其次，评价要围绕劳动素养，通过评价呈现学生劳动素养的达成情况，指出不足和改进方向。最后，评价要注重劳动教育课程内容设置的连贯性和顺序性，不同年级的学习内容各有侧重点，内容要随着学生学习的深入逐步增加难度。课程内容能够充分结合学生已有经验，进一步提高学生学习的主观能动性和创造精神。[①]此外，劳动课程评价也要关注劳动课程学科自身的逻辑特点，促进劳动教育的完整性与系统性。

第二，评价要基于劳动课程的特点，体现评价的实践性特点。劳动课程阶段综合评价是对学生劳动过程和成果进行的评价，旨在确定学生在劳动过程中的表现和进步，应体现劳动课程的实践性特点。评价的设计应以劳动实践、任务实施、成果展示为主要形式，帮助学生了解自己的劳动学习与实践状况，提出改进策略。

（1）要帮助学生了解自己的劳动学习与实践状况，发现自己的优势和不足之处，进而提出改进策略，提高自己的劳动素质和综合能力。在教学中，教师要关注学生的劳动学习与实践过程。评价应涵盖学生劳动学习与实践的全过程，包括劳动态度、劳动技能、劳动成果等方面。

（2）要采用多样化的评价方法，如课堂表现、作业、实践报告、现场观察、问卷调查等，以确保评价结果的全面性和客观性。

（3）要注重评价结果的反馈和改进。评价结果应该及时反馈给学生，指出学生在劳动学习与实践过程中的优势和不足之处，并提出相应的改进建议和措施。同时，评

---

① 朱艺，杨婕. 芬兰家政劳技课程设置经验及其启示［J］. 教育参考，2023（1）：61—66+71.

价结果也应该作为改进教学和培训计划的依据，帮助教师更好地指导学生，提高学生的劳动素养和综合能力。

（4）要尊重学生的个性和差异。教师要针对不同学生的劳动学习与实践状况，提出不同的改进建议和措施，鼓励学生提出自己的想法和意见，帮助他们更好地发挥自身的优势和潜力。

（5）要鼓励学生自我评价。为了使学生更好地了解自己的劳动学习与实践状况，教师应鼓励学生自我评价，在评价中了解自己在劳动学习与实践过程中的表现和不足之处，从而更好地改进自己。

第三，评价要借力信息技术手段，以丰富评价方式，提升评价效能。 在信息技术与数字化应用发展的当下，电子档案袋的评价也应是档案袋评价的形式之一。电子档案袋评价作为一种过程性评价方法，将学生的作品、反思、成长记录等材料整合到一个电子文件夹中，以此来评价学生的学习和成就。相比传统的评价方法，电子档案袋评价更加灵活、方便、全面，可以更好地反映学生的学习过程和成果。在劳动课程的过程性评价中，通过设计有效的电子档案袋，拍摄记录学生的过程性材料，收集和整理学生的劳动作品，可以引导学生更加关注自己的学习过程和成果。在使用电子档案袋时，教师应给予学生反思和成长的机会，让学生充分回顾自己的学习过程和成果，并发现自己的不足之处，进而主动改进和提高。

4-3-1

风筝制作测试方案

4-3-2

物流包装盒的设计与制作
（劳动技能大赛方案）

第五章
劳动周与劳动清单

问题提出

【现状点击】

学校设计了一份为期五天的劳动周方案，具体安排如下：

日期		活动安排
第一天	开幕式	学校领导致辞并宣布劳动周开始；劳动教育重要性主题展览和宣讲；学生代表现场演讲，分享学习体会
第二至第四天	集体劳动	全校师生分组在校园内开展集体劳动：植树、清洁校园、维护花坛等
第五天	创意比赛	手工制作、艺术设计等创意比赛

2020 年 3 月，中共中央、国务院印发的《关于全面加强新时代大中小学劳动教育的意见》明确提出："大中小学每学年设立劳动周，可在学年内或寒暑假自主安排，以集体劳动为主。小学低中年级以校园劳动为主，小学高年级和中学可适当走向社会、参与集中劳动。"2020 年 7 月，教育部印发的《大中小学劳动教育指导纲要（试行）》也提出："大中小学每学年设立劳动周，采用专题讲座、主题演讲、劳动技能竞赛、劳动成果展示、劳动项目实践等形式进行。"

各地学校纷纷开展劳动周实践，但在劳动周方案的顶层设计上却存在诸多问题，影响了劳动周在学校内的落地和实施效果。

一是劳动周主题缺乏导向。很多学校对"劳动周"的理解不到位，简单地将其定位为"学生参加劳动的一周"。在设计劳动周方案时，重点关注要安排哪些劳动内容，往往忽略了劳动周主题的设定。有些学校虽然设定了劳动周主题，但主题和内容不匹配。这就造成劳动周方案只注重学生劳动技能的传授和习得，不注重学生劳动观念和劳动精神的培养，同时缺乏时代特征和新形态劳动，使劳动周应有的价值引领和价值导向作用得不到有效发挥。

二是劳动周内容不够系统。由于缺乏劳动周主题的引领，很多学校在劳动周内容的设计上，只停留在学生大扫除、整理教室、翻土种植等方面，既缺乏新意又不够全面，往往偏向于"清洁与卫生""整理与收纳""农业生产劳动"等几个任务群。同时，活动形式不够丰富，不少学校只在劳动周安排了一些劳动竞赛。此外，很多学校不注重学科融合，与劳动教育"在劳力上劳心"的要求相差甚远，劳动周的教育作用事倍功半。

三是劳动周时间不够科学。由于学校每学年必须开展一次劳动周活动，且劳动周要持续一周左右，时间跨度较长。因此，很多学校随机选择劳动周的时间，往往会把劳动周安排在工作相对较少的一周。对劳动周的安排往往是当前能开展什么活动就开展什么活动，什么活动简单就开展什么活动，今天安排这项劳动，明天安排那项劳动等。劳动周任务设置零散，劳动任务浅尝辄止，缺乏联系与衔接。

四是劳动周资源缺乏统筹。不少学校在设计劳动周方案时，没有利用好已有的各类活动资源，缺乏统筹。很多学校没有积极与家庭和社区紧密合作，对学校周边有哪几个企业的哪些岗位可供学生实践，家长中有哪些劳动能手等信息掌握得不够全面。在劳动周实践区域选择上，以校内实践为主，常围绕学校劳动教室和种植基地等做文章，很少向家庭和社区延伸。即使组织学生到校外劳动，出于安全等因素的考虑，一般采取就近原则，这就造成各校的劳动周方案内容单薄，同质化问题明显。

问题分析

一、劳动周的界定

劳动周是指每学年设立的、以集体劳动为主的、具有一定劳动强度和持续性的课外、校外劳动实践时间。设立"劳动周"是贯彻新时代党的教育方针，落实中小学劳动教育的重要举措，也是学校劳动教育的主要途径之一。它是劳动课程的重要组成部分，也是劳动必修课的有益补充，能拓宽劳动教育途径，促进学校与家庭、社会形成劳动教育合力。劳动周是推进学校以劳树德、以劳增智、以劳强体、以劳育美的重要载体。

举办"劳动周"主题实践活动，有助于学校准确把握劳动教育价值取向，打通学校与社会的联系，能引导学生在劳动实践中形成良好的劳动习惯，具备必要的劳动能力，树立正确的劳动观念，发展基本的劳动思维，塑造优秀的劳动品质，进而全面提升劳动素养。

二、劳动周方案的制定

《劳动课程标准》从劳动周的主题选择、内容设计、时间安排和资源利用四个方面，对劳动周的设置提出明确要求。因此学校在规划劳动周时，必须精心设定劳动周的主题，科学选择劳动周的内容，充分保证劳动周的时间，有效利用劳动周的资源，使学生通过一定强度和难度的劳动，有效提升劳动意识、劳动习惯和劳动能力。

三、劳动周方案的价值与意义

由于劳动周的组织形式是集体参与，教学活动采用劳动实践的形式，时间安排上又是集中时段，因此设计合理、完善的劳动周方案，有助于学校有目的、有计划地进行劳动周建设，确保劳动周的常态化有序实施；有助于在劳动周内容的创新和专业化，以及劳动场地的统筹等方面，做出更细致的安排，提高劳动周的质量。当前不少学校在开展劳动周时存在走过场的现象，学生对劳动印象不深，劳动技能掌握不牢。设计合理、完善的劳动周方案有助于学生在真实的劳动情境中学会劳动，热爱劳动，懂得劳动的意义，进而形成良好的劳动习惯和正确的劳动价值观；也有助于统筹学校、家庭和社会的劳动教育资源，构建"家校社"协同育人的劳动教育体系。

🖨 问题解决

在中小学校设置劳动周活动，具有十分重要的意义。劳动周活动的顺利实施及其成效的取得，关键在于学校在劳动周实施前进行周密的谋划和认真的布置。

一、劳动周的主题：注重价值引领，立足生活实际，体现学段联系

为避免劳动周内容散乱、随意的问题，体现劳动周劳动育人、实践育人的效果，实现劳动周对学生劳动价值观的培育和劳动精神培养的目标，劳动周活动应由主题引领并贯彻始终。劳动周的主题有多种形式，可按素养引导确定主题，如"三百六十行，行行出状元"；可按具体任务确定主题，如"走进美丽乡村"；还可以两者兼而有之，如"幸福是奋斗出来的——争当劳动小能手"。

不管是哪种主题，都要注重价值引领。价值引领的目标主题是劳动周建设的引擎和支点。没有这个引擎，劳动周建设引发不出来；缺乏这个支点，劳动周就无从着力。[1] 此外，劳动周主题的选择，可以结合学生现状、学校生活等实际，可以在劳动周开始前，组织学生讨论，共同参与确定劳动周主题与计划；可以根据不同年龄段学生设置不同的主题，以适应学生的年龄特点；也可以根据学校的地域位置和周边企事业单位分布以及当地社会生产实际等，进行选择和规划，宜工则工，宜农则农。同时，既要考虑传统技艺劳动，也要考虑新形态劳动，将传统技艺和现代科技相互结合。

另外，还可以在不同学段安排同一个主题，但应注意体现劳动任务的持续性，同时，在劳动内容、强度和方式上体现进阶性，让学生在持续性的劳动过程中养成良好的劳动品质。

【案例 5-1-1】"劳动最光荣，我们爱劳动"劳动周主题的设计

（一）指导思想

以习近平新时代中国特色社会主义思想为指导，全面贯彻党的教育方针，紧密联系学校和学生实际，积极探索具有本校特点的劳动教育模式，注重教育实效，实现知行合一。

（二）活动主题

以"劳动最光荣，我们爱劳动"为主题，开展"文博小学劳动周"活动。通过丰

---

[1] 戴君. 中小学劳动周建设的价值分析与推进策略 [J]. 中小学德育，2022（10）：67-70.

富多彩的活动，唱响劳动最光荣的时代旋律，激发学生"自己的事情自己做、大家的事情共同做"的合作意识，形成热爱劳动、热爱班级、热爱学校的主人翁精神。

（三）活动目标

聚焦日常生活劳动，围绕劳动意识的启蒙，让学生学习日常生活自理技能，养成自己的事情自己做的习惯。同时，感知劳动乐趣，知道人人都要劳动。

（四）活动安排

日期	主题	主要内容
5月8日	生活自理小能手	劳动周启动仪式
		学会垃圾分类和整理自己的书包、书桌
5月9日	公益服务我最棒	走上街头，参与公益劳动
5月10日	校长礼物成果展	将开学时种植的波斯菊盆栽拿到学校内展示，分享养护经验
5月11日	校园劳动显身手	使用抹布、拖把、扫把等劳动工具清洁校园
		开展整理书包、书桌和擦窗户技能比赛
5月12日	评比劳动小达人	以班级为单位，整理展示各项劳动实践活动成果，交流经验感受，评选"劳动小达人"

（案例提供：董学君，浙江省杭州市萧山区文博小学）

【案例分析】上述案例中，学校将"劳动最光荣，我们爱劳动"作为学校劳动周的主题。该主题能联系学生生活实际和年龄特点，针对小学生不愿劳动、不会劳动的现状，聚焦劳动观念启蒙和劳动能力培养。学校围绕劳动周主题设置了形式多样的劳动周活动，唱响了"劳动最光荣"的时代主旋律，不仅能使学生通过劳动实践，掌握相应的劳动技能，而且能促使学生形成"自己的事情自己做、大家的事情共同做"的劳动意识，有助于帮助学生形成热爱劳动、尊重劳动的正确观念，充分体现了劳动周主题的价值引领作用。

二、劳动周的内容：丰富劳动类型，扩展活动形式，关注学科融合

《劳动课程标准》指出，劳动周的内容安排要"围绕劳动主题的意义构建，设计一系列劳动任务，促进学生在完成任务和解决问题的过程中发展核心素养"。劳动周相较于劳动必修课程，其持续的时间更长，学生有更多的时间去实践和体验，劳动周任务更加注重精细化、专业化和创新性。因此，劳动周的内容可以突破劳动必修课程对劳动场域和劳动时间的限制，设置更为丰富多样的劳动类型，可以多安排那些平时在课堂上或在学校和家庭中不能完成的劳动任务。

劳动周时间长、任务多，在安排劳动任务时，要做好目标任务分解和分工合作安排，特别要注重任务的序列化。

首先，要确保各任务循序渐进、相互关联、互为支撑。一般按照劳动实施的自然顺序来安排，也可以按照劳动专题，确定劳动内容，分解劳动任务。同时，要考虑劳

动强度和难度，以适应不同年段学生的能力水平和年龄特点。

其次，要尽可能丰富活动形式，可以采用劳动实践、技能竞赛、听取讲座、成果展示等不同形式的活动，提升劳动的趣味性，促进学生在多样化的劳动任务中获得丰富的劳动体验。

最后，要让学生在实践探索中获得体验，加强创造性思维能力的培养。要注重劳动任务的综合化，可以在一个劳动周设置多个任务群任务；也可以锁定一个任务群，设置多样劳动任务。要注重劳动内容和其他学科的有机融合，引导学生通过分工合作，运用多学科的知识和技能来解决劳动中遇到的各种问题，在出力流汗的过程中提升劳动素养。

【案例5-1-2】"打造工匠校园"劳动周内容的安排

（一）劳动周目标

全面聚焦"工匠校园"打造，以"劳动周"为契机，开展"三个一"系列活动，即一次校外工匠作坊体验、一次校内工匠工艺实践、一次劳动技能比赛。通过校内与校外相结合，观摩与实践相结合，搭建多元载体，丰富活动形式，引导学生学习劳动知识和技能，培养学生良好的劳动态度和精神，积极创建劳模工匠校园，推动劳动教育走向深入。

（二）劳动周内容

	校外工匠作坊体验		校内工匠工艺实践		劳动技能比赛	
年级	项目	活动内容	项目	活动内容	项目	活动内容
一年级	做烧饼	了解器具及原料，观摩做烧饼的过程	花灯制作	花灯介绍、过程观摩，学习剪制装饰纹样	剪纸	现场剪纹样，按速度和美观度打分
二年级	做面	了解机器面、索面、番薯面、手切面的加工过程	面食体验	认识材料、工具，学习和面	和面	现场和面，按速度和质量打分
三年级	竹器制作	认识竹器类别，观摩竹器制作过程	裁缝体验	认识工具、量尺使用，现场裁剪布料、缝纽扣	钉纽扣	现场钉纽扣，按速度和质量打分
四年级	做工艺品	认识工艺品制作工具，观摩制作流程	香包制作	造型设计、原料设计、缝制观摩	缝制香包	现场缝制，按速度和质量打分
五年级	做豆腐	了解豆腐篮、豆腐袋、石磨，认识豆制品	磨制豆浆	认识工具，学习使用小石磨磨制豆浆	磨制豆浆	现场使用小石磨磨制豆浆并清洗整理，按方法、效果打分
六年级	榨油	了解榨油过程、学习榨油方法及变迁	木匠	学习刨木板、锯木头，尝试制作小板凳	锯木头	现场锯木头，按速度和质量打分

（案例提供：浙江省台州市仙居县官路镇中心小学）

【案例分析】上述案例中，学校能围绕"打造工匠校园"这一劳动周主题，为不同年级设计了一系列劳动周活动。在劳动场域的选择上，既有校外的工匠作坊体验活动，又有校内的工匠工艺实践活动，实现了校内与校外的结合。在体验和实践活动的选择上，能以传统技艺传承为主线，根据工艺的难易程度进行统筹安排，各年级的活动循序渐进，体现了任务的序列化，较好地适应了不同年级学生的劳动能力水平。除体验和实践项目外，劳动周还安排了劳动技能比赛。这些技能比赛涵盖了多个劳动任务群，极大地扩展了劳动周的活动形式，丰富了学生的劳动体验。

　　总体来说，学校在劳动周内容的设置上，通过搭建多元载体，丰富活动形式，帮助学生了解常见工匠种类，掌握工艺制作流程，有效提升了学生的劳动意识。同时，也拓展了劳动周意义的深度和广度，进一步提升了劳动周实效性，同时也体现了学校特色，全面夯实学生劳动知识和技能。

三、劳动周的时间：结合时令节日，梯度设置时长，全校统筹考虑

　　由于劳动周是安排在课外、校外的集体活动，劳动任务多，各个劳动项目和劳动任务相互关联。为了确保劳动的连续性，劳动周的实施时间宜相对集中，一般安排在一个星期内完成，学校应提前做好活动计划和具体安排。在安排频次上，学校可以根据劳动教育的整体实施计划，一个学年设立一次劳动周活动。在安排时机上，可以与学校特色活动相结合，如科技节，爱心义卖等；也可以同一些纪念日相结合，如植树节、学雷锋纪念日等；还可以根据学校所在地域进行安排，如农村学校可以将劳动周和农忙、秋收等结合起来。在设置时长上，要考虑到不同学段学生的身体和能力特点进行梯度设置。例如，低年级学生每天可以安排半小时的集中劳动，中高年级每天可以安排 2 节课左右的集中劳动，而初中、高中学生每天可以安排时间更长的集中劳动，并将劳动周安排在寒暑假等时间进行。不同年级的劳动周活动可以安排在同一时间进行，这样既便于学校统一安排，也可以发挥高年级的榜样示范作用，让不同年级学生在互帮互学和劳动合作过程中，掌握劳动技能，促进劳动育人价值的实现。

【案例 5-1-3】"秋收时节蔗糖甜"劳动周时间的选择

　　劳动周目标：在这秋高气爽、硕果累累的季节，学校结合丰收节组织开展劳动周活动，以培养学生正确的劳动观念，提高学生的劳动技能，使学生在动手动脑中提高创新意识和实践能力，促进学生全面发展。

　　劳动周主题：劳动最光荣·幸福我创造。

　　劳动周时间：11 月 7 日—11 月 11 日。

　　5~6 年级具体安排如下：

学段	时间	劳动内容	素养目标
5~6年级	5天	第一天：参与学校丰收节，到学校种植基地使用刀具，安全、正确地收获甘蔗。使用钉耙等简单平整土地。 第二天：学习甘蔗清洗和处理方法。在学校厨艺间学习使用甘蔗榨汁机进行甘蔗榨汁。 第三天：了解用甘蔗汁熬制红糖的方法和要领。在学校厨艺间用电磁炉、锅等工具把甘蔗汁熬制成红糖。 第四天：在学校厨艺间使用熬制的红糖制作"红糖花生"等美食，在这个过程中掌握油炸、蒸制等烹饪方法。 第五天：持食品卫生许可证、健康证、工商营业执照，在社区农贸市场售卖制作的美食。 总结、交流劳动周的感想和收获	通过全程参与甘蔗的收获、加工与销售，体验出力流汗的劳动过程，了解并掌握农产品加工知识和方法，感受农业生产劳动的艰辛和愉悦。体会农产品加工的价值，更加懂得劳动中分工与合作的重要性。学会珍惜劳动成果，养成良好的劳动习惯和品质

（案例提供：曹思轶，浙江省杭州市萧山区义桥镇第二小学）

【案例分析】劳动周时间的安排，包括劳动周启动时间和劳动周持续的时间。案例中的学校能根据当年秋季种植基地里甘蔗的成熟情况，适时举办丰收节，并将丰收节作为劳动周的开端。这样的设计，非常巧妙地把学校特色活动与劳动周结合起来。

在劳动周时长的设置上，学校也做了精心安排，根据不同年级学生的能力水平，以及不同劳动任务的强度和难度，合理设定劳动周时长。学校能有效利用丰收节所收获的甘蔗，在5天时间里，组织中高年级学生开展持续性、多样化的劳动。学生既能经历出力流汗的劳动过程，又能感受农产品加工的价值，形成珍惜劳动成果的良好品质。

四、劳动周的资源：打破场域限制，利用多样活动，联系校内校外

劳动周的资源包括场地资源、活动资源、教师资源等。由于劳动周主要是在课外、校外开展的，因此在劳动周的资源利用上，要注重统筹学校、家庭和社会的现有资源。

在活动场地资源方面，如果是校内劳动周活动，可以利用食堂、图书馆、种植基地、绿化带、劳动专用教室、班级、走廊、廊架等场所和区域。如果是校外劳动周活动，学生家庭的阳台、露台，学校周边的工厂、农田、纪念馆、养老院、商场及当地教育主管部门设立的青少年劳动实践基地等，都是可供利用的场地。例如，家庭可以开辟阳台、露台"种植角"，纪念馆可以设置"服务岗"。学校可根据不同的场所和空间，设计劳动周实施方案，开展个性化的劳动周活动。

在活动资源方面，除了可以结合学校的科技节、爱心义卖等活动外，还可以利用所在地开展的民俗活动、美丽家园活动、新农村建设等，对劳动周进行系统、整体安排。

在教师资源方面，除了劳动课程教师外，还可以聘请学校的花工、有特长的家长、当地的非物质文化遗产传承人、经验丰富的工人、农民、科研人员等担任指导教师。

【案例 5-1-4】 "绿色、生态、自然" 劳动周资源的挖掘

日期	板块		活动内容	人员
星期一上午	启动仪式		1. 宣布劳动周活动内容；2. 全体动员	全体师生
星期一至星期五	劳动启蒙		1. 行为习惯培养；2. 日常劳动技能训练；3. 参观劳动基地；4. 劳动小能手竞赛	一年级 二年级
	鹤丰童耕		1. 鹤丰童园参观；2. 了解蔬果种植知识；3. 家长协助开垦未使用土地并播种；4. 收获已成熟作物；5. 品尝、分享劳动成果	三年级
	科技种植	浸种分盘	1. 大棚场地的卫生清理；2. 前期材料准备、分发，人手一份；3. 置物架的分工安排	四年级
		浇水管理	1. 学生的分组和纪律的强调；2. 小组分工和观察、记录、拍照；3. 多个品种的认识	
		收获分享	1. 收获劳动果实；2. 烹饪、品尝、分享劳动果实	
	多肉科普	扦插分盘	1. 准备劳动工具；2. 学习扦插分盘技巧；3. 尝试多肉扦插分盘；4. 家、校多肉养护	五年级
	鹤茗茶香	采茶乐	1. 邀请茶农指导，了解采茶技巧；2. 茶园分块、工具准备；3. 采茶技术比拼；4. 称重颁奖	六年级
		制茶工艺	1. 邀请茶农指导，了解制茶机器的名称、功能及使用；2. 布置制茶工作坊；3. 操作制茶机器，人员分工；4. 尝试使用各种制茶机器制茶；5. 半成品展示	五年级
		茶艺佳人	1. 了解茶学的历史、文化和传承；2. 了解各类茶的特性、做法、历史故事、来源传说等；3. 品茶，了解如何区分各类茶品；4. 茶艺学习与实践；5. 茶艺展示	四年级
星期五下午	分享会		1. 学生在校内和社区展示、分享、售卖一周的劳动成果；2. 教师总结	全体师生

（案例提供：浙江省丽水市景宁县鹤溪小学）

【案例分析】 上述案例中，学校在设计学校劳动周活动时，对校内的场地资源和活动资源进行了充分挖掘。能依托学校教室、种植大棚、茶园、制茶工坊等劳动场域资源，根据不同学段学生的能力特点，因地制宜地设计日常劳动训练、果蔬种植、多肉扦插、茶叶采收、机器制茶、茶艺实践、成果售卖等形式多样的劳动内容。这些劳动既有动手流汗的传统项目，也有借助机械设备的现代工业劳动项目，较好地把日常生活劳动、生产劳动和服务性劳动有机融合，劳动任务的难度也层层升级，引导学生综合运用所学知识和技能解决实际问题。

在该方案中，操作采茶机器、扦插多肉植物、栽培蔬果等会涉及较多的专业知识和技能。学校充分挖掘指导教师资源，将茶农、园丁、有经验的家长等发动起来，参与对学生劳动过程的指导，从而帮助学生较好地完成了劳动周劳动任务。另外，学校还让学生把扦插好的多肉植物带回家去养护，让学生为家长泡一杯香茶，到社区农贸市场持证售卖自制美食等，用这样的设计打破了劳动周的场域限制，把学生学习和生

活实践较好地联系起来。

💡 教学建议

劳动周的设立，为学生持续开展劳动实践体验提供了必要的条件和保障。学校要设计符合实际的劳动周方案，就要树立敢于创新、立足服务学生的思想，周密安排，建立家、校、社联动机制。

第一，围绕主题，提升素养。劳动周内容的选择一定要围绕劳动周的主题。学校和教师可以根据劳动周主题，设计涵盖多方面学科知识的多样劳动内容和劳动任务。这些内容和任务之间应该互相关联、互为支撑，并且涵盖多个劳动任务群。同时，要采用多样的劳动形式，让学生在完成这些任务过程中，学会综合运用各类知识，提升劳动素养。此外，在设计方案时，要合理设置集体劳动和个体劳动的比例，既能让学生在集体劳动中学会合作、统筹，树立正确的劳动观念，又能让学生在独立解决问题的过程中，形成良好的劳动品质和精神。

第二，提前规划，周密计划。劳动周时间的确定，应根据学校整体劳动教育方案提前规划，尽可能将各年级的劳动周安排在同一时间，以便在校内形成良好的劳动氛围，但要注意分散与集中两种形式的合理安排。同时，可以将劳动周活动和节假日等课外时间有效利用起来，也可以与学校其他实践活动或节日结合起来，减少学校和教师的工作强度。另外，劳动周持续的时间比较长，一些劳动任务会受到天气等因素影响，在设计劳动周方案时，要有备选预案，便于随时调整，确保学生能完整地经历整个劳动过程。

第三，三方协同，优化资源。在设计劳动周方案前，学校可以通过向学生、家长发放问卷调查等方式，对家庭、学校、社会三个方面可利用的劳动实践场所和资源进行一次较全面的梳理。弄清学校周边的什么农场可以向学生开放，哪个工厂有适合学生安全体验的岗位，哪些家长具有劳动特长等。便于学校有针对性地选择劳动实践场地和环境，邀请专业人员进行指导，体现学校劳动教育和家庭、社会的联系，实现劳动教育资源的优化和最大化。

第四，及时总结，不断优化。在设计劳动周方案时，学校和教师要善于总结优秀经验和方法，要考虑加强新活动与已有实践活动的结合，可以将以往劳动周活动中受师生、家长欢迎的，或是教育效果好的劳动主题或劳动项目持续做下去，通过长周期的劳动实践，让学生在完成一系列劳动任务和劳动项目的过程中，养成良好的劳动品质。与此同时，学校也应把握时代脉搏，时刻关注现代社会对个人劳动素养的要求，在将学校传统劳动项目发扬光大的同时，要敢于创新，把新型劳动、现代科技等元素纳入进来。

5-1
劳动周掠影之"金秋时节蔗糖甜"

问题提出

【现状点击】

　　学生排队进入操场进行劳动展示：一年级叠衣服，二年级系鞋带，三年级折雨伞……每位学生迅速完成劳动项目后，举手示意。教师在一旁计时、登记、拍照。活动结束后，颁发"劳动技能小达人"奖状，劳动周就此闭幕。

　　劳动周作为学校劳动课程的重要组成部分，与每周至少 1 课时的劳动课不能相互替代。《劳动课程标准》明确要求，劳动周的组织与实施要"周密计划和组织动员，注重各方面衔接，重视劳动实践的内化，切实保障劳动安全"。《劳动课程标准》同时强调，"劳动周活动的顺利实施及其成效的取得，关键在于学校劳动周的实施必须周密谋划、认真布置、安全实施"。

　　如何确保劳动周常态化开展并有序实施，是我们要思考的重要课题。目前各学校如火如荼地开展劳动周，对学生劳动能力的提升产生了积极的成效，但也不乏存在一些问题。

　　一是方案执行缩水化。根据《劳动课程标准》，学校应按照 5 天的时间组织和实施劳动周。然而，不少学校在实际执行时，时间缩水严重。一方面，担心劳动周影响其他学科的教学进度，每天只安排少量的时间组织学生开展劳动实践，且以劳动项目展示的形式为主。有时还因天气等各种突发因素，取消既定的劳动实践任务。另一方面，为减轻组织和实施的压力，只安排部分同学参与校外劳动项目，且多以短时间的参观、游学为主。

　　二是各方衔接松散。劳动周是对劳动教育实施途径的丰富和拓展，势必关系到与已有劳动空间、劳动内容、劳动时段的衔接。然而，很多学校没有重视这些方面的衔接，导致劳动周的活动空间受限于校内，劳动内容与学生已有基础不符，劳动时段与学校劳动课程脱离。此外，劳动周的组织和实施还涉及学校与社区、企业等校外单位的工作衔接。不少学校对劳动周组织、协调、指导和管理没有明确的人员分工，致使活动实施过程出现混乱，甚至没有提前做好突发事件的应急处理预案，一旦发生意外情况，无法及时处置。

　　三是劳动实践缺内化。当前，劳动周的组织和实施较多关注学生出力流汗动手做，忽视动脑想、用笔写，缺乏劳动观念、劳动品质、劳动精神的体认过程，难以促进学生核心素养的发展。要发挥劳动的综合育人价值，需要学校充分考虑劳动情境性、综合性和实践性的特点，优化劳动活动组织方式。在劳动周实施过程中，有些学校仅关注学生劳动技能的掌握，未重视学生创造能力的培养与劳动品质的发展。

四是劳动评价形式化。劳动教育活动的评价关系到劳动周的实施成效。然而，不少学校把颁发劳动技能比赛奖状作为重要的评价手段。这种评价方式属于终结性评价，评价没有伴随劳动周实施的全过程，没有充分发挥评价的激励导向作用。此外，学校未针对不同学段，灵活使用多种评价方法进行评价，对学生的评价较为单一，仅关注学生劳动技能的习得，未注重学生劳动素养的提升。

🔑 问题分析

一、周密计划是劳动周组织与实施的前提

劳动周是一项系统工作，所涉及的人、财、物、事，以及时间、空间等要素都要统筹安排、周密计划。安全重于泰山。劳动周计划必须把安全保障工作设定为首要任务和中心任务。在安全方面，劳动周组织和实施的压力来自多方面：一是劳动周的周期较劳动课相对长，一般一周左右；二是劳动周是持续性的劳动活动，任务较为复杂，劳动强度较大；三是劳动周以集体劳动为主，学生劳动范围相对集中；四是劳动周的场域以室外和校外为主。同时，安全风险不容忽视。综合分析，劳动周组织和实施过程的安全保障涉及劳动环境安全评估、劳动过程安全保障、师生劳动安全教育、劳动安全应急处置机制等，这些都需要学校进行周密计划。

二、资源协同是劳动周组织与实施的核心

劳动周能否顺利开展，离不开劳动资源保障。劳动资源包括劳动场域资源、组织和指导人力资源、劳动设备和材料资源等。劳动资源是开展劳动实践的基础和核心。离开劳动资源的保障，劳动周活动的开展就成为无源之水、无本之木，无所依托。劳动教育的教师资源也是需要重点统筹和利用的资源。学校可以通过自主培养或利用本地的优秀工匠、非遗传承人、专业农民、生产能手等师资资源，指导好学生劳动周活动。总之，劳动资源的保障离不开各方协调与配合，要建立家校社一体化体系，统筹使用资源，盘活闲置资源，利用已有资源，共享重要资源。

三、评价激励是劳动周组织与实施的关键

和其他教育教学行为一样，劳动周的评价也是教学重要的一环。学生对劳动周的期待和认同，以及学生对劳动周的投入程度，都与教师如何评价密切相关。因此，劳动周的评价重在发挥激励作用。教师要采取有效措施，激发学生的劳动热情，多鼓励少批评，有意识地激发学生的好奇心和挑战欲。教师要对学生的劳动表现进行及时评价，并采用可视化的评价策略，使学生获得劳动表现的即时反馈。此外，教师还要做

好劳动周的综合评价。教师应结合学生在劳动周活动过程中的劳动态度表现、劳动技能掌握、合作精神呈现、劳动成果优劣及劳动价值体认等方面进行综合评价，以等次和评语相结合的方式对学生的劳动综合表现进行科学评定，并作为学生综合素质评价的重要参考。

问题解决

一、明晰周密计划，凝聚各方共识

1. 创设真实情境，积极组织动员

真实而有意义的情境能促使学生形成对劳动周的积极期待和良好情感。在真实的劳动情境中，学生通过自主建构、基于证据的分析以及合作探究与对话，进行有意义的劳动参与。因此，劳动周开始前，学校应注重情境的创设，以班会、启动仪式、校园小剧场等形式，多渠道、多领域、多层次带领学生进入劳动情境。教师可以从学生在实际生活和社会生产实践中可能面临的问题出发，提出具有真实性的、能激发学生探究兴趣的驱动性问题，让学生产生共情，促进学生积极主动和全身心地投入劳动周。同时，要做好充分的动员教育，使学生理解劳动主题的意义，明确劳动周的任务及要求。

【案例 5-2-1】"建造一座属于童年的美食小镇"劳动周启动阶段

每年儿童节，大成小学都要开展"食育节"，学生自己动手制作美食，在美食小镇上持证售卖。五月中旬，学校课程中心联合大队部着手制订"建造一座属于童年的美食小镇"主题劳动周计划，并随即启动动员工作。其中，为"食育节设计成长币"是启动阶段一项重要任务。学校向全体学生发出征集通知，鼓励大家积极向组委会投稿，录用的"成长币"设计方案，将被制作出来，用于美食小镇上流通。学校美术组进行集体备课，根据学段特点在每个年级美术课中增加"成长币设计"课程。学校还邀请家长作为评委，与教师代表、学生代表一起参与作品评选。最终入围的"成长币"在学校大屏幕上公示，并对创作者进行表彰。

食育节"成长币"设计征集					
学校		班级		姓名	
作品原稿					

作品设计评价表			
评价项目	自评	家长评	教师评
设计能力　横版布局			
设计新颖			
色彩搭配			
画工细致			
童真童趣			
融合校园文化特色			

（案例提供：江狄龙，浙江省衢州市柯城区大成小学）

【案例分析】真实的情境创设能让学生对劳动周产生积极的期待。这种心态上的准备和投入，能够产生积极的情绪价值。案例中的学校，通过"为食育节设计成长币"的方式，调动教师、学生、家长的积极性，为劳动周的开展奠定了基础。一方面，让学生在启动阶段开启了真实的劳动任务，学生设计的"成长币"将有可能在美食节上作为"货币"流通，对学生的劳动投入产生积极的意义。另一方面，通过技术支持、评价参与等形式，吸引教师、家长的参与，实现了多方总动员，给予学生充分支持的同时，还使"食育节"在正式开始之前就已经火起来。

2. 根据任务阶段，提供必要支持

劳动周的不同阶段，劳动实践形式不尽相同。一般来说，准备阶段开展劳动项目所需的知识、技能、观念、规则等讲解示范；实施阶段进行劳动技能的淬炼、劳动任务的完成；反思阶段展示劳动成果，理解劳动实践的价值与意义。学校和教师在组织和实施劳动周前，应根据项目任务在不同阶段的内容，有针对性地做好准备工作，为劳动周的开展提供必要支持。在任务启动前，可以提供信息化教学设备和教学资源，给学生做好必要的知识、技能的讲解和示范，以及进行相应的安全教育。在任务完成后，为学生提供搭建展台所需的场地、工具和材料等，协助学生根据劳动项目特点布置成果展。

【案例5-2-2】"同心月饼"劳动周组织与实施片段

恰逢中秋将至，吃月饼是学生特别期待的中秋习俗，但每年的月饼造型和口味大同小异，没有太多创意。如何制作有意义、有意思的月饼呢？

在劳动周准备阶段，学校组织了一场头脑风暴，分析这个驱动性问题背后涉及的子问题。考虑到学生缺少查找资料的途径，项目负责人提前与信息技术组沟通，利用午休时间，在教师的协助下，学生到机房上网查阅资料，开展小组讨论。通过查阅资料和头脑风暴，学生构建了涉及语文、数学、美术、科学、信息技术等学科的项目化学习问题链（图5-2-1）。

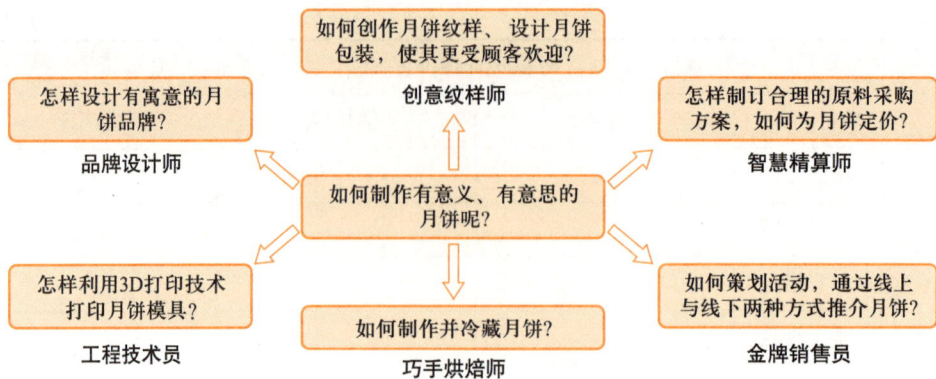

图 5-2-1 "同心月饼"项目化学习问题链

在劳动周启动阶段，学校在图书中心召开中秋故事会，学生浸润在传统文化中，欣赏月饼设计创意纹样；实施阶段，学生在烘焙教室亲手制作月饼，学习安全使用烤箱、电子秤、打蛋器等劳动工具，掌握了劳动技能；反思阶段，学生将月饼的销售额捐给中国福利基金会，体认了劳动的价值和意义。

（案例提供：杨燚，浙江省衢州市柯城区大成小学）

【案例分析】上述案例中，学校为了确保劳动周任务的顺利实施，在任务的不同阶段为学生提供了必要且有力的支持。这些支持有的是场所、工具层面的，在准备阶段为学生提供查找信息的场所和工具，在实施阶段为学生提供烤箱、电子秤、打蛋器等劳动工具。有的支持是方法、途径层面的，在展示和反思阶段，教师引导学生通过中国福利基金会的官方网站获取捐赠方式，并得到了基金会颁发的捐赠证书。这些支持都基于对劳动周的细致安排，目的都是帮助学生达成劳动目标，实现对劳动任务的有效组织和监控。

二、实施序列任务，内化劳动实践

1. 融合学科知识，注重手脑并用

《劳动课程标准》强调坚持育人导向，提出"注重挖掘劳动在树德、增智、强体、育美等方面的育人价值"。劳动周的实施不仅承载着劳动素养达成的目标，还肩负着"五育"融合的育人使命。劳动是一门综合性较强的学科，在解决劳动过程中遇到的问题时，往往要运用到不同学科的知识。因此，劳动周的实施要强调知行合一，除了出力流汗之外，动脑思考也是重要的劳动形式。教师要引导学生基于科学原理和学科知识进行劳动实践，帮助学生在劳动中建构知识与能力体系，实现知识与技能的迁移，促进学生综合素养的提升。对于涉及多学科的复杂劳动任务，学校可成立指导团队，将其他学科教师引进劳动周的实施工作中，形成教育合力。

【案例5-2-3】"搭竹桥"劳动周实施片段

"搭竹桥"项目共三个任务，在组织实施过程中，各任务都运用了相关学科的知识

进行劳动实践，解决实际问题。

任务1：锯竹竿做桥面。教师引导学生充分利用身边的材料和工具，学习用锯子等工具将竹竿截成长短一致的竿子，用于接下来铺设桥面的材料。

任务2：建竹桥模型。这个任务涉及数学中的图形和计算。教师提供不同类型桥梁图片供学生参考，引导学生根据自己的设想进行竹桥设计，引导学生重点关注桥墩的设计。接下来，学生根据桥梁造型估算不同长度竹竿所需的数量，若数量不够则重新执行任务一。

任务3：合作分工组建竹桥。小组成员一起用麻绳固定桥面、桥墩，并用砝码测试竹桥的承载力。教师引导学生根据"三角形稳定性"的知识，在桥梁受力处增加支撑以提高稳固性，学生进行调整并再次进行测试和记录。

（案例提供：章振乐，浙江省杭州市富阳区富春第七小学）

【案例分析】苏霍姆林斯基认为，体力劳动与智育是紧密相连的。他充分肯定了劳动，特别是手工劳动在提高学生抽象思维和创造性思维上所发挥的重要作用。提倡"手脑并用"的教育模式，手使脑得到发展，变得更加聪慧；脑促进手的灵活，使它成为创造性工具。[①] 上述案例中的三个任务看似简单，但是关联数学、科学、美术等学科，学生需要调动多学科知识才能完成搭竹桥项目。对于任务2，学生不仅要调动数学等学科知识进行设计，还要运用统筹思维，判断任务1中生产的竹竿数量是否足以支持桥梁搭建，这是典型的脑力劳动形态。任务3则是劳动周集体劳动的充分体现，学生在小组合作中学会合理分工、有效交流、团结协作，并在多次实践中，发现问题，优化方案，学以致用解决真实问题。当然，这个过程离不开教师的引导和协调，正是因为教师的适时指导，任务才能顺利完成。

2. 任务形态多元，深化价值体认

在劳动周组织和实施过程中，学校要围绕劳动周主题，设计多种形态的劳动任务，如劳动项目实践、技能竞赛、劳模大讲堂、主题演讲或辩论、成果展示、职业体验等。这些丰富多彩的实践活动，可以提升劳动的趣味性、文化性，同时增加劳动周对学生的吸引力，营造浓厚的劳动氛围。

在选择劳动任务形态时，不仅要考虑学生劳动能力的培养和提升，还要关注学生劳动精神的涵养和体认。一般来说，竞技性的劳动任务对学生而言具有挑战性，可以很好地促进学生掌握劳动技能，提高劳动效率，呈现劳动成果。体验性的劳动任务则具有思想认知层面的功用，体现劳动综合育人的价值。学校可以邀请劳模工匠，以劳模大讲堂的形式，给学生创造近距离感受劳模精神与品质的机会，使学生倾听劳模故事与劳模工匠面对面交流，树立学习榜样，在无形中渗透劳动价值观，激励学生有温度有力量地投入劳动周活动。

---

① 章振乐.让劳动周"不止于体验"：以杭州富春第七小学的教育实践为例［J］.福建基础教育研究，2021（6）：20-23.

【案例 5-2-4】"建造一座属于童年的美食小镇"劳动周实施片段

　　学校组织学生在劳动周亲历制作美食、实地调研、现场销售等过程。其中，美食小镇面向全体学生招募管理人员。应聘前，学校通过广播、大屏幕展播等形式介绍美食小镇管理组织架构（图 5-2-2），发布岗位需求，学生根据自身特点和能力水平，结合岗位职责，报名适合自己的岗位，并通过查找资料、请教父母和老师等方式进行准备，提高面试成功率。在学生面试通过后，学校通过名誉校长推荐、家长介绍、社区协调等方式争取各个部门和机构的支持，邀请专业人员对学生进行岗前培训，使学生了解职业的基本职责，掌握一定的职业技能。美食小镇"开业"当天，学生戴上相应的身份徽章，正式上岗，进行职业初体验。

银行	发行"成长币"，制定兑换人民币汇率
工商局	审批店铺资质和经营范围，发放营业执照
物价局	物品询价，规范商品定价，稳定市场
综合执法局	处罚占道经营、乱设摊位等违规行为
96315 维权	接受消费者投诉，处理消费纠纷
卫生局	检查卫生情况，监督店铺"门前三包"
医疗组	与医务室合作，做好安全保障工作

图 5-2-2　美食小镇管理组织架构

（案例提供：江狄龙，浙江省衢州市柯城区大成小学）

　　【案例分析】上述案例中，学校充分调动社会力量，在劳动周中设置了体验性的劳动任务。银行、工商局、物价局、综合执法局等单位和机构，对美食小镇管理组织进行了指导，对学生进行了现场培训，帮助学生做好知识储备，促进劳动周顺利实施，同时引导学生进行职业初体验，帮助学生初步形成服务他人、奉献社会的意识。

三、加强各方衔接，统筹优化安排

1. 劳动空间的衔接

　　劳动周的活动空间主要在课外和校外。1~2 年级一般以家庭、班级、校园为主；3~4 年级可以到社区等校外场所；5~6 年级及 7~9 年级可以走入农业、工业、现代服务业的真实社会场域。有条件的地方和学校应适当考虑到高新技术企业体验现代科技条件下劳动实践的新形态、新方式。学校在实际操作过程中要根据不同的劳动项目科学确定劳动场域，包括劳动场所、工具设备、材料及劳动文化氛围等。

【案例 5-2-5】"劳动创造美好生活"劳动周统筹安排

学校为低年级学生安排的劳动周项目是餐后饭桌整理与餐具清洗，劳动场域为家庭与学校食堂。劳动周开始前，学校以"致家长的一封信"的形式与家长在劳动内容、劳动形式、劳动要求等方面达成共识，鼓励家长在家开展亲子课堂。教师在学校午餐时段重点关注学生就餐后桌子的整理和餐具清洗等劳动表现，及时给予激励，为劳动技能不足的学生提供必要的帮扶和指导。

中年级学生整理校园与社区绿植，在进行修剪之前，科学组教师引导学生了解植物种类和特点，根据植物生长习性进行修剪指导。同时，学校德育处与社区做好沟通，为学生分配修剪区域，明确劳动任务，并与社区一起开展劳动评价。

高年级开展校外劳动周，包括农耕活动、职业体验、项目实践、成果展示等实践体验活动。

（案例提供：杨燚，浙江省衢州市柯城区大成小学）

【案例分析】上述案例中，劳动周项目的设置考虑了与学生学段相符的劳动空间。低年级学生在校园与家庭进行劳动周，教师与家长要关注学生清理过程的安全，从旁指导，教孩子餐桌清理与餐具清洗所需要的基本常识。中年级学生从校园走到社区，将整理绿植的技能学以致用。高年级学生的体验更为丰富，走入农田、研学基地、图书馆等真实的社会场域，开展劳动周活动，学生可以感受到社会分工的精细化、专业化程度越来越高，社会对未来劳动者劳动素养的要求也日益提高。

2. 劳动内容的衔接

劳动周要面向全体学生，而不同学段学生的身心发展水平和实践学习特点存在差异。学校要按照学生已有的知识、技术能力基础和发展进阶来设置劳动任务，劳动内容难度按照"简单—复杂—综合"逐渐提高。

【案例 5-2-6】基于劳动周的劳动课程构建

劳动教育是素质教育的重要组成部分。学校以"劳动周"为切入点，实施了基于"劳动周"目标导向的课程构建和基于"劳动周"任务导向的常态实践，并开展了基于"劳动周"成果展示的发展评价，使劳动教育序列化、项目化、常态化，提升了学生的劳动素养。[①] 学校劳动周课程安排如下：

模块设计		泥土的芬芳	自理的快乐	手创的智慧	榜样的感动
目标指向		生产性劳动	日常生活性劳动	创造性劳动	劳动职业与精神
学习内容	第一学段	我的班花我做主	结合各年级的家庭劳动清单，根据项目步骤开展校内方法指导	一、酷炫纸飞机 二、梦想储蓄罐	发现：我家的劳模
	第二学段	缤纷可口的蔬菜		三、我是小神农 四、五彩俏香囊	聆听："最美"的故事

---

① 周振华.在劳动中学习劳动：例谈指向深度实践的"劳动周"活动〔J〕.教学月刊小学版（综合），2022（Z2）：84—86.

学习内容	第三学段	我身边的中草药	通过家校合作开展家庭练习和常态化劳动意识培养，依据评价标准开展一周一项"生活技能大闯关"	五、追风的纸鸢 六、我为学校过生日	寻访："小人物"的高光时刻
成果展现 （劳动周）		办一次收获节	来一场劳动技能大赛	开一个项目成果汇报会	讲（听）一个劳动或劳动者的故事；来一次榜样表彰

（案例提供：周振华，浙江省平湖市东湖小学教育集团）

【案例分析】 在劳动周中，各学段均有相同主题的成果展现，但其展示内容各不相同，根据学段目标，从低年级到高年级，由易到难。以"办一次收获节"为例，第一学段学生展示的是自己养护的班花，即二年级上学期项目"集体劳动我分担——班级植物角共创建"的成果展示，其项目实施的过程是一个长周期，劳动周展示的内容符合二年级学生的学情。第二学段学生展示的是亲手种植的蔬菜，分别对应三年级下学期项目"吃苦耐劳勤耕种——小神农种植园"与四年级下学期项目"出力流汗也快乐——打造阳台小菜园"。第三学段学生具有一定的耕种基础，已有一些种植常见中草药的劳动能力。同时，整个任务的实施与春种秋收密切相关，也渗透了中华传统节气文化。

3. 劳动时段的衔接

对于某些因时间限制无法在学校课堂组织或有效完成的劳动任务，可在劳动周补充实施。劳动周的时间安排要有计划、可操作，在学校无法完成的任务，可以延伸至家庭和社会，形成家校社合力，让学生投身真实世界，解决真实问题。

【案例 5-2-7】"建造一座属于童年的美食小镇"劳动周组织与实施片段

学校劳动周总体实施方案由学校课程中心牵头，联合教导处、德育处等部门共同制定，多科室协同的组织机制可以确保在时间、人员、内容等方面得以有效落实。

"美食小镇"劳动周项目为期五天，劳动周实施流程如图 5-2-3 所示。前四天"美食"和"小镇"两个序列同步开展，第五天举行"美食嘉年华"。在时间安排上，

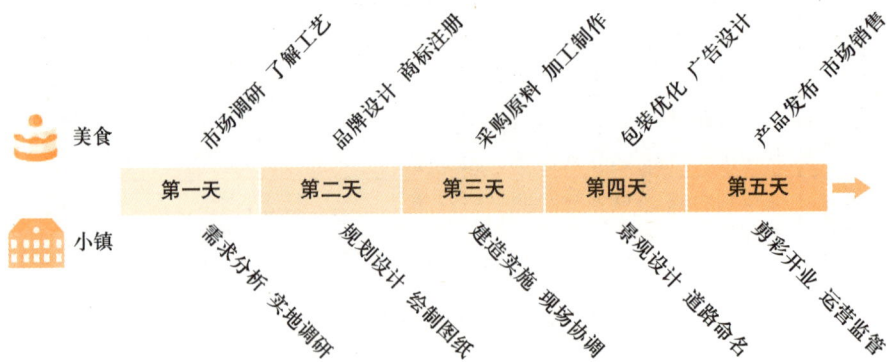

图 5-2-3 "美食小镇"劳动周实施流程

除每周固定的一节劳动课之外，还安排了每天下午两节课作为劳动项目实施的固定课时。

此外，教导处组织各年级组长讨论，明确中午或放学后的服务时间也可由各年级结合项目实施情况自行安排。这种"固定+自选"的时间规划模式，确保了充足的劳动时间，同时极大增强了时间调配的灵活性。劳动周第五天，美食小镇正式开业。这一天，师生根据"美食嘉年华"的一日流程进行全体活动。上午到校后，学生就以小组为单位，到之前招标所得的摊位上进行开业准备。下午闭幕式后，各班则开始组织营业额统计、税收缴纳、卫生清扫、总结反馈等工作。

（案例提供：江狄龙，浙江省衢州市柯城区大成小学）

【案例分析】此劳动周项目从劳动中的设计规划角度，帮助学生感受和理解通过合理的规划能更好地完成复杂的劳动任务。在项目实施过程中，学生能了解"美食小镇"的项目流程和时间规划，愿意主动地、积极地、创造性地对活动进行整体构思，从而强化规划设计意识，锻炼劳动思维，进行创新劳动。

四、预案制定周全，保障劳动安全

1. 强化岗位管理，明确各方责任

劳动周开始前，学校要根据劳动任务统筹劳动周实施的全过程，提前考察劳动环境，预估可能出现的风险，强化劳动过程中每个岗位的管理，明确各方责任，制订风险防控预案，完善应急与事故处理机制。还要注意提醒学生，在集体活动中不要掉队，不擅自离开集体，注意自己的人身和物品安全等。

【案例5-2-8】"建造一座属于童年的美食小镇"劳动周安全预案

（一）启动阶段：组织架构

为加强对美食小镇安全的管理，学校成立劳动周安全保障工作领导组，成员如下：

组长：校长；

副组长：副书记及分管总务、德育、教务、安全的副校长；

成员：德育处、教导处、安保处、总务处等处室主任及年级组长。

（二）准备阶段：安全教育

为确保此次劳动周安全顺利开展，学校于活动前召开培训会，有针对性地对参加人员进行安全教育，主要内容如下：

1. 总务处与需要用电的店铺进行沟通，明确用电设备的功率限制，安排店铺的位置，告知店铺成员用电规范。

2. 德育处对店铺成员进行食品安全教育，要购买新鲜食材，并做好保鲜工作，防止食材变质。同时，提醒同学们注意饮食卫生，不能随意丢弃食品包装袋，注意垃圾分类。

3. 教导处召开小镇银行会议，告知店铺税率与汇率。班主任进行货币兑换教育，买卖双方诚信交易，不得出现假钞。

4. 安保处对可能发生的突发事件，制定具体的处理程序和处理方法。要求每个人在遇到突发事件时保持冷静，及时联系教师或医疗小分队，保护好自身安全。

（三）实施阶段：安全巡视

1. 劳动周过程中，负责教师和各小镇管委会委员要明确自己的职责，时时注意店铺与顾客的动向，确保美食小镇安全、顺利运营。

2. 如果出现纠纷，要及时联系维权小分队，调解矛盾。若不能解决，则联系负责教师。

3. 发现同学身体不适，及时联系医疗小分队，并送至医务室。

4. 发现同学存在乱扔垃圾的现象，联系综合执法小分队工作人员开具罚单，维护小镇道路的干净、整洁，以免垃圾造成滑倒、摔跤等安全事故。

（案例提供：江狄龙，浙江省衢州市柯城区大成小学）

【案例分析】"建造一座属于童年的美食小镇"劳动周安全预案从准备阶段到实施阶段都进行了风险预估，能够比较全面地规避安全问题，涉及学生的财产安全、用电安全、食品安全等方面，学生的所有活动都有专人负责，并明确职责。无论哪一方面出现问题，都有相应的负责人进行对接，劳动周开展前的安全教育也提升了学生应对突发状况的能力。

2. 操作过程规范，注重安全细节

劳动周的实施过程，既要保障劳动环境安全，又要注重操作过程中的劳动安全。在完成劳动任务的场所设施选择、材料选用、工具设备和防护用品使用、活动流程规划等方面要符合操作规范要求，规范生产工具、设备的使用，预防安全生产事故发生；要注意用火、用电、用气及可能使用到的化学试剂等的安全，防止触电、火灾、烧烫伤等事故的发生。

【案例5-2-9】"农耕园"劳动周实施片段

在"农耕园"劳动周制作农耕园菜牌的劳动任务中，安全教育贯穿劳动全过程。操作前，教师示范，学生在一旁观察，师生针对使用注意事项进行交流，明确使用要领。接着，请一位学生进行试操作，其他学生在一旁观察和记录，试操作后请该学生谈感受，师生结合刚才操作要领对其进行评价，在此过程中进一步明确使用要领和注意事项。切割操作时，教师在一旁跟踪指导，确保学生规范、安全操作。操作完成后，教师组织学生进行复盘，盘点操作过程中的不安全行为，帮助学生反思改进，进一步强化安全意识。[1]

（案例提供：蓝海燕，浙江省杭州市人民小学）

【案例分析】在劳动周实施过程中，学生需要用到劳动工具，而劳动工具的安全使用是劳动实践正常开展的前提。制作农耕园菜牌的环节，切刀是比较危险的劳动工具，如果使用不当，则会造成不堪设想的后果。在使用劳动工具前，多次示范及谈试操作感受使学生掌握使用切刀的方法。只有明晰操作规范后，学生才能动手操作。

五、评价全程伴随，反思唤醒提升

1. 激励性评价提升劳动成效

劳动周中的激励性评价可以提升劳动教育的成效。为此，教师要采取有效的激励

---

① 蓝海燕.新课标背景下强化小学劳动周实践活动的探究［J］.考试周刊，2022（51）：11-15.

策略，有意识地激发学生的好奇心与求知欲，学生才能在劳动中主动出力流汗，倾注自己的体力和智力，并收获来之不易的劳动成果。

【案例 5-2-10】"动手动脑小创客"劳动周评价方式

本劳动周以课程的方式实施，秉持"教—学—评"一致性的理念，设计了以表现性评价为主的评价方式，对每个活动开展自评、组评、师评，采用积分制，以此为依据在终结性评价中选出创客小达人、创客小能手，颁发专门订制的奖章和奖品。

（案例提供：杨燚，浙江省衢州市柯城区大成小学）

【案例分析】 在劳动周实施过程中，每个活动都有多元评价的主体，可以对学生的劳动表现进行评价，使评价更全面。积分制的规则让评价有依据，更准确。学生可以对比自己与目标的差距，努力改进自己的劳动行为，争做创客小达人、创客小能手。专门订制的奖章和奖品是市场上难以买到的，对学生来说较有吸引力，学生通过自己的劳动获得，更能产生成就感。

2. 伴随性评价发挥诊断作用

评价应伴随劳动周的全过程。任务开始前，学生学习评价量表，明确学习目标。任务进行的过程中，始终以评价量表的标准审视自己的行为，促使自己改进学习行为，提升劳动素养。

【案例 5-2-11】"舌尖上的酸菜"劳动周评价方式

在每次开展学习活动前，教师都要让学生明白评价内容、评价标准，通过评价标准先行，让学生知道怎么操作、怎么学习、怎么评价。通过自评、同学评、教师评、专业人员评相结合的方式开展评价，能够按评价的各维度保质保量完成劳动的学生会被评为"劳动之星"。活动后要召开座谈会，让各小组交流劳动、学习过程中的经验和体会，分享劳动中的酸甜苦辣，总结成败得失，反思提高。例如，引导学生思考怎样使用销售酸菜所得收入，引导学生回馈社会，培养学生的感恩之心。学校还要求学生用酸菜给家人做一道菜，分享劳动成果。此外，学校通过写实记录、问卷访谈、座谈会研讨等方式对学生的劳动观念、劳动能力、劳动习惯和品质、劳动精神等劳动素养进行科学评价。[1]

（案例提供：田禹良，广东省梅州市大埔县高陂镇埔田田家炳小学）

【案例分析】 在劳动周实施过程中，教师时刻关注学生表现，以写实的方式记录学生的表现，还根据每项活动前出示的评价标准，对学生进行有依据的评价。每个维度的评价，都让学生对自己劳动素养的认识更加清晰，也是对学生劳动过程的激励与肯定。同时，学生根据评价量表中的指标，明晰自己的学习目标，努力得到同伴及教师的最优评价，真正发挥评价的诊断与引导作用。学生通过为家人做一道菜的过程，可以深切地感受劳动值、劳有所得、劳动最光荣、劳动最快乐。

① 田禹良. 基于地域资源，探索劳动周课程［J］. 中国德育，2022（20）：71–73.

第一，加强劳动时段统筹，落实劳动周完整方案。劳动周一般每学年安排一次，具体时间可根据劳动的内容设计和具体任务确定。一般来说，劳动周的组织和实施，在时间上要注意分散和集中两种形式的合理安排。一方面，学校可以统筹利用节假日时间开展劳动周活动。另一方面，学校可以结合已有的校园科技节、校园文化节、校园美食节等活动，对劳动周进行系统、整体的安排。这样有利于学校整体教育教学计划正常有序开展。

第二，注重劳动空间衔接，拓展劳动周实践场域。劳动周的活动空间主要在课外和校外。首先，学校可以加强已有场地的统筹使用，"一地多用"，最大限度地发挥校园内各场地、场馆的使用效能。学校还可以充分利用已有的学科专业教室和社团空间，设置相应的劳动项目。其次，学校可以对场地进行适当改造，使其在不影响日常教育教学和活动的前提下，更适合劳动周的开展。最后，学校还应加强校外实践基地的拓展和联系，努力凝聚"家校社"共识，加强劳动空间资源保障和利用。有条件的地方和学校应适当考虑到高新技术企业，让学生体验现代科技条件下劳动实践的新形态、新方式。

第三，重视劳动实践内化，发挥劳动周育人价值。在劳动周的活动安排中，学校要鼓励学生立足动手做，结合用脑想、用笔写，以促进其核心素养的发展。劳动素养的发展是在劳动实践中逐渐形成的。因此，学校要在理解劳动课程实践性特点的基础上，创设真实的劳动实践情境，让学生在真劳动、真思考、真实践、真反思中实现真成长。一方面，要"以生为本"，让学生在参与劳动周的组织和实施中，形成对劳动周的积极期待，认同劳动周是属于学生自己的活动。另一方面，要重新定位劳动周，从简单的出力流汗向提升综合能力转变。让学生坚持不懈地完成有一定难度的劳动任务，掌握生活技能、生产技能和服务技能，同时，鼓励学生在劳动过程中积极思考、小组合作、勇于探究，提升问题解决能力和创造能力，发展学习能力。

第四，强调劳动安全保障，确保劳动周有序开展。劳动周活动中的安全问题是重中之重，必须作为劳动周组织和实施考虑的首要问题。学校要建立健全教育与管理并重的劳动安全保障体系，要以安全、适度为原则，合理安排劳动任务强度和时长，强化劳动过程中每个岗位的管理，明确各方责任，防患于未然。一方面，劳动周方案中所有劳动项目都需要进行安全风险评估，该劳动项目实施所涉及的设备、设施、材料、工具、流程等方面是否符合安全规范要求。劳动项目开展的场所，也需要进行劳动环境安全的评估。特别要考虑到劳动中可能遇到的田埂、渠道、水边、山坡处行走的安全问题，防止雷暴、高温天气引发的安全事故。另一方面，要加强对师生的劳动安全教育，强化学生劳动安全知识的学习，将其作为劳动项目设计的固定板块，形成劳动风险意识，提升应急处理能力。

5-2

建造一座属于童年的美食小镇——指向"五育"融合的劳动周实践与探索

问题提出

【现状点击】

随着《劳动课程标准》的面世,"劳动清单"也应运而生。学校积极响应,纷纷开始设计并实践。调研发现,劳动清单多以表格形式罗列各年级一学期的劳动内容,或加上星级评价,或加上家长评语或教师评语。劳动内容普遍以整理、清洁类的家务劳动居多。

面对这样的劳动清单,或是简单的劳动,学生、家长容易出现应付了事的现象,因为期末时经过简单评定,工作就可以交差了,劳动清单对日常劳动教育几乎没什么作用。不难发现,导致这样的结果是因为劳动清单的设计存在诸多问题。

一是劳动清单内容结构单一。劳动清单只用一张表格来呈现,结构单一,没有体现劳动方法、实施方法,也没有评价激励机制。劳动内容的设置很多也只是家庭劳动清单,任务只有一些日常生活劳动,没有涵盖促使学生劳动素养发展的三大类别的劳动内容,不方便学生、家长和教师的共同参与,不利于家校社协同。

二是劳动清单操作模糊不清。因为劳动清单结构单一,只列出了劳动内容,没有说明如何实施,不能指导学生如何正确进行劳动,也不能指导家长如何引导孩子劳动,因此,这样的劳动清单很容易流于形式,很难真正落实。

三是劳动清单评价主观抽象。劳动清单只采用简单的打钩或等级评定,没有记录劳动次数、劳动技能掌握情况,劳动过程中学生是否进行探究、是否发挥创造精神无从得知,学生是否养成良好的劳动习惯和品质也无法体现。简单来说,凭借这样的劳动清单无法考量学生完成劳动的真实性、有效性等。

四是劳动清单引领作用弱化。劳动清单实施的最终目的是引导学生热爱劳动,学会生活,提高学生的劳动素养。而结构单一的劳动清单,缺乏劳动实施方法引领学生正确劳动,缺乏劳动评价激励学生持续劳动从而养成爱劳动的好习惯。

问题分析

一、劳动清单的要素

简单来说,劳动清单就是学生劳动实践项目的集成,便于学生了解所要参加的实践项目。劳动清单是劳动教育的一种实施方式与保障,引导学生经历真实劳动,淬炼劳动能力，养成劳动习惯，促使学生能劳动、会劳动、爱劳动，实现劳动常态化。

二、劳动清单的主要特点

劳动清单应是劳动课堂的延伸，根据学生身心发展特征，围绕日常生活劳动、生产劳动和服务性劳动三类劳动设计劳动任务，激励学生主动参与真实的劳动，掌握必备的劳动技能，提高劳动素养。

1. 持续多样劳动，引导学生树立正确的劳动观念

劳动清单是课堂劳动的可持续性发展，"家校社"协同教育。劳动清单内容除了日常生活劳动，还要有生产劳动和服务性劳动，引导学生真实劳动，每日劳动，做中学，学中做，在劳动中感悟劳动的艰辛与快乐，形成基本的劳动意识，树立正确的劳动观念。

2. 注重评价引领，引导学生有序劳动且自我监督

劳动清单应包含劳动技能和实施方法的引领，方便教师、家长有目的、有计划、有方法地引导学生落实劳动清单，引导学生有序开展劳动，夯实生活劳动技能。

3. 规划劳动细则，培养学生良好的劳动习惯和品质

劳动清单应能使学生的每日、每周、每月劳动内容都进行细致规划，引导学生自觉自愿地劳动，养成安全规范、有始有终的劳动习惯，在劳动中形成吃苦耐劳、持之以恒、责任担当的品质，并珍惜劳动成果。

🖨 问题解决

劳动清单包含校内和校外劳动清单两大类，围绕劳动课程的十个任务群，遵循学生年龄特征，从简单到复杂，螺旋式上升。从结构上来说，劳动清单应包含劳动内容、实践操作、跟踪评价、反思改进四大板块，引导学生树立爱劳动观念，提升劳动能力，养成良好的劳动习惯和品质，涵养劳动精神。

一、劳动内容丰富可选：必修+选修

劳动清单的内容设置是劳动清单最重要、最基础的内容。不同的内容指向不同的素养发展，日常生活劳动清单旨在强化自立自强意识，生产劳动清单侧重劳动能力、劳动创造价值和产品质量意识，服务性劳动清单侧重社会责任、劳动态度的培养。学校、家长可以参考以下两种劳动清单的样式，或根据实际情况加以改进和创新。

1. "1+X"组合式

"1"指的是课程标准要求的必须完成的劳动内容，"X"指的是学校、家长、孩子自己设定的个性化劳动内容。可以从校内和校外两方面进行设计：校内劳动清单基于课程标准设计的劳动内容即"1"，指的是普通的打扫教室、整理书桌、垃圾分类、工

艺制作等;"X"是每个学校、每个班级或学生根据各自的特色或需求设计的劳动项目,如正确整理雨伞、种植养护等。校外劳动清单又可分为家庭劳动和社会服务性劳动。家庭劳动清单中"1"是学生在家庭劳动中学习独立生活、服务家人的必备日常生活劳动;"X"是整理玩具、使用扫地机器人、取快递、照顾弟弟妹妹等家庭特色劳动。社会服务性劳动为"X"自主选择劳动内容,包括社区、街道等的社区服务、社会实践、公益劳动等内容,学生根据自身能力来选择服务内容。

【案例 5-3-1】三年级上学期劳动清单

三年级上学期劳动清单如下:

类型	项目	完成情况
必修	项目一:衣服破了我会补	□□□
	项目二:折扇的设计与制作	□□□
	项目三:跳蚤市场我组织	□□□
	项目四:面包里的劳动成果	□□□
选修	"变废为宝"作品展	□□□
	学校"广告扇"的设计与制作	□□□
	策划一次公益活动	□□□
	跟父母参与一次职业体验	□□□

根据学生一日生活中的劳动项目设计的劳动清单如下:

劳动时间	劳动内容	劳动标准	劳动指导者及建议	劳动评价
上学前	自觉起床 独立穿衣 洗漱	定时不赖床 床铺整齐 着装整洁	指导者:家长 相关劳动技能:时间观念,整理收纳意识,衣着搭配	评价主体:家长+学生自评;
	早餐	与家人一起吃早饭,不挑食。吃完早饭自己收拾餐具并正确投放垃圾	指导者:家长 相关劳动技能:创设家庭氛围,共同劳动与奉献,营养均衡与搭配,环保教育	评价载体:劳动币 评价建议:完成度、自觉性、能力水平、增值性
	带好学习用品	带齐、分类		
入校 5 分钟				评价主体:家长+学生互评+学生自评; 评价方式:小组评价; 评价建议:完成度、自觉性、能力水平、创新性、效度、增值性
课间 10 分钟				
午餐前				
午餐后 10 分钟				
放学前 10 分钟				
晚餐前后				
晚上居家				

学生自主选择和设计的劳动清单示例：

劳动时间	劳动内容	劳动标准	我的学习	劳动评价
每日放学后	系鞋带	鞋带绑得既结实，不易松散，又易打开	向父母学习一种鞋带系法（可以借助文字、微课、图片、简笔画等学习资源）	评价主体：家长+学生自评；评价载体：评价单；评价方式：过程+成果反思
周日	蛋炒饭	熟，咸淡适宜	回忆并尝试	

注：至少选择两项完成。

（案例提供：东阳市白云中心小学）

【案例分析】劳动清单中，"1"为必修的劳动项目，"X"为选修的劳动项目。"我的一日劳动"中的劳动内容是以学生一日生活时间为主线串联而成的，"1"为上学前规定的必修劳动内容，"X"为班主任根据学生实际进行调整与补充的内容。入校后的校园劳动和晚上的居家劳动，由学生自主选择劳动内容。"我的个性劳动"是基于学生不同能力要求和兴趣由学生自主确定的。这些劳动清单劳动内容的设计充分体现了自主性、创意性，必修和选修相结合，因人、因时、因地设计，内容丰富全面，贴近生活实际，能激发学生的兴趣，有利于全面发展学生的劳动素养。

2. "菜单"选择式

"菜单"选择式指的是劳动清单中，每一大类里都有一些劳动项目供学生勾选。这样的"劳动菜单"可体现自主性，学生可根据自身情况选择适合的劳动项目，贴近自己的生活实际。

【案例5-3-2】"菜单"选择式劳动清单

浙江省舟山市普陀区城北小学建立具有海岛特色的小学生劳动库，涵盖必修、选修、特长三个模块。必修模块指基于劳动必修课程的普陀区中小学必会劳动项目；选修模块包括家庭劳动项目及学校劳动库自选项目；特长模块指向职业教育，发挥家庭资源或社会资源具有一技之长的手工艺劳动。学校劳动库采用"菜单"选择式呈现劳动清单：

生活起居系列				
早晚刷牙	拧毛巾洗脸	洗澡	梳辫子（女）	穿衣
扣纽扣	拉拉链	系鞋带	系红领巾	扣校牌
洗头	吹干头发	洗红领巾	洗袜子	洗内裤
洗单衣裤	洗毛衣	洗春秋外套	洗棉服	洗拖鞋
刷运动鞋	擦皮鞋	晾晒衣服	叠被子	整理床铺
叠袜子	叠T恤	叠裤子	叠外套	叠棉服
晒被子	换被套	整理换季衣物	整理衣柜	整理卧室

学习生活系列				
削铅笔	整理铅笔盒	包书皮	整理书包	整理工具袋
整书桌抽屉	整理书桌	整理书架	买文具	洗书包
调试课桌椅				
卫生打扫系列				
擦黑板	擦桌子	擦橱柜	扫地	拖地
倒垃圾	洗拖把	擦玻璃	理沙发	整理客厅
清理洗漱台	整理卫浴品	擦马桶	整理浴室	擦洗自行车
清洗洗衣机	电扇清洗安装			
餐厅厨房系列				
摆碗筷	餐后清理餐桌	盛饭	洗碗筷	洗瓜果
洗锅勺	清理水槽	擦灶台	整理冰箱	保养冰箱
整理厨房	削果皮	择芹菜	摘豆角	洗蔬菜
洗贝类	洗肉类	洗虾蟹类	洗无鳞鱼	洗有鳞鱼
洗墨鱼类	切瓜果	切蔬菜	切鱼	切肉
打蛋	和面粉	擀面皮	搓汤圆	包饺子
包馄饨	制作糯米饭团	做寿司	做水果拼盘	凉拌菜
摆冷菜	煮白煮蛋	烧水	泡面	泡紫菜汤
煮泡饭	煮饺子汤圆	煮饭	下面条	烧年糕
熬粥	白煮海鲜	清蒸鱼	蒸蛋	蛋挞
荷包蛋	清炒蔬菜	搭配炒菜	煲汤	水煮贝壳螺类
红烧贝壳	红烧鱼	红烧肉	葱油海鲜	干锅贝壳
干锅时蔬等				
生活小主人系列				
基础茶艺	招待客人	整理短途郊游物品	整理过夜旅游物品	
银行开户	存取钱	管理家庭一周开支	列购物清单	电子购物
郊游购物	电子支付购物	买菜	买年货	
电器、炊具使用系列				
使用洗衣机	使用吹风机	使用电饭煲	使用烧水壶	用煤气灶
用电磁炉	用高压锅	用电高压锅	用微波炉	用榨汁机（含破壁机）
用烤箱	用扫地机器人			
海洋特色劳动系列				
引梭	打渔人结	搓船绳	织网	编小网兜
网艺作品创作	沙画	沙雕	船模	海景造型
贝壳包埋	贝壳造型	海鲜标本制作	海洋剪纸	渔民画

工匠劳动				
农艺方面	播种	浇水	拔草	使用大锄头
移栽	捉虫	施肥	喷洒农药	采摘
养多肉	养花	养护果树	规划绿植角	管理种植园
布艺方面	钉纽扣	缝破衣	做沙包	做香囊
勾线	织围巾	改旧衣物	设计制作小挂件	使用手持缝纫机
纸艺方面	制作纸折扇	衍纸	做贺卡	设计制作电路贺卡
礼品包装	制作纸风车			
烘焙方面	蛋糕制作	蛋糕裱花	木糠杯	蛋挞
曲奇	毛巾卷	奶枣		
金电木工方面	拆玩具	组装玩具	制作电动玩具	制作环保小车
做迷你盆景小花架	做校园标识牌	制作七巧板	制作 LED 灯	制作电路小屋
制作风筝	搭帐篷	劳动工具制作和改进	制作储蓄罐	
设计服务方面	规划旅游路线	设计旅游文创产品	设计共享服务方案	创意班规设计
电子垃圾的再生设计	社区娱乐设施设计	图书馆志愿者服务	送温暖志愿活动	爱心义卖
海洋净滩	社区保洁			

（案例提供：浙江省舟山市普陀区城北小学）

【案例分析】这是学校构建的一学期劳动内容总库，分为生活起居、学习生活、卫生打扫等几大系列，内容包含课程标准要求的三大类劳动，还兼顾了地方特色，如引梭、打渔人结等。除了必修模块的劳动项目，选修模块与特长模块让学生自主从每一大类中选择自己喜欢的劳动内容，每周或每月一换。这样的菜单式的劳动清单，既给了学生、家长充分的自主权，又把握住了总体方向，丰富了劳动内容。

总之，劳动清单内容的设计，应以劳动素养的发展为目标，既要包含学生生活的方方面面，又要根据家庭差异、地域差异来制订，必修与选修相结合，要给学生、家长留有自主选择的空间。

二、实践操作清晰明了：技能引领+定时定性

学生要在劳动实践中体悟、感悟、内化，树立正确的劳动观念，养成良好的劳动

习惯，塑造良好的劳动品质，明晰正确的劳动价值观。这就要求实践操作有方法、有指导，不能流于形式，确保劳动清单的内容真正实施起来。因此，为了方便学生、家长共同参与劳动，实践操作可以细分为两个部分，包括技能方法指导和劳动时间设置。

1. 技能方法巧妙设计

劳动清单中的技能方法有些在课堂中学习了，还需在课后巩固熟练；有些是课堂中没有涉及的，因此，劳动清单还需要引领技能方法，方便家长知道、学生实践。方法板块的设计可以是简单的图文版，复杂的劳动技能还可以制作成微视频，把链接附在清单上，成为视频版的劳动清单。

【案例 5-3-3】《劳动》教材中的"家庭劳动清单"

浙江教育出版社《劳动》教材每册最后附有一份"家庭劳动清单"，是根据各年级学生的身心发展特点和教育规律设计的，其中，每个家庭劳动项目都按照劳动过程分成三个关键步骤用图文呈现。教材中的"家庭劳动清单"示例如下：

项目内容			自我评价	
			劳动参与	劳动技能
清洁房间	1. 扫地	2. 拖地　3. 擦桌	☆ ☆ ☆	☆ ☆ ☆
整理床铺	1. 折叠被子	2. 整理床单　3. 整齐摆放	☆ ☆ ☆	☆ ☆ ☆
洗拖鞋	1. 加洗涤剂浸泡	2. 刷鞋面和鞋底　3. 清洗和晾晒	☆ ☆ ☆	☆ ☆ ☆
擦皮鞋	1. 用布擦去灰尘	2. 挤上鞋油，用鞋刷擦拭　3. 用软棉布擦亮皮鞋	☆ ☆ ☆	☆ ☆ ☆
蒸馒头	1. 在锅中加入适量水	2. 架上蒸笼，放入馒头　3. 盖上锅盖，加热	☆ ☆ ☆	☆ ☆ ☆
做三明治	1. 准备食材	2. 在吐司上加上食材　3. 盖上一片吐司，切片	☆ ☆ ☆	☆ ☆ ☆

（案例提供：浙江教育出版社《劳动》教材）

【案例分析】教材把劳动方法、关键步骤简化为三幅图，简洁明了，学生一看就明白了自己该做什么，帮助学生直观地掌握劳动方法，让劳动清单真实落地。简单的劳动内容可以用图文呈现，但要注意把关键技能点显示出来；复杂的劳动内容可以制作视频教程，但要注意视频的拍摄质量，劳动方法要具体，技术细节要清晰可见，时间控制在3~5分钟为宜。

2. 劳动规划清晰明了

我们要规划每项劳动内容的时间和强度，每日劳动、每周劳动或不定期劳动。在定时的基础上，还要进行定性记录，促使学生达到熟练程度。定时加定性能有效推动学生养成良好的劳动习惯，塑造基本的劳动品质，树立正确的劳动观念。

我们可以开展定时劳动，积分记录。生活自理类的劳动很多是每日都需要做的，要让学生养成良好的生活习惯，学会自理、自立、自强。我们可以制定积分卡，激励学生按时认真完成劳动任务，不断熟练，其中包括自我监督式和他人激励式。自我监督式是学生在劳动清单积分卡上画"正"字简单记录，也可以另附纸进行每日打卡记录，写写劳动发现或心得。他人激励式是指可以将劳动的习惯培养通过阶梯式的任务来完成，达到一定的梯度，家长或者老师就通过考核的方式，让学生获得相应的奖励。

【案例5-3-4】"状元存折"劳动清单

杭州市萧山区浦阳镇中心小学为激励一年级小朋友的劳动积极性，设计的劳动清单是名为"状元存折"的手册，里面包括不同的劳动项目，图案有趣，简洁易懂，操作简单（图5-3-1）。小朋友每完成一项劳动，就可以由家长或班主任签名确认或贴1颗五角星，计1个劳动币。每项劳动完成21次，计21个劳动币，养成一个良好的劳动习惯，小朋友就可以去班主任老师处盖班级章，获得相应的劳动章。完成所有劳动任务后，就可以到大队部领取劳动徽章和劳动荣誉证书。

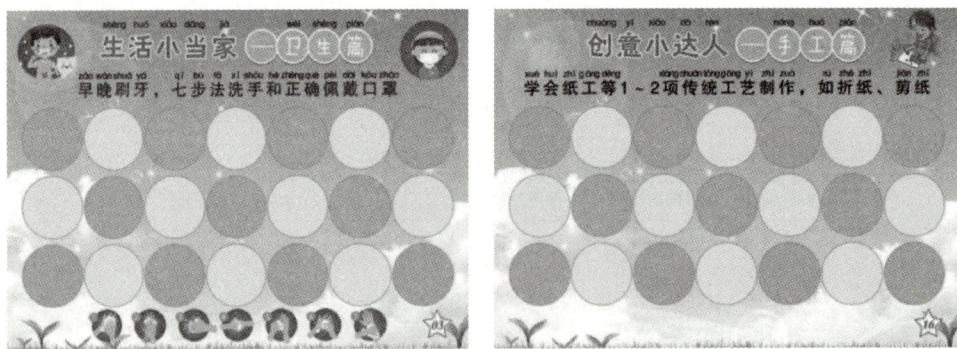

图5-3-1 劳动清单的页面示例

（案例提供：单双红，浙江省杭州市萧山区浦阳镇中心小学）

【案例分析】把劳动清单设计成手册的形式，其中的劳动内容包括生活小当家（卫生篇、整理篇、饮食篇）、创意小达人（农活篇、手工篇）和家庭小帮手，适合低年级学生的劳动特点。这样的清单中，劳动要求、操作方法非常清晰，每项劳动只要完成

21次即可，具体是每日一次还是每月几次，每月完成哪几项劳动任务由班主任或家长规定。劳动获得相应的奖章，家长或教师还可以在每项任务完成时写下评语，鼓励学生长期坚持实践。

除了定时劳动，学校也要开展定性劳动，记录学生的劳动成长。不需要每日参与（偶尔参与或经常性参与）的劳动，可以记录每次劳动的过程与结果，日积月累，把劳动成长的过程记录下来。可以是自由记录式，以日记、思维导图、视频拍摄等方式记录自己的劳动清单完成情况；也可以采取"日期+文字"的方式进行记录，劳动几次就记录几次，写下每次的劳动日期和简短的劳动所悟。例如，10月2日，整理书架，学习分类整理书本的方法，自己整理书架；10月23日，擦净书架，分类放进新买的书本……

【案例5-3-5】"智慧农场"劳动清单

学校设立了"智慧农场"，校园劳动清单包含这一农业生产劳动项目，每个班级都有自己的种植基地，要求每位学生真实参与种植与养护等，劳有所思，并在记录单中写下来。

周次	日期	劳动内容	劳动发现或所想
1			
2			
3			
4			
5			

（案例提供：单双红，浙江省杭州市萧山区浦阳镇中心小学）

【案例分析】"智慧农场"的劳动任务要求每个班级安排值日生，每周轮到1次。农场值日记录单采取"日期+文字"的方式记录从播种到收获的种植历程。在种植中遇到特别有意义的事可以详细记录，写下劳动感悟。采取"日期+文字"的方式简单记录劳动日期和内容，同时分享感悟和发现等让劳动清单的记录更加自由、丰富。劳动清单的这种定性记录方式更能体现学生的劳动能力、劳动习惯和品质等。

当然，把劳动过程与技能记录在劳动清单中，简化步骤，找出关键词，可以由教师编写，也可以由学生编写，更能体现学生劳动能力的掌握情况，促进学生劳动习惯和品格的养成，培养学生的劳动精神。

三、劳动评价激励有效：共性+个性

劳动评价板块是劳动清单的灵魂，有助于推动学生形成正确的劳动观念和内化劳动能力，体会"劳动最光荣"的伟大。通过评价，鼓励学生主动参与劳动，使劳动清单上的每项任务都得以真正落实。评价应多元、有效，家长、学校共同参与，关注劳动的整个过程，促进学生深层次劳动，端正劳动态度，树立正确的劳动价值观，在劳动中不断成长，提升劳动素养。

1. 多元评价：过程+结果

为了体现过程性评价和结果性评价相结合，劳动清单中的评价板块内容应包括能否按计划完成劳动内容，能否熟练掌握劳动技能；过程表现包括劳动前的准备、劳动时的实践、劳动后的思考等；结果表现包括目标实现与否、能力提升与否、素养培养情况等。

【案例5-3-6】"三维"劳动清单

舟山市普陀区城北小学构建的"三维"劳动清单，既有简单的星级评价，又有精彩的图片和文字记录，通过多元记录见证学生成长。

例如，三年级下学期（第一周）劳动技能清单如下：

评价维度	喜欢	习得	坚持
1. 清洁房间	☆☆☆	☆☆☆	☆☆☆
2. 整理床铺	☆☆☆	☆☆☆	☆☆☆
3. 使用微波炉	☆☆☆	☆☆☆	☆☆☆
自选1_____	☆☆☆	☆☆☆	☆☆☆
自选2_____	☆☆☆	☆☆☆	☆☆☆
一周劳动感悟			

又如，社会服务劳动记录单：

序号	时间	项目	评价	精彩瞬间
				（照片或文字表示）

（案例提供：浙江省舟山市普陀区城北小学）

【案例分析】一周一份劳动技能清单、社会服务劳动记录单，评价兼顾过程与结果。记录单中，"喜欢"与"坚持""精彩瞬间"的记录是劳动过程的体现，"习得"体现劳动结果，而"一周劳动感悟"既能体现劳动结果，也可以记录劳动过程。这样的多元评价简洁清晰，易于操作。让"喜欢""习得""坚持"的星级评价引导学生，提高劳动能力，养成良好的劳动习惯和品质。"劳动感悟""精彩瞬间"用图文结合的方式，让劳动过程和结果记录在案、铭记于心，成为学生的劳动成长档案。

2. 多方评价：校内+校外

为了确保劳动清单真正促进学生素养发展，校内劳动清单应由教师、同伴和自己共同评价，校外劳动清单主要由家长和自己进行评价，教师更多是组织引导者，可作总结性点评，发挥诊断与调节的作用。校内的表现主要涉及的是学生在校园内部参与的各类劳动清单任务，如卫生值日任务、就餐管理任务等；校外的表现主要指在校园以外的场所进行的劳动，如家务劳动、社区小志愿者劳动等。

【案例 5-3-7】劳动数智评价

浙江省杭州市安吉路教育集团新天地实验学校开展"新劳动教育"数智评价，劳动清单的评价采取学生线下参与、家长实录上传、教师线上评价的方式进行（图 5-3-2）。

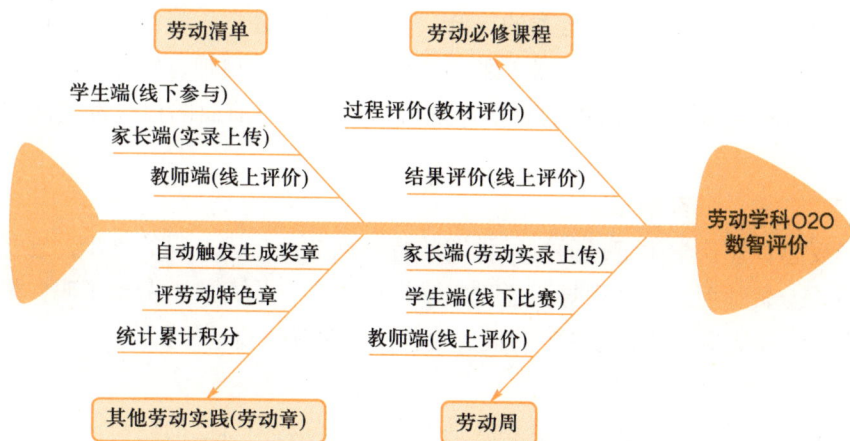

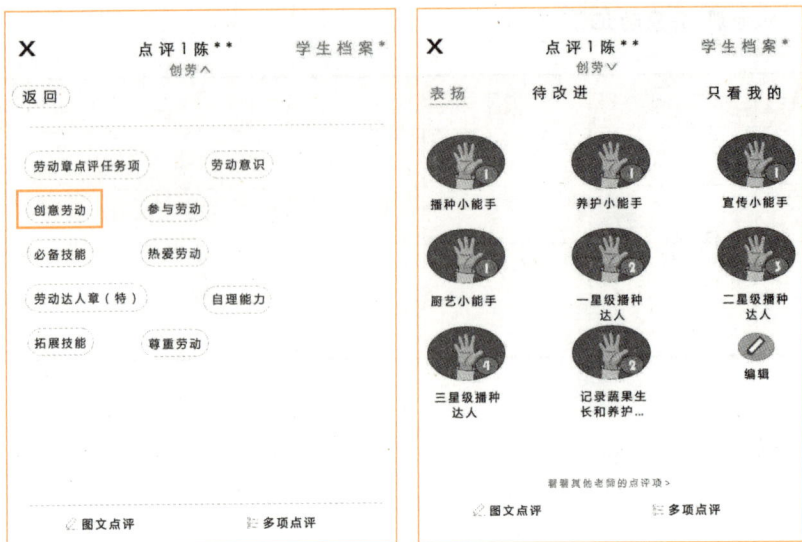

图 5-3-2 "新劳动教育"数智评价途径

（案例提供：浙江省杭州市安吉路教育集团新天地实验学校）

【案例分析】利用数字化平台让家长、教师、学生共同参与评价，使评价真实可见。劳动视频上传到平台，每一个家长、教师、学生都可以对它进行点赞和点评，有利于激励学生劳动的积极性，养成良好的劳动习惯和品质。学校要充分利用好数字化评价手段，让学生、家长、教师共同参与评价，除了简单的点赞、等级评定，还可以写评语、劳动建议等，学生参与评价，写下劳动建议也可以获得相应的劳动积分奖励，这也是劳动素养的体现。

劳动评价板块具体由谁评价，要视具体情况而定，简单来说，谁能看到劳动情况就由谁来评价。学校可以组织专门的劳动评价大会进行劳动过程的分享和评价。

四、劳动反思真实深入：进步+创意

劳动反思旨在让学生对劳动实践经历、目标达成过程进一步思考，促进学生劳动观念和品质的形成，以及劳动能力的提升。教师可以引导学生将解决问题的技巧、收获以及个人成长的思考等内容记录下来，这也是涵养劳动精神、发挥劳动创意的好机会。"劳动反思"作为劳动清单的总结提升栏目，可以在前面的板块都完成之后进行记录。

1. 记录进步，收获快乐

劳动反思首先让学生记录通过一学期的持续性劳动自己取得的进步，感受劳动的收获与快乐。教师可以这样引导：通过本学期的劳动，你喜欢上劳动了吗？最喜欢哪项劳动内容？你认为劳动给你留下的最大收获或最深刻体验是什么？

2. 激发创新，追求卓越

劳动反思在记录进步的同时更要激励学生发现劳动中自己的创新。在日复一日的劳动中,自己是如何做到精益求精的?在劳动中遇到困难是怎么解决的?在劳动中,有没有进行改进创新?在劳动中,你有什么无法解决的困惑吗?

【案例 5-3-8】劳动反思评价记录单

为了更好地培养学生的劳动思维,萧山区浦阳镇中心小学 405 中队给劳动清单增加了反思板块,帮助学生更好地反思总结、探究提高。

劳动反思评价记录单					
记录人					
时间	劳动内容	问题与挑战	反思与总结	改进措施	劳动见证者
月 日					
月 日					
……					
最喜欢的劳动					
最大的收获					

(案例提供:张伟杰,浙江省杭州市萧山区浦阳镇中心小学)

【案例分析】利用以上的劳动反思评价记录单,可以将较为抽象的劳动反思内容变得摸得着、看得见。在"问题与挑战"中,记录劳动中遇到的困难,确保问题呈现真实清晰;在"反思与总结"中,对每次遇到的劳动问题和挑战进行反思和总结,分析原因、总结经验或收获;在"改进措施"中,对问题和挑战提出具体的改进措施,旨在内化劳动观念,优化劳动方法,提高劳动效率。通过以上几项内容,让学生获得劳动实践反馈,有据可依,有规可循,确保劳动的有效性。

总之,劳动反思能激励学生深层次的思考,使学生领会劳动的内涵与意义,弘扬劳模精神和工匠精神,追求劳动的创意与改进。劳动反思对个人和团队都非常重要,能帮助我们认识问题、提高劳动效率,从而不断改进完善、提高认知,持续创新实践,同时促进协作和整体进步。学生通过劳动反思,能够更好地适应和应对劳动中的挑战,实现劳动素养的提升。

🔑 教学建议

第一,关注劳动清单内容的多样性。学校和教师可以通过设计形式多样的劳动清单让学生亲近劳动、感受劳动、学会劳动,培养其成为懂劳动、会劳动、爱劳动的时代新人。劳动清单的内容需要与时俱进、丰富多样。在把握劳动素养目标达成的前提下,教师可以有选择地将日常生活劳动、生产劳动和服务性劳动三类劳动进行自由组合,设置层递式、渐进式的劳动清单内容。劳动场域是开放的,可以根据劳动者的实际需求,选择教室、劳动基地、家庭、社区等不同地点。

第二，关注劳动清单操作的实效性。劳动实践的实效是设计劳动清单的重要依据。劳动清单的设计，要充分考虑学生的差异，给予切实可行的实践方法。从实际操作和时间场域两个角度设置清单任务。让学生能够顺利完成与个体年龄及生理特点相适宜的劳动任务，能综合体现个体在实践中的知识、技能和行为方式等。劳动清单的实践，需要学校、家庭、社会共同参与、协同推进，需要各方共同来推动劳动清单任务取得实效。

第三，关注劳动清单评价的多元性。劳动清单的设计，要充分考虑劳动实践后的多样化评价。通过单一的量化指标进行评价无法促进学生形成积极的劳动态度和劳动习惯，更无法帮助学生形成正确的劳动观念。可以设置家庭、学校、社会三方的综合评价，也应在清单中设置学生的自我评价要素。学生如何进行劳动准备、完成劳动任务、解决与劳动相关的问题、实现预期的劳动学习目标、形成劳动感悟，强调的是劳动清单的完成过程中前、中、后三个时间段学生的劳动表现，确保劳动评价有理、有据、有度，在创新的基础上，能真实反映劳动清单的实践效果。

第四，关注劳动清单反思的过程性。"教—学—评—思"是劳动课程的必要环节，劳动清单的设计，也要设置学生自我反思的内容，帮助学生开展目标导向的自我反思，并主动记录在劳动清单中。其中，可以是单一的劳动效率意识的提升；也可以是创造性劳动能力的发展和热爱劳动意识情感的多重表现；还可以是安全劳动意识的养成、吃苦耐劳品质的培养；或者是对劳模精神、工匠精神的追求。教师可以围绕核心素养的四个方面，根据劳动清单任务引导学生进行反思。

5-3
"状元存折"劳动清单（完整版）

问题提出

【现状点击】

很多孩子在家庭里缺少劳动锻炼的机会,日常生活中必备的个人事务的处理也经常被家长包办。在这种情况下,学校推出了学生家务劳动清单。然而在劳动清单的实施过程中,也暴露出了很多问题。有的家长困惑道:"清单里的一些劳动内容,比如烹饪、手工艺等,我自己也不是很擅长,该如何去指导孩子呢?"有的学生说:"如果作业来不及做,爸爸妈妈就自动取消了我的劳动实践,他们说了,我的主要任务是学习,而不是干杂活。"

2020 年 7 月,教育部印发的《大中小学劳动教育指导纲要(试行)》指出:中小学要推动建立以学校为主导、家庭为基础的协同实施机制,形成共育合力。学校要通过家长会、家长学校、网络媒体等途径,引导家长树立正确的劳动观;明确家长的劳动教育责任,让家长主动指导和督促孩子完成劳动任务。因此,在劳动清单的落实中,学校、家庭要协同合作,共同落实清单内容,发挥清单育人的最大效益。

但现实中,学校、家庭对劳动清单的落实存在很多问题。

一是有清单无落实,清单形同虚设。 在实施劳动清单的过程中,家长的包办现象普遍存在,对于劳动清单上的任务,学生并没有真正去操作。这样的包办行为使学生失去了非常重要的实践途径,影响了学生劳动技能和素养的提升。

二是有实践无指导,清单落地无力。 学生虽然实践了劳动清单的内容,但是实施不到位,学生劳动素养很难快速提升。究其原因,部分家长自身家务劳动能力不足,无法担任好家庭劳动指导教师这一角色,从而出现了有实践、无指导的现象。

三是有记录无反思,清单缺乏教育持续力。 学校采用家校联系本、劳动成长档案袋等方式让学生记录了劳动清单的实施情况及实践过程,但是没有组织学生开展劳动清单实施的交流互学、总结反思,后续的教育持续力不足。

问题分析

一、加强劳动意识,减少家长包办

如今,随处可见小学生上学书包由长辈来背,中学生不会自己洗衣物,大学生宿舍脏乱让人不忍直视的现象,家长的大包大揽,是对劳动教育意识淡薄的表现,也是造成这种局面的原因之一。2021 年 12 月，浙江省教育厅教研室推出了《1~9 年级家庭劳动清单》，为家庭劳动教育指明了实践方向。通过实施劳动清单，学生在真实的家庭环境中亲身实践、亲历情境、亲手操作，从而提升劳动技能和素养。在劳动清单的实施过程中，家长的包办会影响学生劳动技能和素养的提升，劳动观念偏差、劳动技能低下对青少年的负面影响是深远的。

二、加强主导意识，共育方式多样

学校是劳动教育的主阵地，是实施劳动教育的主导者，在协调家、校、社的关系中起重要作用。因此，学校应以提高学生劳动意识、劳动能力为宗旨，主动与家庭、社会进行高质量的沟通与互动，形成教育合力，积极探索家校共育的实施路径，引导学生把生活环境作为学习场所，不断拓展学生的活动时空和活动内容，全方位开展劳动教育。解锁家校共育的多种方式，丰富劳动清单的实施方法，家校合作共同提高学生劳动教育质量。

三、加强家校联系，加强劳动指导

随着社会的高速发展，人工智能使生活越来越便捷，部分家长自身家务劳动能力不足，很难完成对孩子的家务劳动指导。不仅如此，劳动清单内的部分劳动内容专业性较强，家长不是专业的教育工作者，也不完全具备所有门类的劳动技能。学校关注学生劳动清单实践的开展，却忽略了家长的实际困难，导致家校协同共育成效不显著。因此，要充分整合学校、家庭、社会的力量，形成多维协同的关系网，加强家校联系，共同加强对学生的劳动指导。

问题解决

"劳动清单"的意义之一，在于根据中小学生认知能力水平和未来发展需要，给家长指导孩子劳动提供方向。由此引导家长转变育儿理念，除了要关注孩子的学科知识学习，还要重视孩子正确劳动价值观的塑造、良好劳动习惯和品质的养成以及劳动能力的形成，引导孩子崇尚劳动、尊重劳动，增强对劳动人民的感情，发展创新意识，提升实践能力和社会责任感，把孩子培养成为懂劳动、会劳动、爱劳动的时代新人。家庭劳动与学科知识学习同样重要，因为这些都是立德树人的基础，而这些能力和素质也将使孩子终身受益。

一、达成教育共识，明确落实清单意义

家长作为孩子的第一任老师，是孩子日常生活劳动教育的启蒙者，家长的劳动观

念、劳动习惯和品质、劳动精神对孩子有着深刻的影响。家长和孩子一起落实劳动清单，言传身教、潜移默化，帮助孩子完成力所能及的家庭、社区劳动实践，掌握几项基本劳动技能，从而培养孩子生活自理意识和能力，为孩子树立崇尚劳动、尊重劳动的良好家风，使孩子形成正确的劳动观念，养成从小爱劳动的好习惯。

【案例5-4-1】家长开放日（明晰劳动育人的意义）

湖州市凤凰小学开启了为期一周的家长开放日活动，学校采用"菜单式"选项让家长自选时间进校，参与学生劳动技能展示，观摩各班组织的"劳动技能大比拼"活动，活动项目来自家务劳动清单内的实践内容，如叠衣服、系鞋带、削苹果、缝标记等。观摩结束后，学生家长们听主题讲座《劳动，让孩子变得更好》。

家长开放日活动具体安排如下：

时间	周一	周二	周三		周四	周五
主题	相约有你	禁毒有你	劳动有你		爱眼有你	运动有你
主要活动	观摩大队周队日暨劳动周启动仪式	观摩大课间和参与禁毒进校园活动	观摩10分钟队会，参与劳动技能大比拼活动	参与少先队活动（家长介绍自己的工作或教授劳动技能）	听劳动教育相关讲座	观摩早操和眼保健操	观摩大课间活动，参与亲子跳绳，共迎亚运
地点	学校操场	学校操场	各班教室	各班教室	录播教室	学校操场	学校操场
相关说明	8:00—9:05家长进校后在操场观摩大队周队日活动	8:00—9:05家长进校后在操场观看学生做操，参与禁毒进校园活动	8:00—9:05家长进校后去相应班级，在教室后方观摩学生活动	13:20—14:00开设"家长课堂"，以"我的工作"为题，由家长向学生介绍自己的工作特点、工作内容及工作所需的知识和技能等，或家长带领学生开展劳动实践活动	14:15—15:00邀请家庭教育专家做主题讲座《劳动，让孩子变得更好》	8:00—9:05家长进校后在操场观摩学生出操和做早操，观摩学生的眼保健操比赛	8:00—9:05家长进校后在操场观摩学生大课间活动，也可以参与跳绳活动

（案例提供：叶聪，浙江省湖州市凤凰小学）

【案例分析】学校要帮助家长转变"长于智、疏于德、弱于体美、缺于劳"的倾向，引导家庭树立正确的劳动教育观念。学校要用好家务劳动清单，最大化发挥清单效益，充分利用家长学校、家长会、家长开放日、给家长的一封信等多种途径，向家长宣传家校协同开展落实劳动清单的意义和必要性。学校将劳动清单的实践活动融入家长开放日活动，并组织家长观摩比赛、听专家讲座，帮助家长理解劳动育人的意义，真正达成家校教育共识。

二、探索合作路径，拓宽清单实施平台

以学生为主体，顺应儿童生长规律，让学生在真实的劳动中直接获得对劳动意义的美好感受。家校协同联动，引导学生把生活环境作为学习场所，不断拓展学生的活动时空和活动内容，全方位落实劳动清单。

1. 以清单为拓展，"劳动课堂"有效落地实施

每周一节的劳动课要落实学生劳动技能的学习，但是一节课的劳动学习时间显然是不够的，更无法保障实践。这就需要借助劳动清单，对劳动课程进行生活实践的延伸和拓展。因此，可以通过开发与劳动课程配套的校本课程助力劳动清单的实施，为劳动清单的落实提供保障。

【案例5-4-2】开发劳动校本课程（校内课堂学技能）

为了更好地实施劳动课程，湖州市湖师附小教育集团模拟生活化的情境，开发了以"趣味劳动"为主题的一系列课程内容，让课程内容更加贴近学生的生活。同时，充分挖掘学校、家长和社会的各类资源，利用课后托管服务时间开展拓展教学，使劳动课程的内容和形式更加多样化、趣味化和生活化，形成校本劳动课程的教学活动资源库。

课程内容分为"时尚小达人""整理小能手""厨房小帮手""垃圾分类小王者"四个主题劳动项目，以及一个特色项目"甜蜜传递员——麦芽糖制作"。其中，项目三中的"饭团制作我尝试"，来自浙江省编《劳动》教材中的"烹饪劳动乐趣多"，学校将这部分内容编写进校本课程中。课堂上，教师根据学生的生活经验组织学生交流饭团的制作过程，并在问题中引发学生思考，师生共同梳理制作饭团的方法：铺保鲜膜—铺糯米饭—铺适量配料—再铺一层糯米饭—拎角握紧饭团。最后，提出拓展实践任务：饭团里面的馅料可以换吗？根据家人的口味喜好思考如何调整饭团的馅料。

学校利用劳动课进行劳动技能传授，让学生掌握理论知识。同时，利用课后托管服务，邀请家长志愿者进校参与实践教学。制作过程中，学生们遇到许多问题：饭太少了，饭没有压平，馅料太多了，包不起来等。在家长志愿者和教师的帮助下，学生们静下心来，耐心解决问题，最终收获了劳动成果。

（案例提供：马欢，浙江省湖州市湖师附小教育集团）

【案例分析】学校要发挥主导作用，将课堂内学习的劳动技能让学生在真实的生活情境中进行实践。案例中，学校将制作饭团这一清单中的劳动内容编入校本课程中，并利用劳动课的学习帮助学生掌握制作饭团的方法。与此同时，学校将校本课程的教学时间整合纳入课后服务，并邀请家长志愿者参与实践教学，使学生在劳动中掌握技能、了解社会，收获综合素质的提升与发展。这不仅有助于培养学生的生活自理能力和基本生活技能、劳动意识等，也进一步助力"双减"政策提质增效。

2. 以家庭为基础，"真实场景"淬炼清单技能

家庭是培养孩子良好习惯最重要的场所，家庭要发挥好落实劳动清单的基础作用，家庭劳动教育需要家长的指导，也需要教师的督促。针对家庭劳动，学校应予以配合，结合劳动清单给学生布置劳动任务，让学生能在家庭这样一个真实场景中淬炼劳动技

能，使学校劳动课程与家庭劳动教育建立关联，使学生习得的劳动技能在家庭得到及时的应用和巩固。作为家长要做好孩子家庭劳动的指导者、参与者和评价者，开展形式多样的亲子劳动活动，将相关劳动内容有机融入家庭日常生活，指导好学生的劳动技能，并对家庭劳动做好评价工作，为孩子"扣好人生第一粒扣子"。

【案例 5-4-3】劳趣周末（家庭中淬炼技能）

为了让劳动教育在真实的场景发生，月河小学教育集团拓宽劳动教育的实践平台，创新了"劳趣周末"劳动实践系列活动。学校依托"劳趣周末"项目，向各学段学生发布周末劳动任务，而布置的劳动内容主要来自劳动清单内的项目。这既给学生的劳动周末提出要求，也为家长的协同教育提供了方向。家长不仅要做好学生周末劳动实践的指导者、督促者，更要帮助学生记录劳动过程，完成劳动评价。

例如，××学年第一学期"劳趣周末"项目安排如下：

序号	时间	劳动项目
1	10 月 15 日— 16 日	1~2 年级：整理沙发、制作秋天主题创意作品（书签）
		3~4 年级：整理书桌、制作秋天主题创意作品（拼贴画）
		5~6 年级：整理房间、制作秋天元素创意作品（笔筒或者花瓶）
2	10 月 22 日— 23 日	1~2 年级：废纸大改造
		3~4 年级：瓶瓶罐罐大改造
		5~6 年级：做一道与桂花有关的美食
3	10 月 29 日— 30 日	1~2 年级：洗红领巾或毛巾、做早餐（学习淘米，和家人一起做稀饭）
		3~4 年级：清洗外套、做早餐（在家人指导下学习电器使用，做一道早餐）
		5~6 年级：刷鞋并进行晾晒、做早餐（和家人一起做一道营养早餐）
4	12 月	1~2 年级：择菜理菜、整理书架
		3~4 年级：照料小动物、学习烧制腊八粥
		5~6 年级：管理家庭的一日开支、学习烧制腊八粥
5	1 月	1~2 年级：擦桌、端菜
		3~4 年级：收碗筷、洗碗筷
		5~6 年级：择菜、刷锅

（案例提供：高佳薇，浙江省湖州市月河小学教育集团）

【案例分析】家庭是学生淬炼劳动技能的重要劳动场域。上述案例中，学校通过"劳趣周末"的活动向学生发布周末劳动任务，让学生能够在周末的两天中集中锻炼1~2 项劳动技能，让清单内的劳动内容在周末进一步得到巩固和应用。这项家校协同育人的活动，不仅充分发挥了家庭在劳动教育中的基础作用，将一些复杂且有难度的内容利用"劳趣周末"去落实，借助家庭、社会的资源，在家长的指导下完成，而且提升了学生的劳动素养，丰富了学生的周末生活。家长参与指导、督促、记录的过程，是亲子教育的过程，也是家长评价劳动的过程。总之，要充分利用好"家庭"这一真实劳动场域，让学生的劳动真实发生，其劳动技能才能得到真正的淬炼。

3. 以校园为支撑，"岗位制度"丰富清单场域

为保障劳动教育的效果，学校可将校园、家园、社区、田园作为学校实施劳动教育的主要场所。在学生的生活中存在很多不同的生活场域，在这些不同的场域中学生也可以扮演不同的角色。学校设置"岗位制度"，让学生在不同的岗位上扮演不同的角色，体验不同的劳动实践，在岗位锻炼中淬炼劳动技能，落实劳动清单内容。

【案例5-4-4】岗位制度（实现多种劳动角色体验）

学校在班级里设立班级劳动岗，它是区别于传统值日生的劳动岗位，是根据班级中的大小事务设置一个个劳动岗，做到人人有事做、事事有人做。这是每个学生在校都要经历的劳动实践，每月进行轮岗。在社团中设立菜地劳动岗，借助学校的场地资源，让第二、第三学段的学生参与一些简单的种植劳动；在校园里设立义工服务岗，每周学校发布一批劳动任务，由学生自主申报参与校园服务工作，体验不同的劳动角色。在学生家中设立家庭劳动岗，让学生每天参与家务劳动，常态开展岗位劳动，提升生活自理能力。通过设置不同场景下的劳动岗位，尽可能为学生劳动清单内的实践内容创设机会和平台。

（案例提供：高佳薇，浙江省湖州市月河小学教育集团）

【案例分析】劳动实践离不开真实的劳动场景，而学生的生活劳动场景重点在校园和家庭中，可以分为校园生活劳动和家庭生活劳动两部分。上述案例中，学校建立以学校为主导、家庭为基础的教育合作机制，推行劳动岗制度。充分利用学生生活中的几大场景丰富清单实施场域，让学生以"岗位锻炼"的方式参与校园、家园、社区、田园的建设服务，去做生活的主人。

三、提供方法指引，架构家校共育网络

如今，很多学生家长不仅自身劳动能力薄弱，对子女的劳动教育能力也不足，学校关注劳动清单落实的同时，应关注家长的现实状况，充分整合学校、家庭、社会的力量，形成多维协同的关系网，为劳动清单的落实提供方法指引，架构家校共育网络。

1. 培训赋能家长成长

家庭劳动教育虽然不像学科教学那样需要具有较强的专业性，但仍然要讲科学性和艺术性，需要施教者具备相应的胜任力。为此，学校应该主动加强对家长的培训与指导，切实提升家长开展家庭劳动教育的能力，以方便家长和赋能家长为主旨，做好顶层规划和系统设计。培训主体多元构成，既可以是高校的学者、专家，也可以是身边的教师、家长。培训方式灵活多样，做到理论与实践结合，线上与线下结合，集中与分散结合，让家长学有所获，学以致用。引导家长帮助孩子"在劳动中树立正确的世界观、人生观和价值观，激发青少年创新性和思辨性思维，通过出力流汗、磨炼意志，发现生活之美和人生之美，逐步达到培养全面发展的劳动者的教育目标"。

【案例5-4-5】家长成长训练营（为家庭劳动教育指导提供支持）

　　学校根据劳动清单里的内容分类开设不同主题的线上培训会，开展"家长成长营"培训活动，为家长提供菜单式的培训服务，家长根据自身的实际情况按需参加培训。本期培训主题：面对家里的"小皇帝"不肯劳动，家长可以怎么做？家长们纷纷表示：在家指导孩子劳动一般就是示范教学，孩子在家对家长的依赖心比较重。只有掌握与孩子沟通的方法，才能有效开展家庭劳动教育。家长在家里给孩子上劳动课也需要备课，只有使用正确的方法才能帮助孩子掌握劳动技能，发展劳动意识，培育劳动精神。

（案例提供：高佳薇，浙江省湖州市月河小学教育集团）

　　【案例分析】家庭是学生劳动实践的主阵地，如果家长的指导水平不到位，会影响劳动清单落地的实效性。因此，学校需要为家长提供支持，帮助家长成为合格的家庭劳动指导教师。上述案例中，学校根据家长的实际情况不同，提供菜单式的培训服务，为家长提供更有针对性的帮助，家长按需选取适合的内容。这样的方法指引，更好地赋能学生家长，让家长在家庭中为学生实践劳动清单进行更有效的指导。

2. 资源助力技能提升

　　部分家长自身就不具备足够的家务劳动能力，指导自己的孩子开展家务劳动清单里的内容，本身就缺乏一定的能力条件。这种情况不利于为学生做一个好的榜样，行动上更缺乏说服力。因此，学校提供的家务劳动清单要让家长清楚地知道各年龄段孩子应该从事的劳动内容，梳理"家务劳动清单"中的重点与难点，为家长搭建劳动教育支架，提供劳动教育资源，并适时答疑解惑，让家长学习相关的劳动技能，掌握正确的劳动教育方法，从而高质量地开展家庭劳动教育。

【案例5-4-6】开发劳动系列微课（为家庭劳动教育提供教学资源）

　　在一次家长会中，有家长提出："时代发展快了，生活中很多东西都智能化了，学校下发的劳动清单有些实践内容我们也不是很精通，不知道如何去指导孩子完成。"针对部分家长在劳动清单落实中遇到的此类问题，学校组织劳动骨干教师，挑选了劳动清单中部分较难的内容录制了一套劳动实践系列微课"天天爱劳动"，这套微课既能给学生开展劳动实践提供帮助，也能给家长指导劳动实践提供教育支架。这套微课的目录如下：

序号	课（节）名称	主要内容	设计思路
1	鞋带的奥秘	学习系鞋带	面向第一学段能力提升
2	巧手削苹果	学习削苹果	面向第一学段能力提升
3	变废为宝有妙招	学习变废为宝	面向第一学段能力提升
4	购买文具小专家	学习文具购买技巧	面向第一学段能力提升
5	种植蔬菜的乐趣	学习蔬菜种植技巧	面向第一学段能力提升
6	巧手纸拎袋	学习纸拎袋的制作方法	面向第二学段能力提升
7	我是理菜小能手	学习择菜技巧	面向第二学段能力提升
8	包装礼品小妙招	学些礼品包装技巧	面向第二学段能力提升

序号	课（节）名称	主要内容	设计思路
9	创意水果拼盘	学习制作水果拼盘	面向第二学段能力提升
10	缝缝补补我能行	学习简单的缝补技巧	面向第二学段能力提升
11	我是小导游	学习导游小技巧	面向第三学段能力提升
12	有趣的花样饺子	学习几种饺子包法	面向第三学段能力提升
13	一起动手套被套	学习套被套	面向第三学段能力提升
14	快乐动手做寿司	学习做寿司	面向第三学段能力提升
15	生态瓶的秘密	学习制作生态瓶	面向第三学段能力提升

（案例提供：高佳薇，浙江省湖州市月河小学教育集团）

【案例分析】由于学生家长的劳动能力存在差异，劳动教育教学指导能力往往不足。上述案例中，学校为了高效落实劳动清单，为学生家长提供培训与指导，组织骨干教师开发清单配套的学习数字资源。受实际情况的限制，学校很难组织家长频繁地进行集体线下学习，通过线上数字资源的学习可以解决这一实际困难，让家长能随时随地学习，提高实践和指导能力，让学生在家也能学习。

四、跟踪实施评价，巩固家校共育成果

学生的成长是一个厚积薄发的过程，学校和教师要充分认识到评价对学生学习的正向促进作用。劳动清单的学习评价形态主要是表现性评价。劳动实践作为综合素质评价的重要内容，兼具周期性、普适性和渐进性的特点，评价内容基于劳动清单，又与学生的日常学习相结合，形式可以是有关技能的现场竞赛，也可以是劳动过程的记录。例如，记录每日劳动内容及时长、每月客观地评价清单实施成效、每学期开展阶段性评价工作等过程性评价材料。这样多维度的评价，旨在让学生在完整的劳动过程中获得经验知识，涵养劳动情怀，同时确保家校共育的质量和成果的巩固。

【案例5-4-7】劳动技能大赛（家校共育，协同评价）

学校将家务劳动清单的实践内容纳入劳动周活动，一年级学生坚持每天刷牙时不浪费水资源；二年级学生坚持自己盛饭（吃多少盛多少不浪费粮食）；三年级学生坚持每天跟父母一起垃圾分类；四年级学生坚持每天洗刷餐具（节水）；五年级学生坚持每天洗晒衣服（节约用水）；六年级学生坚持每天自己进行精准垃圾分类。学校将劳动清单中每个年级的项目分年级进行记录、分享和评价：在家庭中，邀请家长参与监督评价，每天评价任务完成情况，并做好照片、视频等记录；在班级中，开展丰富有趣的劳动技能比赛；在学校中，汇总各项评价数据，评比劳动小能手，家校协同开展评价工作。

（案例提供：胡燕尔，浙江省湖州市新风实验小学教育集团）

【案例分析】劳动清单的评价不应局限于书面评价，更多应立足于真实实践。上述案例中，学校将劳动清单的实践内容作为劳动技能比赛的项目，家校协同开展评价，

既有平时表现评价，也有现场比赛评价，整个劳动周的活动就是一次对清单实施效果的检验。劳动清单的评价不仅由学校和教师完成，还应发挥家长协同评价的作用，让家长也参与到学生的评价中来。

🔑 教学建议

第一，以开放的姿态，拓宽家校合作方式。 劳动清单的实施，让实践内容有机融入家庭日常生活，能促进劳动清单实施日常化。学校提供劳动清单的内容能让家长对需要开展的劳动内容、目标达成的表现与标准有整体的认识。多维度的劳动清单内容考虑到家庭差异，使每个家庭可以根据实际情况具体实施。家校合作实施劳动清单，既充分保障了劳动实践的真实性和完整性，也是推进高质量劳动教育的关键。以劳动清单为纽带，以开放的姿态主动探寻家校共育的新模式，充分发挥家庭在劳动教育过程中的基础作用，调动家长的积极性，不断拓展家校合作的方式和维度，引导学生把生活环境作为劳动清单的学习场所、实践场所，不断拓展学生的活动时空和活动内容，可以实现劳动清单的教育效益最大化。

第二，以自然的形态，落实家校协同共育。 提高学生的生活自理能力仅靠学校劳动课程的学习是远远不够的，要将劳动的空间和时间向家庭延伸，充分发挥家庭这一重要的劳动场域的作用，让劳动实践以自然的形态真实发生并常态化开展，让学生在日常生活中逐步养成劳动习惯，让劳动能力在常态实施中稳步提升。

第三，以持续的步态，关注清单落实成效。 从清单出发，进一步有层次、有梯度地进行劳动实践，通过清单的设计和落实，实现劳动教育评价指标系列化、评价标准与评价主体多元化、评价方法多样化，最终实现劳动教育评价的科学化和持续跟进，从而检验劳动清单的落实成效。通过学校、教师、家长的通力合作，依托劳动清单，努力构建一个指向核心素养的劳动教育体系，提高学生的劳动能力，提升学生的劳动幸福感和成就感。

5-4-1

饭团制作我尝试（校本课程）

5-4-2

缝缝补补我能行（微课）

5-4-3

生态瓶的秘密（微课）

主要参考文献

［1］中华人民共和国教育部．义务教育课程方案：2022 年版［M］．北京：北京师范大学出版社，2022．

［2］中华人民共和国教育部．义务教育劳动课程标准：2022 年版［M］．北京：北京师范大学出版社，2022．

［3］顾建军．义务教育劳动课程标准（2022 年版）解读［M］．北京：北京师范大学出版社，2022．

［4］管光海．基于课程标准的学校劳动课程体系建设［J］．教学月刊小学版（综合），2022（5）：21-26．

［5］檀传宝．加强和改进劳动教育是当务之急：当前我国劳动教育存在的问题、原因及对策［J］．人民教育，2018（20）：30-31．

［6］刘徽．真实性问题情境的设计研究［J］．全球教育展望，2021，50（11）：26-44．

［7］周文叶，董泽华．表现性评价质量框架的构建与应用［J］．课程·教材·教法，2021，41（10）：120-127．

［8］戴君．中小学劳动周建设的价值分析与推进策略［J］．中小学德育，2022（10）：67-70．

［9］金怀德，任燕芳．走向"会学"：构建指向核心素养的劳动新课堂［J］．教学月刊小学版（综合），2022（Z1）：79-81．

郑重声明

高等教育出版社依法对本书享有专有出版权。任何未经许可的复制、销售行为均违反《中华人民共和国著作权法》，其行为人将承担相应的民事责任和行政责任；构成犯罪的，将被依法追究刑事责任。为了维护市场秩序，保护读者的合法权益，避免读者误用盗版书造成不良后果，我社将配合行政执法部门和司法机关对违法犯罪的单位和个人进行严厉打击。社会各界人士如发现上述侵权行为，希望及时举报，我社将奖励举报有功人员。

反盗版举报电话 （010）58581999 58582371

反盗版举报邮箱 dd@hep.com.cn

通信地址 北京市西城区德外大街 4 号

　　　　　高等教育出版社知识产权与法律事务部

邮政编码 100120

读者意见反馈

为收集对教材的意见建议，进一步完善教材编写并做好服务工作，读者可将对本教材的意见建议通过如下渠道反馈至我社。

咨询电话 400-810-0598

反馈邮箱 gjdzfwb@pub.hep.cn

通信地址 北京市朝阳区惠新东街 4 号富盛大厦 1 座

　　　　　高等教育出版社总编辑办公室

邮政编码 100029